审计与内部控制系列

绩效审计理论与实务

赵保卿　主编

出版社

前　言

审计作为一种独立的经济监督活动,其根本目的是维护财产所有者或出资人的利益。对于国家审计来说,它代表纳税人监督政府对财政资金或公共资源的管理和使用情况。这就要求国家审计机关不但要对政府的财政、财务收支进行审计,以检查其资金使用是否合法、合规,而且还要对财政资金的使用效益进行审计,以检查其是否有效。前者被称为财务审计,后者被称为绩效审计。《世界审计组织审计准则》第 38 和 40 段有如下描述:"全范围的政府审计包括合规性和绩效审计。"

其实,绩效审计并不是国家审计的专利。从一定意义上讲,内部审计机构更需要代表财产所有者对经营管理者受托经营管理的资金效益情况进行审查、分析与评价。独立审计组织也可以接受委托对特定被审计对象的资金效益情况进行审计。

与财务审计相比,绩效审计有其显著特点。财务审计主要关注被审计对象是否合乎法律、法规的规定,审计范围主要在财务收支领域,并应用相对固定的法规和准则;而绩效审计,关注的主要是被审计单位经济活动或事项的经济性(economy)、效率性(efficiency)、效果性(effectiveness),其范围较广泛,在审计标准、准则、方法的选择上也相对较灵活。总之,"绩效审计是由于不同需要、出于不同目的而产生的审计,其根源在于公众要求对政府、事业单位和项目的经济性、效率性和效果性进行独立分析"。在实际工作中,各国根据其国情和需要开展绩效审计工作,使其呈现出不同程度的灵活性、多样性、复杂性。在我国审计实务中,绩效审计尚处于探索阶段,理论也尚未形成完整的体系。

审计理论界的很多学者认为,绩效审计与效益审计、管理审计、经营审计有时具有相同的内涵;但是,我们认为,绩效审计与效益审计,在特定环境下,其内涵是一致的,而绩效审计与管理审计和经营审计却是包含与被包含的关系,即绩效审计(效益审计)包含管理审计和经营审计(当然,有时还包括其他形式)。正是基于这种考虑,我们在本书实务中将管理审计、经营审计作为绩效审计的一部分内容来安排。

本书由北京工商大学赵保卿教授、博士主持编著,参加撰写的人员还有北京工商大学的姚长存、谭先华、张丽,审计署的董维明、何其智、王彦。

书中难免存在纰漏乃至错误,欢迎广大读者朋友提出批评意见。

作 者

2007 年 4 月

目 录

第一章 绩效审计基本理论 ·· 1
 第一节 绩效与绩效审计的概念 ·· 1
 第二节 绩效审计概念要素 ··· 14
 第三节 绩效审计的类型及特征 ··· 20
 第四节 绩效审计的目标 ··· 28

第二章 绩效审计程序与方法 ·· 34
 第一节 绩效审计的程序 ··· 34
 第二节 绩效审计的方法 ··· 44

第三章 绩效审计的标准与证据 ·· 56
 第一节 绩效审计的标准 ··· 56
 第二节 绩效审计的证据 ··· 61

第四章 企业经营业务绩效审计 ·· 69
 第一节 购进储备业务绩效审计 ··· 69
 第二节 生产业务绩效审计 ··· 79
 第三节 销售业务绩效审计 ··· 98

第五章 企业资金筹集与利用绩效审计 ······································ 117
 第一节 资金筹集情况的审计 ·· 117
 第二节 资金配置情况的审计 ·· 122
 第三节 流动资金使用效益的审查 ·· 127
 第四节 长期资金利用效益的审查 ·· 137
 第五节 专用基金使用效益的审计 ·· 147
 第六节 企业全部资金整体效益的审计 ···································· 149

第六章 行政事业单位绩效审计 ··· 155
 第一节 行政事业单位绩效审计概述 ······································ 155
 第二节 行政单位绩效审计 ·· 160
 第三节 事业单位绩效审计 ·· 177

第七章　管理审计 ······ 191
第一节　管理审计的基本概念 ······ 191
第二节　管理人员素质审计 ······ 193
第三节　管理部门质量审计 ······ 209

第八章　绩效审计报告 ······ 227
第一节　绩效审计报告的特点 ······ 227
第二节　绩效审计报告的内容结构 ······ 236
第三节　绩效审计报告的撰写 ······ 246

第九章　绩效审计案例 ······ 265
案例一　选择和确定绩效审计项目的案例 ······ 265
案例二　××市审计局关于淘汰燃煤锅炉财政资金投资绩效审计实施方案 ······ 269
案例三　扩大产品销售量绩效审计 ······ 274
案例四　某家电企业技术改进项目投资绩效审计评价 ······ 276
案例五　长江干堤湖南段工程效益审计案例 ······ 279
案例六　内部控制不善导致政府财政经济效益低下案例 ······ 281
案例七　高等级公路效益审计案例 ······ 283
案例八　离任审计中显示出来的经济效益问题 ······ 286
案例九　检验检疫局经济效益审计案例及分析 ······ 289
案例十　"大学城"审计调查中的效益审计案例分析 ······ 291

参考文献 ······ 294

第一章　绩效审计基本理论

第一节　绩效与绩效审计的概念

一、绩效概念及相关术语

效益(绩效)问题是人类有史以来就存在的问题,任何社会都力求以最小的投入获得最大的产出,人类社会的历史就是劳动生产力不断提高和经济效益不断提高的历史。古典经济学家亚当·斯密在其《国富论》中提出的"经济人"或"理性人"实际上就是一种效益观,认为每个人都力图使用自己的资本来使其生产的产品价值最大化。18世纪英国著名经济学家李嘉图也有过类似的描述:"真正的财富在于用尽量少的价值创造出尽量多的使用价值。换句话说,就是在尽量少的劳动时间里创造出尽量多的物质财富。"马克思和恩格斯用更简明的语言把商品经济中的经济效益概括为"生产费用对效用的关系",用于解决某种物品是否应该生产的问题,即这种物品的效用是否能抵偿生产费用的问题。

近代经济学家则从不同的角度把经济效益概括为"投入与产出的比较"、"所费与所得的比较"等,并具体化为"以最小的耗费取得最大的效果"、"用尽可能节省的劳动耗费生产尽可能多和尽可能好的社会产品"等。西方经济学认为,这种假设的"理性人"或"经济人",在社会经济活动中面临着将有限的生产要素用于生产什么以及利用有限的收入来消费什么的选择问题,这种选择的标准就是要取得利润最大化。福利经济学代表人物帕累托提出帕累托最优标准(即一项方案的改变在保证不使任何一个人福利水平减少的情况下,其他人的社会福利也不会增加,那么这种资源配置状态就达到帕累托最优状态),满足帕累托最优状态就是具有经济效率的。

关于绩效(Performance)或效益的定义目前也已形成众多的说法:

(1) 1992年版的《大英汉词典》把绩效解释为"完成、行为"。

(2) 绩效指业绩、成果、效率效能,可概括为成绩与效果。

(3) 公共支出问题专家A·普雷姆詹德在其《公共支出管理》一书中指出:

"绩效包含了效率,它还包括物品的质量或服务的水平以及机构所做贡献的质量……它已经成为一个短语,包含了节约、效率和效益。"

(4) 我国建国初期称绩效为经济效果,1981年改用经济效益,现称效益或绩效。

(5) 投入产出增值的货币表现。

(6) 指效率、效果和经济性等。《世界审计组织效益审计指南》中关于"效益审计和两个基本问题"指出:"所有的政府项目或事业以及它们所产生的大多数工作过程至少可以在理论上通过一个公式得到分析,该公式所描述的是如何通过某种手段从一个阶段转移到另一个阶段,以实现具体的目标。"在绩效审计中,经常通过回答以下两个基本问题来做到这一点:是否在以正确的方式行事?是否做了正确的事情?

第一个问题主要针对"生产者",政策决策是否得到恰当执行,即审计师需要知道行政部门是否遵守了有关的规则和要求,包括所开展的活动是否被认为是最恰当的。至此,绩效审计主要关注的是运作的经济性或效率性。

第二个问题即是否做了正确的事情,所制定的政策是否得到了恰当执行,是否应用了充分的手段来达到有关目的。此问题所指的是社会影响或社会效果。

所谓的投入—产出模式是说明这些联系的另一种手段。该模式假设了以下流程:

事业——投入——行动生产——产出——成果

产出可以被视作投入和为实现具体目标而采取的行动的综合结果。经济性与资源有关,效率性与生产和输出有关,而效果性则与成果有关。

效果是收支相抵后的有效成果,效果和效益是同一概念,效果、效益是政府或企业战略方向性问题。效率是措施、技术方法性问题,效率是表明用什么方法来做事的问题,用正确方法做事,则效率高,用错误的方法,则效率低。在国民经济中,那种投资大、产值大、速度快而使产品积压、国家积累减少和人民生活水平降低的情况,即属于效率高、效果坏的例子。科学发展观要求方向正确、做正确的事,正确地做事,做对社会、人民、单位有利益的事,做有效果的事。因此,经济性、效率性和效果性是一致的,三者构成绩效或效益概念的内涵。

我们可以从几个例子中更好地理解绩效或效益的内涵。

例1:美国爱荷华州的"绩效预算手册"中举了一个修桥的例子。某市有一条河,河上需要建一座桥,从建桥的方面出发,将它设计在河流最狭窄的地段。桥建成了,交通拥堵的问题却没有得到很好的解决。虽然他们很好地完成了"产出",工作量完全符合要求,桥也按时完工,质量也符合标准,但绩效评估却只得到很差的结果。

例2:以职业培训为例,各国政府都比较重视对失业人员的职业培训,财政按参加培训人数进行拨款,但经常有人经过数次培训仍不能再就业。澳大利亚政府实行绩效预算和审计后,改变了原来的做法,首先劳工部通过公开招标,选择一批信誉好的私营职业介绍所作为政府特约服务商,与其签订购买就业服务成果的协议,由它们对那些年龄偏大、缺乏专业技术的就职困难者提供培训、职业介绍等服务。每成功就业一人,可以从政府领到相应的报酬。没有成功就业就不付酬。为了防止"水分",劳工部还对"成功就业"制定了严格的标准,将服务费用分成几次支付,从而使职业培训的工作效率大大提高,政府不再花冤枉钱,并有效地减少了财政支出。

例3: 2004年我国审计署在向全国人大报告的审计报告中称,目前部分城市基础设施建设、公路、水利等项目投资存在项目未按期建成投产、已建成项目运营效果、工程质量存在重大隐患,挤占挪用建设资金及损失浪费等诸多问题;长江堤防再现"豆腐渣"工程和效益低下的问题;大量预算外资金成为监督盲区。人事部《中国政府绩效评估研究》课题组指出:"不要以为忙碌的政府就是好政府,你做的可能不是老百姓最迫切需要解决的问题。"评估政府,不是看它投入多少资源,做了多少工作,而是要考核它所做的工作在多大程度上满足了社会、企业、公众的需要。"满意原则"应作为政府绩效评估的最终制度,这包含以下内容:经济性评估是要求政府树立成本意识、节约开支、少花钱多办事;效率测定的是政府的投入产出比;效益评估关注的是组织工作的质量和社会最终结果,效益或绩效最终要体现在人民满意和社会经济发展上。

由此,我们构建出绩效(效益)的结构图(见图1-1)。

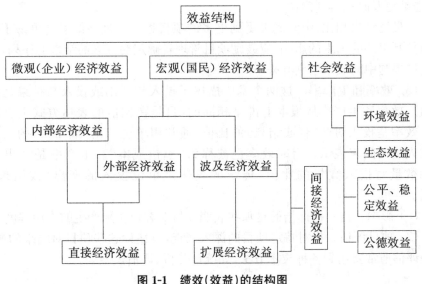

图1-1 绩效(效益)的结构图

（1）绩效。指的是单位将投入通过一个过程转化的产出和结果。投入以及过程的产出和结果按"绩效连续体"逐一出现。

（2）绩效衡量。指对项目、服务或功能的衡量。各种类型的绩效在"绩效指标"列出。

（3）绩效指标。指绩效各个方面的具体衡量内容，也就是所确定的具体的衡量数值。

投入，指用以获得产出或结果的资源。通常用支出量或人员时间量来表示投入。

产出，指由项目或活动提供的产品和服务，产出是由于内部活动或努力的结果。在衡量内部工作业绩上，产出具有重要意义，但产出本身并不表明在实现项目意图上已取得的进展程度。

（4）结果（效果）。指那些表明实现项目目标进展程度的事件、情况或状况。结果指标也能反映所提供的服务的质量，或客户对所提供服务的不同方面的满意程度。

最终结果，指项目活动期望实现的理想结局或最终结果。

中间结果，指政府机构的影响以及预期要达到的愿望结局，但其本身并非"结局"的事件、行为、状况等。这些成果经常（但并不总是）早于最终结果出现，因此能带来更及时的反馈。使用中间成果指标可确保项目在早期有一定成果时，特别是如果项目活动的最终成果要经过相当长的一段时间才能衡量的情况下，能够更及时地得到确认。

与最终结果相比，中间成果受到更多的项目控制。最终结果则更易于受到项目控制以外的因素的影响，应鼓励项目管理者确定要寻求的结果的序列，并将最终结果与中间成果区别开来。

（5）效率和生产率。这两个术语描述了投入与产出或投入与结果之间的比值。效率和生产率从根本上说是相同的，只是在比值的表达方式上有所不同。效率是投入对产出（或结果）的比值，通常用单位产出（或结果）的人员数量或人员时间来表示。有时效率也被称为"单位成本"。生产率是产出或结果的数量对投入数量的比值，传统的表达是单位投入的产出（或结果）的数量。

（6）影响。这一指标指的是那些表明项目对客户实际产生的作用程度。

（7）项目评估。指对特定项目的深入调查，以估计这些项目对结果的影响。这些评估通常要用到各种技术方法，如统计分析、评估模型等。

二、绩效审计的概念

（一）关于绩效审计的几种解释

绩效审计有多种定义，美国 20 世纪 70 年代率先提出"3E"审计(经济性、效率性和效果性审计)，英国和加拿大称现金价值审计，德国称效率审计，瑞典称效果审计，荷兰称效益审计，在其他国家多称为绩效审计。最高审计机关国际组织 1986 年在澳大利亚会议上建议采用绩效审计。然而，尽管各国对绩效审计的定义不尽相同，绩效审计的实践也是大相径庭，但是对它的理解的主要方面却是惊人的一致。世界各国对绩效审计的定义几乎都围绕着"3E"展开。目前已存在的关于绩效审计的几个定义有：

(1) 美国审计总署(GAO)1972 年第一号《政府审计准则》率先以法定形式将经济性、效率性、效果性审计纳入政府审计范围，将政府绩效审计称为"3E"审计。即经济审计(Economy Audit)和效率审计(Efficiency Audit)，主要审核各项经济资源的利用是否节约，是否合理，及各项经济活动是否有效率；效果审计(Effectiveness Audit)，主要审核项目或方案的预期效果能否实现。目前，开展较多的是经济和效率审计，效果审计尚处于发展阶段。

(2) 最高审计机关国际组织在其《审计准则》中，明确将经济性、效率性和效果性审计称作绩效审计，它包括：

① 根据健全的管理原则以及管理政策，审计管理活动的经济性；

② 对被审计单位，审计其人力、财力和其他资源的利用效率，包括审计信息系统、业绩测定、监控安排以及工作程序；

③ 对被审计单位，根据其目标完成情况，审计其业绩效益，并根据原来预期的影响，审计其活动的真实影响。

(3) 英国审计署(National Audit Office, NAO)使用货币价值审计(Value for Money Audit)一词描述绩效审计。其在《绩效审计手册》讲道："我们的货币价值调查评价收入、支出的主要方面以及资源管理方面的经济性、效率性和效果性。"

(4) 德国联邦审计院明确提出，除进行合法性审计外，还进行经济性审计，即"业绩"审计。具体包含经济性、效率和效益等要素。

审计学者克里斯托弗等也认为："绩效审计并不仅仅是一项技术，从事绩效审计的实践者认为他们是要确认公共政策、计划、项目或组织是否已经或正在按照经济性、效率性和效果性以及良好的管理实践的要求进行。"

以上各种关于绩效审计的定义中，都谈到了"3E"，并且一致都认为绩效审计也就是围绕"3E"进行的审计。

(二)"3E"是什么?

克里斯托弗等用了一个"投入—产出模型"较好地界定了"3E"的基本含义,见图 1-2。

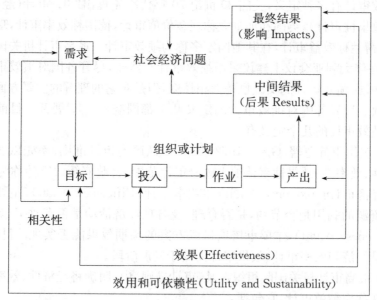

图 1-2 一个"投入—产出模型"

克里斯托弗等认为,经济性和效率性是可以在组织范围内或在一项计划范围内计量的。而效果则不同,对它的计量必须跳出组织或计划的范围,与广泛的社会经济问题联系起来,是真正的一头一尾的对比。

下面我们详细解释"3E"的本质内涵。

1. Economy

《牛津现代高级英汉双解词典》解释为:"(1)经济;节俭;节省,即避免任何金钱、力量或任何其他有价值的东西的浪费。(2)理财。(3)经济制度。"

根据《韦氏词典》解释,Economy 的含义有:"(1)管理家务或其他事务,特别是有关开支方面。(2)节约和有效使用物质资源;有效和简明地使用非物质资源,如劳动,语言,动机。(3)组织或安排某些事情的运作。(4)某一个国家、地区或某一地段经济生活的结构,尤其是指经济制度。Economy 的含义特别是指经济节约,关键是省钱,而对于结果、效果等并不是十分关心。"

2. Efficiency

先解释 Efficient,作为形容词,指的是:(1)有能力的,能胜任的;(2)有效力的。Efficiency 作为名词,是指有能力;能胜任;效力;效能;效率。

效率并不是 Efficiency 的首要含义,据《韦氏词典》解释,Efficient 的含义有:(1)Efficient(动因或能力)的质量或程度。(2)有效率的行为;用成果与花费(如能量、时间、金钱)进行比较来计量的有效行为;输入输出能量比率。(3)小户型公寓(Efficiency Apartment,指具有最小厨房和洗浴设施的小型套房,也含有利用率很高的意思)。因此,Efficiency 必须是一头一尾的比较,例如产出与投入直接相比,就是效率,既有原因,也有结果。

3. Effectiveness

Effective 是一个形容词,指(1)有效的;奏效的。(2)予人深刻印象的。(3)实际的;实在的;现行的。

据《韦氏词典》解释,Effective 的含义有:(1)能产生决定性或所期望结果的。(2)能够用于服务或可以产生投入使用的。(3)实际的。(4)有效的。(5)实际利率的。Effectiveness 是一个名词,指能够产生或有能力产生某种结果。因此,Effectiveness 非常强调其实际效果和有效性,而对投入不是很关心。效果是以最终结果及其社会经济影响是否达到了预期目标来衡量的。

总之,从词面上解释,Effectiveness,Efficiency 和 Economy 这三个词既有相似的含义,也各有侧重,有的强调投入(经济性),有的强调结果(效果性),有的则两个方面都强调(效率性);有的涉及范围较窄、期限和距离较短,有的则较广、较长。"3E"一词将它们各自的特点融合起来,全面而精确地反映了一个组织、一项活动、一个计划或项目的工作绩效。

英国审计署(NAO)在 1983 年公布的《英国国家审计法》中特别提到了三个方面:经济性、效率性和效果性。在其 20 世纪 80 年代晚期公布的指南中,NAO 认为:"国家审计法并不将审计师仅限于检查关于经济性、效率性和效果性的保证安排方面。他们可以直接检查和报告某一工程、计划和其他行为所达到的效果。"在这个文件中,NAO 还给出了"3E"的定义,这个定义至今仍然被广泛引用。英国审计署的《绩效审计手册》提到,《英国国家审计法》中没有明确定义经济性、效益性和效果性,于是根据自己的理解给出了这三个关键名词的含义和例子。

(1)经济性。指对一项活动,在关注保证其质量的前提下将其资源消耗量降到最低水平。例如,医院是否以最低的价格购置了符合质量规定的医疗用品?市场调查结果是否表明,大量运用信息技术能在保证质量的同时降低服务价格?

英国审计署的经济性定义特别强调了质量前提,这是我们要格外注意的。

(2)效率性。指产品、服务或其他形式的产出与其消耗资源的关系,一项有效益的活动应该是在适当关注质量的前提下,以一定的投入实现最大的产出或实现一定的产出使用最少的投入。例如,在不增加额外费用和保证服务质量的情况下,是否可以缩短候诊时间? 在满足安全要求和操作标准的情况下,能否在增加维修数量的同时降低汽车维修站的经营成本?

保证质量也是英国审计署强调效率的一个前提条件。

(3) 效果性。指既定目标的实现程度,以及一项活动的实际效果与预期效果的关系。例如,一项部门活动能否对接受服务的公众产生明确而积极的效果? 内部管理的改善是否减少了机构的病假缺勤情况? 部门政策变化对外产生了哪些影响?

值得注意的是,效果可以用"行为"的效果来概括所有的内容,项目和计划也都是行为之一。例如:对某一医院大楼项目进行绩效审计可以包括如下几个方面或其中的一个方面:①根据指标、合同以及项目控制程序确定医院及其附属设施是否根据要求,按照规定的时间并用最低的成本或在经批准的费用范围内建成(经济性);②病房、病床、手术室和设备的使用,医疗和行政管理人员的配备及结构,服务的完善性,维护,管理和资源分配系统等(效率);③效果,比如:病人排队等候的现象减少,手术实施次数的增加,候诊及治疗比例的提高,以及健康和生活质量的最终提高,死亡率降低等。

(三) 绩效审计的定义

用列举法对一个概念下定义,往往是因为对其本质尚未充分把握。在分析"3E"的含义,以及上述几种关于绩效审计的定义后,我们发现,用列举"3E"方法对绩效审计所下的定义显然也不能说明它的本质。

第一,"3E"仅仅是表象,是特定时期针对特定事物提出的绩效标准,某一时期产生的具体东西显然不能用来概括绩效审计的本质。"3E"源于20世纪80年代西方的公共管理改革,是指一种针对公众活动的效率和效果,或其货币价值方面的审计。公共活动,也就是和政府有关的一切活动。公共活动的进行一般是由各级政府自己亲自从事的,也可以委托给私人单位或民间团体实施,尤其是后者,由此产生了进行绩效审计监督的必要。

第二,绩效审计是与公共管理和公共资金密切相关的,国家不同、政府不同、政策不同、体制不同、时期不同、审计对象不同,对公共管理和公共资金的要求也就不同。将"3E"套用到任何方面显然是不符合逻辑的。例如,福利资金与公共投资性支出具有明显不同的特征,公平性恐怕应是主要审计目的。再如某些国家的审计机构曾经审计的如社区服务、囚犯需求、公立学校教育、反吸毒教育、空气质量、护士服务等,都是不能简单地用"3E"所能概括的。芬兰就非常重视关于"平等(Equality)"的审计,大致有近1/3的审计报告涉及平等问题,例如,关于市政府得到国家资助的平等性、农场观光补助的平等性等。

我国审计署固定资产投资审计司及京津冀特派员办事处在总结河口清淤工程效益审计时认为：要"从项目建设的经济性、效率性、效果性、适当性、环境性五个方面进行评价"。因此，"3E"确实无法涵盖绩效审计的多样性和复杂性，尤其是公共资金项目大多是无经济效益的公益性较强的项目，突破"3E"就是很自然的事情了。

那么，什么是绩效审计呢？

绩效审计作为审计的一种类别，我们无法离开经济管理责任问题单独谈绩效审计。理解绩效审计需要我们时刻牢记一个常常被遗忘的基本常识：绩效审计是对被审计单位或人员所承担的绩效责任所进行的检查、监督和评价。所以，我们将其定义为：

所谓绩效审计，是指由专职机构和人员对政府部门及其他经济组织的期望功能或公共资金、项目、政策的期望目标的实现是否达到或超过既定标准或要求，以及实现的手段和方式方法是否经济、有效所进行的检查、监督和评价，并寻求改进途径，帮助其尽可能地尽善尽美。

这里需要注意的是，人们在提及绩效审计时，似乎更多的是将其理解成：只有政府部门才需要进行绩效审计。然而，随着社会经济的发展和民主制度的完善，受托经济责任逐渐由受托财务责任发展到受托管理责任，而管理审计就是这种发展的必然产物。从审计的分工上，内部审计强调的是对业务管理活动、管理控制制度等内部受托管理责任进行审查，服务于组织内部的管理当局，因此又称为内向型管理审计；而国家审计则强调对政府和公共机构管理业绩及其经济性、效率性、效果性甚至公平性和环境性进行评价，服务于社会公众、纳税人和议会；社会审计强调对企业的管理效率、管理制度和管理业绩进行独立、客观的评价与鉴证。这是两种审查外部受托管理责任，服务于组织外部各利害关系人的审计服务类型，属于外向型管理审计。对企业而言，对其经济活动的经济性、效率性、效果性、公平性、环境性的审查评价似乎更多的是由企业的内部审计部门所完成的。企业经济活动是否经济、是否有效率，以及效果的好坏，也正是企业的股东所关心的重点。然而，由于内部审计部门在审查评价企业经济活动时所固有的缺乏独立性的弱点，促使社会审计将要更多地承担起直接对企业经营管理的效率进行评价的责任。所以我们将单独列出两章来详细介绍对企业进行的绩效审计。

三、绩效审计的产生与发展

（一）国外绩效审计的产生与发展

国外绩效审计产生于20世纪50年代。在这之前，传统的企业审计着力于企业财务报告的正确性与完整性,称为"财务审计"。20世纪50年代以后,许多立法模式、司法模式和行政模式的国家审计和企业审计开始从单纯的财务审计逐步发展到绩效审计。

1. 国外绩效审计产生的原因

首先,由于资本主义经济发展的需要。早在20世纪40年代中期之前,企业股东们需要保护自己的资本,防止因企业经营者作弊或企业经营不善而损害自己的利益;银行家需要保护自己贷款的安全;国家税务机关需要防止企业偷税漏税;所有这些都要求与企业无经济利害关系而又精通企业财务的审计部门对企业进行审计,定期地审计企业财务报表,以确保其能准确地反映企业经营的实际状况。这个时期的审计,重在查错防弊。

20世纪50年代以后,资本主义经济有了新的较大发展,跨国公司大量涌现,竞争更加激烈,垄断也加强了,在这种形势下,对审计也提出了新的要求。审计不再仅仅与财产所有者有关,而且与经营者紧密相连。作为经营者,面临着如何有效地控制与管理庞大的公司,如何提高企业的经济效益,防止损失浪费,以便在竞争中求得存在和发展等问题。在这种情况下,审计的方法和作用有了进一步发展,从单纯的外部监督,逐步渗透到企业内部管理的各个方面,使企业审计发挥了更为积极的作用。

同时,国家审计在资本主义政府强化经济干预的情况下,已不再满足于国家预算和公营部门的财务审计与合规性审计,而试图在管理性,即国家预算和公营部门的经济性、效率性和效果性方面,发挥更大的作用。

其次,绩效审计的产生和内部审计的发展是分不开的。如前所述,由于企业处于激烈的竞争环境中,为保持有利地位,不断扩大销售市场,取得高额利润,企业管理者的战略眼光必然要放在经济效益上。企业不能仅仅依靠外部审计的审计结果,更迫切需要内部审计人员对企业内部各个环节的合理性实施审计,以取得预期的效果。另一方面,内部审计所处的地位也要求它把审计重点放在经济效益上,其审计的范围能够扩大到广泛的经营管理领域。因此,绩效审计是在内部审计基础上产生和发展起来的。

2. 国外绩效审计的发展情况

在当今的西方工业发达国家,绩效审计开展得比较有特色的主要有美国、加拿大、瑞典等国家。美国是最早将政府审计引向绩效审计的国家。

早在20世纪40年代中期,美国的公营部门缺乏财务控制和使用国家资源效率、效果差的问题明显地暴露出来。为了保证公共财富的使用不仅合法,而且有效,以哈里·F·伯德为首的审计委员会在进行一项调查后向美国国会建议,政府公营企业应接受美国审计总署的审计监督。国会对这一建议表示赞同,于1945年通过了《联邦公司控制法案》,从而促使美国审计总署的审计工作朝着现代化的方向迈出了新的一步。该法案要求,美国审计总署不仅应直接评价公营企业的合规性,而且应对管理效率和内部控制系统的效率加以评价,并向国会报告。美国审计总署在对一家公司1945年的年度财务报表和经营情况进行了审计后,向国会提交的审计报告中,首次列举了一系列有关该公司效率的问题,诸如,"履行经济责任时效率低"和"工作懈怠、玩忽职守"等等。这份报告引起了广泛的关注。1946年国会又通过了《立法机构改组条例》,其中规定,"审计长应向国会提供充分资料,以判断公款是否得到经济、有效的处理。"可以说,《联邦公司控制法案》和《立法机构改组条例》的颁布,预示着20世纪50年代初期的审计重点,从财务审计和合规审计转向计划项目评估和综合审计上。进入20世纪60年代后,美国国会不仅要求了解政府机构款项的处理是否妥当,是否符合法律规定和规章制度,而且希望了解政府机构是否正在努力达到计划项目的预定目的,执行这些计划项目所需款项的使用是否经济而有效率。于是,美国审计总署于1972年又颁布了《政府组织、计划项目、活动和职责的审计标准》(亦称"黄皮书"),其中明确规定应实施"3E"审计,即经济性审计、效率性审计和计划项目效果审计。

加拿大是第一个采用效益审计的国家。它把效益审计同常规审计要求结合起来,称为"综合审计"。1973年以前,加拿大审计长公署主要从事会计事项的审计。新审计长麦克唐纳上任后,对审计的作用重新加以说明,并成立独立检查委员会,以检查审计长公署的职责及其与政府部门的关系、报告程序和审计长借以保证独立性的手段。检查委员会提出了一项最重要的建议:审计长应关心所发现的不良后果。这项建议在1977年《审计长法令》中得到了体现。1977年审计长的年度报告揭示说,政府大多数计算机设施的财务控制和安全系统存在着严重缺陷。1978年年度报告披露了第一项效益审计的结果,在23个部门中进行了35项检查。在政府的经营业务中普遍缺乏应有的经济性和效率,对数以百万加元的投资项目是否取得预期目的注意不够。此外,报告还提出许多有待改进的意见。加拿大注册会计师成立了一个特别委员会,于1978年发表报告说,绩效审计适用于各级政府。从此,这种绩效审计全面展开,在审查政府部门提供服务和执行项目的经济性、效率性和效果性方面,取得了突出进展。1980年,成立了综合审计基金会。加拿大审计长公署对综合审计下的定义如下:

"综合审计是审计长公署以及其他人士在描述具有广泛基础的审计方法中所使用的一种术语。这种审计方法的目的在于对下述事项进行系统检查并作出汇报:管理当局在履行职责时经济责任心、资助活动、制度和控制等。"此定义授予审计人员非常广泛的使命,它具有两个中心议题:经济责任和效益。

瑞典是第一个正式采用效果审计的欧洲国家。在瑞典,合法性监督与经济性监督原则上是分开进行的。经济性监督由两个主要的审计机构分开进行:议会审计由议会 12 名议员组成的审计小组来实施,他们主要对效果审计表示关注。中央行政机关的审计任务主要由国家审计局承担。国家审计局负责进行财务审计和效果审计,他们认为二者互为补充。瑞典审计长伯格伦对财务审计和绩效审计所下的定义如下:

"政府机构的财务审计应就政府机构的财务报表提出专业性的和公正的意见,中央机关的效果审计是检查一个机构或一项活动的效果和生产能力,其目的是检查经营活动是否在有效地、有条理地和经济地进行。效果审计的最终目的是促进公共机关的效果。"

在上述国家中,美国和加拿大的重要私营部门也进行效益审计和咨询活动。而以各国法律赋予审计机关进行绩效审计的职责为标志,我们总结了西方主要国家绩效审计形成时间一览表,见表 1-1。

表 1-1　西方主要国家绩效审计形成时间一览表

国家	时间	法律	内容
瑞典	1967 年		1967 年,瑞典建立政府财务管理系统,以改进预算过程和政府的工作效率。该系统包括计划、编制预算、会计和审计。瑞典审计局成为政府财务管理系统的一部分,负责审查政府机构如何进行计划和预算,审查政府机构如何分析活动成果和效益
美国	1972 年	美国审计总署发表了《政府组织、计划项目、活动和职责的审计标准》(又称"黄皮书")	对审计的目的作了如下规定: (1) 检查财务活动和遵循现行法律和规定的情况; (2) 管理工作的经济性和效率性; (3) 在实现预期成果中的计划效果
荷兰	1976 年	荷兰议会通过法令授权荷兰审计院开展绩效审计	
加拿大	1977 年	新《审计法》颁布	明确授予加拿大审计长公署对政府各项开支及项目的经济性、效率性和效果性进行审计。
新西兰	1977 年	《公共财政法》颁布	建立独立的审计机构——审计署,同时规定"授权进行效益审计"
澳大利亚	1979 年	新《审计法》	明确规定澳大利亚审计署能够对政府部门和政府所属机构进行效益审计
英国	1983 年	《国家审计法》	明确规定,主计审计长有权对政府部门和公共机构进行绩效审计,但不能审计国有企业和地方政府

(二) 我国绩效审计发展历史的回顾

绩效审计在我国通常称为效益审计,侧重于对财政财务资金使用效益的审查和监督。

从审计立法上来看:早在1983年发布的《国务院批转审计署关于开展审计工作的几个问题》中就规定:"对国营企业、基本建设单位、金融保险机构,以及县以上人民政府管理的相当于国营的集体经济组织的财务收支,进行审计监督,并考核其经济效益。维护国家财经法纪,对严重的贪污盗窃、侵占国家资财、严重损失浪费、损害国家利益等行为,进行专案审计",提出了"考核经济效益"的要求,但考核对象仅限于国营、集体企业、基本建设单位和金融保险机构;还提出了对严重损失浪费进行专案审计的要求。1985年发布的第一个审计法规《国务院关于审计工作的暂行规定》明确规定"对财政金融机构、企业事业组织以及其他国家财政有关的单位的财务收支及其经济效益,进行审计监督",这时仍然沿用了"经济效益"的提法,而审计对象则扩大到了财政金融机构、企业事业组织以及其他国家财政有关的单位;1988年颁布的《中华人民共和国审计条例》规定:对本级人民政府各部门、下级人民政府、国家金融机构、全民所有制企业事业单位以及其他有国家资产单位的财政、财务收支的真实、合法、效益,进行审计监督",这里用"效益"一词取代了"经济效益"的提法,扩大了效益审计的内涵,并首次将效益审计对象扩大到"本级人民政府及其各部门的财政收支,国有的金融机构和企业事业组织的财务收支,以及其他依照本法规定应当接受审计的财政收支、财务收支"的"真实、合法和效益,依法进行审计监督",进一步将效益审计范围扩展到了"国务院各部门"。

从审计实践上来看:20世纪80年代中期,我国审计机关安排了一定数量的企业效益审计,帮助企业改进管理,提高经济效益。1991年全国审计工作会议提出,在财务审计的基础上,逐步向检查内部控制制度和经济效益方面延伸,各级审计机关也对效益审计作了一些探索。近年来,审计机关在一些专项资金审计如退耕还林审计、移民资金审计、政府采购审计、机场建设审计等过程中,在关注专项资金的真实、合法性外,同时也对资金的使用效益和效果进行了审查和评价,揭露出一些损失浪费的突出问题,引起了中央、国务院的重视,社会各界也比较关注。此外,近些年开展的领导干部任期经济责任审计,不仅要对领导干部所在单位财政财务收支进行审查,还要对领导干部任期经济责任的履行情况作出评价,也包含了绩效审计履责情况评价的内容。在2002年全国审计工作会议上,审计署提出将财政财务收支审计和绩效审计结合起来。而《2003—2007年审计工作发展规划》则将"积极开展效益审计,促进提高财政资金的管理水平和使用效益"作为今后5年审计工作的主要任务,提出"实行财政财务收支的真实合法审计与效益审计并重,逐年加大效益审计份量,争取到2007年,投入效益审计力量占整个审计力量的一半左右。效益审计以揭露管理不善、决策失误造成的损失浪费和国有资产流失为重点,促进提高财政资金管理水平和使用效益,维护国有资产安全",提出了加快发展效益审计的目标。

第二节 绩效审计概念要素

分析绩效审计的概念,我们可以发现绩效审计的概念是由若干个要素构成的,包括:审计主体、审计客体、审计目的、审计职能、方法和性质等。下面我们就这些要素分别进行详细的解释。

(一)绩效审计主体及其分工

绩效审计主体是指由谁执行审计的问题,独立的、具有法定资格的审计机构和人员是绩效审计的主体,这是审计的基本限定。组成我国审计体系的国家审计、内部审计和社会审计的审计主体,都属于绩效审计的审计主体,同时它们之间也存在比较明确的分工。

1. 国家审计机关及其审计干部

国家审计代表国家和政府的利益,这种利益主要体现在两个方面:(1)国有资产所有者的利益;(2)社会管理者的利益。

从上述审计关系出发,《审计法》规定了国家审计机关总任务是:各级政府的财政收支、国有金融机构和企事业单位财务收支的真实、合法和效益性。《审计法》对国家审计与经济效益审计有关的职责授权包括:财政预算执行情况,包括财政预算绩效的审计;中央银行和国有金融机构、国有企业的资产、负债、损益情况,包括效益性的审计;事业组织的财务收支,包括效益性审计;国家建设项目预算执行情况和决算,包括效益性审计等。由此我们可以看到,国家审计所承担的经济效益审计主要包括:政府财政绩效审计、企业单位国有资产营运效益审计和国家建设项目经济效益审计。

2. 内部审计机构和内部审计师

内部审计是本部门或者本单位内部建立的审计机构,对本部门及下属单位的财政、财务收支和经济活动的真实、合法、效益性进行的审计。内部审计之所以产生和发展,主要原因在于管理层次增加和技术先进与成本合理之协调,根本上是为经济效益服务的。国际内部审计师协会(IIA)在其《内部审计实务标准》中明确规定,内部审计的工作范围"应包括检查和评价组织的内部控制系统的恰

第一章 绩效审计基本理论

当程度和有效性,以及在完成所指派的职责时的执行效果"。而其中内部控制系统的主要目的是保证:

(1) 资料的可靠和完整;
(2) 对政策、计划、程序、法律和规定的遵守;
(3) 对资产的保护;
(4) 经济有效地使用资源;
(5) 完成所制定的经营或项目任务和目标。

上述五条中的(2)、(3)、(4)、(5)条都与经济效益审计有关。由此我们可以看到,内部审计所承担的经济效益审计主要包括:企业经营审计、企业管理审计、固定资产投资和对外投资的效益审计、部门和单位的内部控制检查、部门和单位财政、财务收支效益性审计等。

3. 会计师事务所和注册会计师

会计师事务所是国家批准成立的依法独立承办注册会计师业务的机构,注册会计师只有加入会计师事务所才能执业。我国的《注册会计师法》规定注册会计师承办的业务,其中包括第五条"承办会计咨询、会计服务业务"。会计服务业务包括管理咨询和投资咨询。管理咨询是注册会计师接受委托,进行调查分析,运用科学的方法,解决委托人在经营管理中存在的问题,提出改进措施并指导其实施,帮助改善经营管理,提高经济效益的咨询服务活动。投资咨询则是为委托人的投资决策提供依据,为投资行为提供服务的咨询活动,包括投资可行性研究和代办投资登记手续。所以,社会审计组织所承担的经济效益审计,主要包括管理咨询和投资咨询。在有些特殊的审计项目中,社会审计可能还要对被审计单位经济效益实现程度进行鉴证,如任期经济责任审计、承包合同兑现审计等。

根据以上分析,三种不同的审计主体在经济效益审计中承担的任务是不同的,互相之间的分工也是比较明确的,可以概括为表1-2。

表1-2 不同审计主体在经济效益审计中承担的任务

审计主体	审计任务分工
审计机关和审计干部	政府绩效审计、国有资产营运效益审计、国家建设项目经济效益审计
内部审计机构和内部审计师	企业经营管理审计、固定资产投资项目效益审计、内部控制检查、部门单位财政财务收支效益审计
会计师事务所和注册会计师	管理咨询、投资咨询、经济效益鉴证

(二) 绩效审计对象

任何经济活动,无论是物质生产部门或非物质生产部门,都存在以较少的资源消耗和占用,取得更多的符合社会需要的有用成果的问题,都存在提高经济效益的问题。可以这样说,凡是有投入、产出的经济活动,都需要经济效益审计。但是,是否能将有投入、产出的经济活动全部列入经济效益审计的对象范围?这是由审计的主体环境决定的。在我国,受到法律授权和审计手段的限制,经济效益审计的对象是:

(1) 财政收支、财务收支;
(2) 经营、管理活动和资产、负债、损益;
(3) 内部控制制度;
(4) 建设项目和投资项目。

可见,一些需要开展经济效益审计的领域,由于受到审计主体环境的限制,暂时不能列入我国经济效益审计的范围,例如:国民经济发展和社会进步计划的制定和执行结果、政府机构的工作效率、国家和地方经济政策的制定等。

经济效益审计的特点之一是,审计往往在经济活动的事前、事中、事后不同的时间实施。当开展事前和事后审计时,被审的财政、财务收支和经济活动或是尚未发生,或是已经发生。此时,作为审计的具体客观对象,只能是这些经济活动的载体。一般来说,事前审计所面对的载体包括计划、预算、方案等,而事后审计所面对的载体包括报表、账簿、凭证和业绩报告等。

(三) 绩效审计目的

审计目的(Audit Objective),是指根据一定的审计环境所确定的,用以引导审计行为发生,对审计行为结果的一种期望。

绩效审计的目的是由审计环境决定的。某些审计作为社会实践活动,总是在一定的社会历史背景下进行的,其目的的确定离不开诸多社会环境的影响,绩效审计也不例外。这些社会审计环境的影响因素包括:

1. 审计授权人和委托人对审计结果的客观需求

绩效审计的授权人和委托人,主要包括公共资源及国有资产的所有者,部门、企业和单位的主要领导及经营者,他们对经济效益审计结果的需求或期望,主要是有关公共资源优化配置和国有资产绩效的评价和建议、组织经营管理优化、经济资源合理利用及经济效益最大化的评价和建议。

2. 审计的业务内容

业务内容的不同,形成了经济效益审计的不同类型。不同类别的经济效益审计,其审计目的当然也不同。例如:政府绩效审计,目的是促进提高公共资源的利用效益和政府机构的工作效率；企业经营审计，其目的是促进经营活动的合理性和经济资源利用的合理性，以降低经营风险；固定资产投资项目绩效审计，目的在于评价项目方案的可行性，降低投资风险等。

3. 授权和手段

授权，是指社会或法律赋予审计组织或审计人员的法定权力，是实现审计目的的前提条件。不顾审计授权的现实状况而确定的审计目的，是不可能实现的。应该注意的是，不同审计主体的法定权力是不同的，因此，他们所从事的经济效益审计目的也有所不同。手段，是指审计主体的能力，包括知识、经验、技术方法和手段等，它们决定着审计目的的可能性，也就是说，现有的审计手段所不能实现的，就不应列入当前经济效益审计的目的。

根据以上的分析，我们可以将经济效益审计的目的分为两个层次：直接目的是财政、财务收支及经济活动的经济性、效率性、效果性、合理性、可行性；最终目的是促使审计授权人和委托人提高经济效益，降低管理、经营和投资的风险、成本。

（四）绩效审计职能

所谓绩效审计的职能是指绩效审计本身所固有的内在功能。绩效审计职能反映并取决于审计的本质。绩效审计具有以下三种职能。

1. 监督职能

这只是绩效审计的基本职能，指绩效审计组织对被审计单位的经济活动进行审核、检查并运用国家的有关方针、政策、财经法规以及公认的会计准则、效益标准等，判断被审计单位的经济活动的真实性、合法性和有效性，同时作出审计结论和审计决定，以防范和纠正被审计单位非法性和无效性的行为，督促被审计单位的经济活动在正常的轨道上运行。

2. 评价职能

绩效审计做出的评价，是对被审计单位受托经济责任的评价。绩效审计组织通过对被审计单位进行审核、检查、评定其经营方针、经营决策是否恰当、可行，绩效审计是否显著，内部管理控制制度是否健全、完备、有效等。在此基础上，审计组织针对被审计单位经营管理活动过程中存在的问题，提出评价意见，以促使被审计单位完善制度，改进管理，挖掘潜力，提高经济效益。

3. 鉴证职能

绩效审计组织通过审查被审计单位的财务收支、会计报表以及其他反映被审计的经济活动的资料等，鉴定并证明其真实性、合法性和公允性，一方面使其经济活动和效益得到社会的认可，另一方面也使其能在社会范围内进行广泛的经济联系。

绩效审计的监督职能、评价职能和鉴证职能是相辅相成的，监督职能反映了绩效审计质的规定性，评价职能和鉴证职能是绩效审计的派生职能。绩效审计具有了评价职能和鉴证职能，才能更好地发挥其监督职能的作用。

（五）绩效审计方法

检查、分析和评价企业经济活动是一个十分复杂的问题。随着科学技术的不断进步，企业生产经营的日趋复杂，为了提高经营管理水平，正确实现最大的经济效益，企业管理早已超越了传统的管理方式。在预算的编制、决策的制定、管理活动的控制等方面都广泛地引用了许多数量方法，并朝着定量化的方向发展，因而，绩效审计的计算、分析、对比和评价工作，也广泛采用了现代化的技术方法。实施绩效审计，就必须了解和掌握这些技术方法。

但是，绩效审计所运用的技术方法，不是绩效审计所特有的方法，而是借助于经济活动分析和现代生产经营管理的方法，对企业经济活动的经济效益进行审查、分析和评价。因此，绩效审计这门科学应重点研究技术方法在绩效审计中的应用，对技术方法本身的研究，应由相关学科进行。

绩效审计工作不同于其他业务工作，其任务不是对企业经济效益方面的筹划、预测、决策、控制、分析，而是对这些工作的结果进行复查和评价，并指明前进方向。因此，进行绩效审计，不仅要了解和掌握各种业务所应用的方法，而且应站到更高的位置上检查这些方法的运用是否正确。

绩效审计所采用的技术方法很多，在审计实践中采用哪种技术方法，这要根据绩效审计的内容来决定。绩效审计除了采取财务审计所运用的审阅法、核对法、盘存法、调整法等一般技术方法外，还要采用管理会计、概率论、规划论、排队论、对策论、图论、网络技术、系统论、控制论、信息论、统计学、计量经济学等学科中一些专门方法。这些方法构成了绩效审计的技术方法体系，这个体系主要由经济活动分析方法、数量分析方法和技术经济论证方法构成。绩效审计方法的具体内容将在本书第二章中介绍。

（六）绩效审计的作用

绩效审计的作用是指绩效审计主体的职能活动所产生的客观效果，是绩效审计职能的能动表现。

绩效审计的作用主要体现在以下三个方面。

1. 促进作用

通过开展绩效审计，能够有力地促进被审计单位改善经营管理、挖掘潜力，提高经济效益。绩效审计能够比较深入地揭露被审计单位的经济活动中不够合理和效益不佳的问题,并对各经济责任中心的职能业绩作出客观公正的评价,从而调动他们的积极性,促进他们提高工作效率,做到决策合理、管理有效、提高经济效益。

2. 制约作用

通过开展绩效审计,能够对被审计单位经济活动过程中可能存在的浪费资源和管理混乱现象加以制约。绩效审计要对被审计单位经济效益不高的原因和责任进行审计,并提出相应的审计结论或审计决定。这是对被审计单位经济活动中的消极因素的制约防范作用。

3. 反馈作用

通过开展绩效审计,能够及时反馈宏观经济决策的效应,不断完善宏观调控措施。绩效审计要从宏观着眼、微观入手,通过微观经济活动趋向的审计,可以看出宏观经济决策的导向效应是否有效、是否合理。并对不够完善的法规或不适应发展要求的规章制度,向有关部门提出改进意见,从而配合宏观调控作用的加强。

(七)开展绩效审计的现实意义

1. 开展绩效审计是发展社会主义市场经济的需要

我国的经济是社会主义市场经济。在经济发展过程中,由于计划不周和市场的局限性,难免产生某些失误,造成损失浪费;在商品经济条件下,企业为获取更多的利润,可能产生短期行为,出现只顾眼前利益,忽视国家长远利益的情况;企业物质消耗高,浪费严重,产品质量差,经济效益低,已成为我国经济发展的痼疾。要解决经济发展中的这些问题,需要从各方面做出努力,对我国经济活动实行审计监督就是其中一项重要制度。实行绩效审计有助于企业合理使用人力、物力、财力,发现薄弱环节,促进企业改善经营管理,以提高经济效益。

2. 开展绩效审计是增产节约、增收节支的需要

增产节约,增收节支,提高经济效益,是我国社会主义经济建设中的一项战略任务。那么,在实现这一战略任务的过程中,如何充分发挥绩效审计的作用,是一个亟待解决的重要问题。

实践证明,实行绩效审计对于改善财务管理,挖潜国民经济的潜力,促使这些潜力的正常发挥,促进生产过程中人力、物力、财力的节约,合理利用自然资源和资金,不断提高经济效益,都具有积极作用。由此可见,在我国,实行绩效审计和开展增产节约、增收节支活动的目的是一致的,它们在经济建设中的作用是相辅相成的。因此,我们应当把绩效审计同增产节约、增收节支工作有机地结合起来,通过绩效审计,促进增产节约、增收节支活动的不断发展。

当前,为了更好地配合增产节约、增收节支活动,我国的绩效审计工作,要着

力抓好生产、流通领域中的损失浪费问题,通过绩效审计,有助于解决大中型企业盈利下降、亏损增加、经济效益差的问题。也就是说,要通过评价和确定企业成本收益和资金活动的效益性,帮助企业挖掘潜力,堵塞漏洞,达到增产节约、增收节支、提高经济效益的目标。

3. 开展绩效审计是提高企业素质,增强企业活力的需要

企业的素质和活力,主要表现在以下几点:

(1) 要有较强的自我改造能力,以先进的技术装备组织生产;

(2) 有较强的新产品开发能力,不断发展新产品、新品种,实现产品的更新换代;

(3) 有一定的竞争能力和实力。上述诸多方面,无不与企业的经济效益相联系。企业是否在这些方面采取行动,其效果怎样,需要客观地进行评价和审查,绩效审计能在这些方面进行审查,并作出客观、公正的评价。因此,要提高企业素质,增强企业活力,就离不开绩效审计。

此外,开展绩效审计,有助于制约部门和企业片面追求高速发展,扭转忽视经济效益的倾向;可以从宏观上为决策部门提供决策方案和建议,促进全社会经济效益的提高;也是审计事业自身发展的需要。一是有助于"加强、改进、发展、提高"审计工作,扩展审计领域,充分发挥审计在宏观经济调控体系中的作用;二是有助于提高审计人员的政策水平和业务水平,增强审计效能,推动审计事业向高层次经济监督方向发展;三是使我国的审计工作适应国际审计发展趋势,有助于建立和完善适应我国现实的审计制度。

第三节 绩效审计的类型及特征

按照不同的方法,绩效审计有多种分类。我们分析绩效审计的分类,不仅要了解绩效审计具体可分为几种类型,还要了解在特定情况下,应采用什么类型、什么方式的绩效审计方式。

一、绩效审计的分类

绩效审计有多种分类方法,下面我们主要介绍按审计对象层次的分类和按审计范围的分类。

(一) 按审计对象层次进行分类

1. 宏观(中观)经济效益审计

宏观经济属于国民经济范畴,除了总供给、总需求、总投资等经济总量外,还

供应总量、国家财政与税收以及其他关系国民经济全局的重大经济活动……观经济效益审计,理论上应指对国民经济总量及有关全局的重大经济活动……效率、效果和经济性所进行的审查、评价活动。在国外,宏观经济效益审计……要形式是政府绩效审计,而在我国,财政预算执行情况审计、财政决算审计、……融与税收审计、投资活动审计和地方政府领导干部的经济责任审计等都涉及宏观(中观)经济效益审计。

宏观经济效益审计的主体,一般应是国家审计,尤其是较高级别的国家审计机关。这是因为这类审计往往与财政收支的效益性有关,而根据我国的法律、法规,只有国家审计机关才有权对财政收支进行审计。一些层次较高的政府部门内部审计,也可以对本部门的关系国民(地方)经济全局的重大经济活动和决策进行经济效益审计,这也属于宏观(中观)经济效益审计。

虽然国家审计机关有一定的权威性,即其审计和对审计结果的处理是经过法律授权的,但在宏观(中观)经济效益审计中,宏观经济活动的主体是政府及有关部门,其审计对象的层次也比较高,被审计单位往往与审计机关是平级关系,因此,审计的监督职能被削弱,其职能主要体现为评价和信息反馈,即审计机关对政府及有关部门的经济活动和决策的效益、效果进行评价,再将评价结果和建议向政府或人民代表大会(议会)报告。

宏观经济效益审计的内容范围一般可以包括:

(1) 公共资源责任履行情况;

(2) 政府预算收支绩效;

(3) 国家、政府和公共机构的管理效率;

(4) 国有资产运营效益;

(5) 国家投资(建设)活动;

(6) 国家金融活动。

2. 微观经济效益审计

微观经济效益审计又可以细分为以下几种类型:企业经营审计和管理审计、行政事业经费绩效审计和项目经济效益审计。

(1) 企业经营审计和管理审计。不同类型的企业并不存在通用的提高经济效益的途径和模式,但其经济效益审计的内容具有一定的共性,即大体上可以分为两个层次:第一种审计以谋求最大限度地利用现有资源,最充分地挖掘人力、物力和财力资源的潜力为目的;第二种审计以谋求改善被审计单位管理素质,提高管理水平和效率以提高经济效益、降低经营风险为目的。前者被称为经营审计,后者被称为管理审计。我们认为,将经济效益审计划分为经营审计和管理审

第一章 绩效审计基本理论

(二) 按审计范围进行分类

绩效审计按审计范围的大小,可以分为全面审计、局部审计和项目审计三类。它们不仅审计范围不同,而且使用的对象、解决的问题也不同,自然也就有各自的长处和短处。所以,对我们而言,更主要的是应注重于它们各自在实际业务中的运用。

1. 全面绩效审计

全面绩效审计,是指以审计对象经济效益的实现全过程和全部影响因素为审计范围的经济效益审计。这种审计适用于长期亏损、面临破产的企业,以及以扭亏为盈为目的的经济效益审计。它的特点是:

(1) 审计范围广,内容全面,有利于从整体上促进被审计单位提高经济效益。

(2) 审计资源消耗大,需要投入大量的审计人员、较长的时间和数额较高的审计经费,因此采用这种审计时,不仅要看效果,还要看成本,考虑成本效益原则;

(3) 对审计主体的要求比较高,不仅应具备大范围审计所必须的规划、组织能力,以及善于优化审计资源配置、能最大限度地实现审计目的的能力,而且审计主体应具备与经济效益全部影响因素相适应的全面、合理的能力结构。

(4) 审计效果滞后,就一个生产周期或会计期间而言,一般不会当期审计当期经济效益立即提高,但对以后各期的效果是深远的。

2. 局部绩效审计

局部绩效审计,是指以审计对象的部分经济活动或经济效益的部分影响因素为审计范围的经济效益审计,例如:某产品单位成本效益的审查分析,流动资金周转和利用效益的审查等。局部经济效益审计一般适用于日常发生的、周而复始的生产经营活动和业务活动,解决整个过程中的某些环节的经济效益或风险问题,是当前我国内部审计开展经济效益审计最多采用的方式。它的特点有:

(1) 范围较小,内容不多,通过解决某个环节上的问题,来推动审计对象整体经济效益的提高。因此在选择建立审计项目时,应采用科学的方法,例如进行风险排序,或选择对经济效益有全局影响的关键产品、关键环节建立审计项目;

(2) 消耗审计资源较少,对审计主体的要求相对不高,能起到立竿见影的效果。

3. 项目绩效审计

项目绩效审计,是指以某一特定项目即一次性的经济活动为审计对象的经济效益审计,例如:固定资产投资项目的经济效益审计、新产品开发项目的经济效益审计、贷款项目或对外投资项目效益审计等。在审计资源消耗、对审计主体的要求、产生效果的速度等方面,它与局部经济效益审计具有相似的特点,因此也是当前我国经济效益审计最常采用的一种方式。

(三) 其他分类

1. 按实施审计的时间进行分类

绩效审计按实施审计的时间,可以分为事前、事中、事后绩效审计。

(1) 事前绩效审计。事前绩效审计是在经济业务发生前进行的审计。它包括计划、预算、基本建设和更新改造项目可行性研究、成本预测等内容。通过事前审计可以防患于未然,对于计划、预算以及投资项目实施可能出现的问题和不利因素,能在事前及时纠正和剔除,避免因预测不准或计划不周而造成经济损失或经济效益不高。

(2) 事中绩效审计。事中绩效审计是在经济业务进行的过程中所进行的审计。审计时把经济业务的实施情况与实施前的预测、预算、计划和标准等进行分析比较,从中找出差距和存在的问题,及时采取有效措施加以纠正,并根据实际情况的变化,调整和修改计划、预算,使之更加符合客观实际,更加合理。事中绩效审计是一种动态的审计,主要适用于工期较长的基本建设项目、技术先进复杂的工程项目或生产周期较长的企业,例如造船和大型电机生产企业。一般企业、事业单位为了挖掘潜力,有时也进行事中绩效审计。

(3) 事后绩效审计。事后绩效审计是在经济业务结束后进行的审计。它通过对已完成的经济活动事项的审查,对经营成果的优劣、生产经营活动是否合理和经济有效的分析和评价,以发现经济效益不高的原因和发掘进一步提高经济效益的途径。事后绩效审计是一种总结性审计,其审计内容涉及被审计单位经济活动的各个方面和各个环节,广泛地适用于具有经济活动的各种企业、事业单位,因而是绩效审计的主要种类。

2. 按审计组织方式分类

绩效审计按组织方式可分为定期审计和不定期审计。

(1) 定期审计是每隔一定时间,按照审计计划规定对被审计对象进行的经济效益审计,例如特派员办事处等国家审计机关对占用国有资产多的大中型国有企业和事业单位、公共机构所进行的定期审计。这类审计一般有严格的法律、法规规定和授权,以监督、防范职能为主,其目的主要是检查国有资产的运营效益及对国计民生的保障程度。

(2) 不定期审计是根据被审计单位或事项的具体需要和审计主体资源配置的情况,在计划内或计划外实施的经济效益审计,例如单位和部门内部审计接受管理当局授权进行审计,社会审计组织接受委托开展绩效审计,企业经营者或单位领导干部离任时进行任期经济效益审计等。这种审计是当前我国开展较多的一种绩效审计方式。

二、绩效审计的特征

在总结绩效审计的特征时,需要我们先比较绩效审计与其他类型审计及经济活动的区别与联系。

(一) 绩效审计与财务审计的关系

财务审计是对审计客体的财务收支的真实性、合规性的审计监督活动,亦称"传统审计"。绩效审计是随着现代经济的发展,在财务审计的基础上产生的,称为现代审计。它们代表着审计发展的两个不同阶段。两者存在区别与联系。

1. 财务审计与绩效审计之间的区别

(1) 审计目的不同。财务审计的目的是查错防弊,保证被审计单位的会计资料和财务活动的真实性、合规性;绩效审计的目的是客观评价被审计单位的经济效益状况,确定其经济活动是否合理、经济和有效,明确经济责任,提出提高经济效益的建议,以促进被审计单位经济效益的进一步提高。

(2) 审计对象不同。财务审计一般只对财务资料的真实性、正确性、合规性进行审计,其审计对象限于财务活动及其会计资料(主要为账、表、凭证等)。绩效审计是对被审计单位整个经济活动的效益性进行审计,对影响被审计单位绩效的因素,如行为及活动都要加以系统地分析和评价,审计对象要比财务审计广泛。

(3) 审计标准不同。财务审计的审计标准为现行的法规制度,标准明确,易于执行;而绩效审计的标准则相对复杂,具有一定模糊性。其标准主要包括定性和定量两个方面,对不易用数量标准衡量的因素,应依据国家的政策及其有无社会效益或对社会的有益程度从性质上进行区分、肯定;对于经济性、效益性方面可用一定指标加以量化的并且具有可比性的因素,可根据实际情况用目标标准、设计标准、计划标准、平均标准、历史标准、法定标准、相关标准、互为标准等来选择评定。

(4) 审计方法不同。财务审计的审计方法主要是会计资料的检查法,如顺查法、逆查法等;绩效审计则不仅包括这些方法,还包括分析、论证、评价法,如经济预测法、方案比较法、模糊综合评判法等。

(5) 作用不同。财务审计的作用主要是保护国家资产的安全完整,具有防护性作用;绩效审计的作用主要是改善被审计单位的经营管理,促进其经济效益的提高,具有建设性作用。

2. 财务审计与绩效审计的联系

(1) 财务审计是绩效审计的基础。通过财务审计使被审计单位的财务资料达到正确、有序,从而使经济效益审计有可靠的保证:一方面对被审计单位情况做到较为了解,另一方面使得整个审计过程不会从基础资料上出问题。因此,审计机关在开展经济效益审计时,一般应从财务审计入手。

(2) 财务审计与绩效审计具有一定的相融性。在财务审计中有着绩效审计的行为,如在审查生产成本的真实性、合法性时,发现成本超支,效益下降,通常会进一步进行审查,这就附带了绩效审计行为。

(二) 绩效审计与经济活动分析的关系

1. 绩效审计与经济活动分析的区别

(1) 绩效审计是一种独立的经济监督活动,而经济活动分析则是单位内部或有关部门的经济管理活动。

(2) 绩效审计是由专职审计机构和审计人员进行的一种审计,具有法定的独立性,其审计结论具有权威性;经济活动分析则由单位内部人员、主管部门的管理人员进行,在行为上不具有法定独立性,其结论也不具有权威性。

(3) 在结论与建议的约束力上,审计部门作出的审计结论具有法定性、强制性;而经济活动分析的结论不具备强制性,只能作为一种建议提出。

(4) 绩效审计在作业流程上具有一定的规范性,有统一的程序;而经济活动分析则不具备作业流程的规范性和统一程序。

(5) 绩效审计一般是站在国家利益的角度上,既要审查、评价企业的经济效益,又要考虑宏观效益,向国家、向政府负责。而经济活动分析,一般只注重本单位、本行业的利益,向本单位负责。

2. 绩效审计与经济活动分析的联系

(1) 开展绩效审计的目的性与开展经济活动分析的目的性是相同的,都是为了提高经济效益。

(2) 绩效审计的对象和内容与经济活动分析的对象和内容基本相同。

(3) 绩效审计在运用技术方法方面与经济活动分析运用的技术方法也有相同之处。

(三) 绩效审计的基本特征

1. 独立性与客观性

绩效审计与其他类别的审计一样,是由独立的审计机构和人员实施的。审计人员在审计中应保持实质上的独立性,不应卷入或承担被审计单位、部门或经济活动的经营管理责任;能够在没有不适当压力的情况下独立编制审计程序;根据需要可以独立地取得和评价审计证据,并坚持客观、公正的原则;审计报告中应写进自己认为必要的所有事项,并充分阐述自己的观点。

绩效审计的实质,在于审计人员客观地收集与被审经济活动有关的证据,并对审计证据进行系统而客观的评价。如果在审计中不能坚持客观性,将会产生与事实不相符合的审计结论和不可行的审计建议,带来极大的审计风险。客观性主要决定于审计证据的证明力,审计人员不仅要识别个别证据的证明力,还要注意综合证明力的强弱。

2. **建设性**

绩效审计的目的在于提高未来的经济效益,而无补于过去,所以它具有建设性而不是防范性。它的建设性表现在:

(1) 以促进提高经济效益、降低风险为目的;

(2) 以评价、服务为其主要职能,监督、鉴证为次要职能;

(3) 其审计报告以指出被审计单位问题和潜力所在,提出改善和提高的途径和措施为主要内容。

3. **以真实、合法为基础、评价审计对象财政、财务收支及经济活动的效益性、合理性、可行性,有两个前提**

(1) 反映这些财政、财务收支及经济活动的会计资料、情况报告等记录载体必须是真实的,如果这种真实性得不到一定程度的保证,效益性、合理性、可行性的评价结论将与审计对象的实际情况不相符合,从而引起严重的审计风险。例如:将实际上不可行的投资方案判断为可行方案,将被审人任期内的不良业绩评价为优良业绩等,其后果或使企业遭受重大损失,或使干部监督、管理工作严重失误。

(2) 被评价的财政、财务收支及经济活动本身应是合法的,如果合法性得不到一定程度的保证,那么效益性、合理性、可行性的评价是没有意义的。因此,在进行绩效审计之前,应先对有关的财政、财务收支和经济活动进行合法性、真实性审计。

4. **内容范围的广泛性和限定性**

从绩效审计的分类,我们已经看到它的内容范围广泛,既包括宏观经济活动,又包括微观经济活动;既包括国家和政府的经济行为,又包括企业、单位和其他组织的经济行为。但在我国的实际审计环境中,真正能够作为审计范围的,又受到两种因素的限定:

(1) 国家法律、法规的授权;

(2) 能够确认其真实性、合法性的审计手段。

即凡能通过现有的审计手段、技术、方法确认其合法与否,确认其所反映的记录载体真实与否的财政、财务收支及经济活动,才能够列入绩效审计的范围。

5. 风险性

审计风险,简单地说就是审计结论与被审计单位实际情况不相符合的可能性。绩效审计的风险大于其他的审计类别,其原因有两个方面:

(1)事前、事中和事后审计的并存,有些审计结论和建议只能根据趋势证据、环境证据间接做出,有一定的科学理论依据,但并不反映已发生的实际情况,客观证明力较弱。

(2)绩效审计的风险往往表现为审计建议执行结果与预期不符,从而导致决策失误,或遭受严重实质性损失。

第四节 绩效审计的目标

一、审计目标

所谓审计目标是指在一定历史环境下,审计主体通过审计实践活动所期望达到的理想境地或最终结果。同任何管理科学一样,审计目标往往处于核心的决定地位。蒙哥马利、安德森以及我国的一些审计学者都认为,审计目标为审计理论结构的逻辑起点,为审计理论诸要素之首。无论在审计理论结构,还是在审计实践中均处于统帅主导地位。审计假设、审计概念、审计准则、审计证据、审计程序、审计方法和技术都决定于审计目标。这不是唯心主义的主观决定论,而是因为社会环境与审计的联系都是通过对审计目标的影响实现的。

审计是一个系统,根据系统论的观点,任何系统都有其总目标,系统中的所有要素都协调一致地为实现总目标而起作用。一个大系统可由若干个小系统组成,因此在总目标下还有许多子目标。子目标是为实现总目标而提出的。审计也是如此,审计有一般性的总目标,各种审计在从事具体审计工作时又有具体目标,由此形成审计目标体系。

审计只要存在,就说明它在所赖以生存的社会环境中占有一席之地,就有其存在的价值,它就必须有一个与社会经济的发展进步相一致的总目标。在我国,所谓审计总目标,是关于审计为谁的利益服务的问题。在现阶段,审计的总目标就是要为我国的政治经济建设和发展服务。

1989年3月中国审计学会在召开的审计理论研讨会上曾明确审计目标是:"维护财经法纪,改善经营管理,提高经济效益和促进宏观调控",这个目标提法吸收了国际上审计的最新成就,同时还结合中国实际,提出了更高的目标——促进宏观调控,这是国际上前所未有的提法。这个总目标包含了国家审计、内部审计和民间审计的主要目标,也概括了财政财务收支审计、法纪审计、绩效审计的目标,反映了我国社会主义审计的特点。该目标的概括性很强,具有较为长远的适应性。

然而,仅有总目标还不够,还需要将总目标进行具体化,即形成具体目标。所以具体目标通常是针对单个审计项目而言的,在实施具体项目绩效审计时,往往会在总目标的指导下,结合各具体审计项目的特点,拟定出审计项目的具体目标。

决定审计一般目标的因素,一般有如下几点:

(1) 该类审计自身的特点。如绩效审计与财务审计、法规审计有着不同的特点,所以也就决定了各自的检查对象和重点也不同,从而导致最终的审计目标也不同。

(2) 该类审计的地位和作用。具体来说就是绩效审计的地位和作用与财务审计、法规审计是不一样的,它要起到建设性作用,而不仅仅是鉴证,所以审计目标也就不同。

(3) 特定社会经济环境的特点和国家的特征。审计目标是随着时间的变化而变化的,这是由于社会经济环境改变所致。另一方面,不同国家的法律对审计的规范是不一样的,最终导致其审计目标也会出现差异。

二、绩效审计的一般目标

绩效审计的一般目标是审计机关开展绩效审计的一般要求,也是最基本要求,是绩效审计核心职能的体现,具有广泛的适用性。

下面我们列举一些国家关于绩效审计目标的说明。

最高审计机关国际组织在《国际组织绩效审计手册》中认为:"最高审计机关一般希望实现以下总体目标中的一个或几个:(1)为立法机构提供对被审计单位是否经济、高效或有效执行有关政策进行独立审计检查服务,或履行这种独立检查的权利,包括对执行政府项目所使用手段是否经济、高效或有效的检查;(2)确定并分析显示政府项目在经济性、效率性和效果性方面存在的问题的迹象,或者业绩较差的领域,以便帮助被审计单位或者政府部门整体改善经济性、效率性和效果性;(3)对项目有意的、无意的、直接的、间接的影响进行报告,并对既定目标在多大程度上得到了实现、为什么没有得到实现的情况进行报告。上述目标还包括绩效审计的其他方面,即为立法机构提供对行政部门所公布的业绩指数或自我评价说明之有效性和可靠性进行独立(深入)分析的服务,或履行这种独立分析的权力。"

从最高审计机关国际组织的观点可以看出,他们是站在立法型审计模式的角度对绩效审计目标进行界定的,即审计机关要为立法机构服务,成为立法机关的独立检查部门和智囊团。检查的核心是经济性、效率性和效果性以及其他相关方面。对于类似于我国那样的行政型审计模式,审计机关则要担负起检查政府部门的工作、决策、决定、项目和计划执行情况和效果的重任。

英国审计署在《绩效审计手册》中将绩效审计目标定义为:"通过绩效审计,确保公共资源得到合理运用。绩效审计的根本目标在于促进被审计单位改善管理,提高绩效。具体包括:提高服务质量、以较低的成本实现既定目标、节省资金、改进工作方法、避免浪费。"

显然,开展绩效审计是为了促进被审计单位改进工作,实现被审计单位最大限度的增值。为此,在审计实践中,审计师应选择使审计增值效果最大的方式进行绩效审计。而这一般涉及整个审计过程。

(1)选择审计项目之前。即使国家审计署尚未决定对某一项目进行绩效审计,这时通常也能产生一些积极影响。这是因为,被审计单位会认为绩效审计将关注其特定行为,所以会存在自行改进工作的激励。同样,向人民代表大会或其他政府部门提交报告或者公开审计报告也会促使其他单位改进工作,这是绩效审计的示范效应。

(2)通知被审计单位之后。得知审计消息后,被审计单位可能会进行自查并进而改进其经营管理工作。所以审计人员应关注由于被审计单位采用审计人员计划使用的审计方法或者采纳初步审计和分析结果所产生的审计结果。

(3)审计期间。在现场审计和最初与被审计单位讨论期间,审计师可以当场发现问题,并要求整改。

(4)审计报告发布之后。绩效审计报告发布之后,被审计单位一般会采取一些积极行动,进行整改活动。

总结起来,我们发现绩效审计通常会产生三种影响:

(1)量化的经济影响。这种影响包括节约支出和增加收入,表现为提高经济性。例如,确定低成本购买的范围;或者提高效率,即以同样投入获得更多产出;或者减少浪费。同理,被审计单位采纳审计建议改进管理工作,也会导致成本降低或收入增加。

(2)量化的非经济影响。例如,对服务满意的人数增加、等待时间缩短、在规定时间内答复率上升。这种情况下,一般还可以利用某种方法来计量部门整改情况。

(3) 质的影响。例如计划、设定目标、分配资源、提供服务、评估和评价体系等管理工作的改进。这类效果一般不易计量。

在英国，其《国家审计法》还规定：在实施绩效审计的过程中，主计审计长不能评价政策目标本身的优劣。这对于维护审计人员的独立性具有重要意义，可以确保审计人员不受政治的影响。因此，在绩效审计过程中，将某一特定政策目标与这一目标实施过程的经济性、效益性和效果区分开来，也是很重要的。然而，这并不是说，审计人员没必要关注政策的制定过程，为了搞好审计，必须了解为什么要制定这些政策，比如，对制定政策的前期调研情况、衡量某项政策是否成功的指标构成以及评价政策的规范程序等方面实施绩效审计。

亚洲审计组织按照 1997 年的《雅加达宣言——以效益审计促进公共管理效率及效果的指南》，从 1998 年开始起草绩效审计指南，并于 2000 年 10 月召开的亚审组织大会上，亚审组织理事会通过了绩效审计指南草稿——《亚洲审计组织绩效审计指南》。该指南对绩效审计目标规定得非常简洁明确：绩效审计通过开展有效的绩效审计项目和其他成果为审计单位增值，从而实现其提高公共部门行政管理和经济责任的目标。绩效审计的一个重要目标是协助人民代表行使有效的立法控制。绩效审计负有双重职能：它一方面向公众提供公共资产管理质量方面的信息，另一方面又可以协助公共部门的管理人员明确和提高管理的实践水平。因此，通过绩效审计可以加强责任感，提高资源利用的经济性和效率性，更好地实现公共部门的项目目标，改善公共部门的服务质量，同时加强管理规划和管理控制。

当然，不同的最高审计机关是侧重于对绩效审计的信息提供职能，还是侧重于它对公共部门的改善职能，则要因各自不同情况而定。

亚洲审计组织的文件与最高审计机关国际组织相比有些不同的特点。亚洲审计组织并不非常强调审计为立法机关服务，只是用了我国非常熟悉的"人民代表"一词代替议员称呼，强调要帮助实现公共部门的管理目标，这是行政型审计模式的典型特征，显然这是中国的影响所致。另外，值得关注的是审计机关要为被审计单位增值，绩效审计的增值性是该文件的一大特点。

所以，概括来说，绩效审计的一般目标主要包括以下三个方面：经济性、效率性、效果性。

经济性是指"从事一项活动并使其达到合格质量的条件下耗费资源的最小化"。经济性主要关注的是投入和整个过程中的成本，只有以较低的价格获得同等质量的资源时才能够实现经济性。

效率性是指"投入资源和产出的产品、服务或其他成果之间的关系"。在使用人、财、物和信息资源时,当一定量的投入取得产出最大化,或者取得一定量的产出时实现投入最小化都可以称之为效率性。

效果性是指"目标实现的程度和从事一项活动时期望取得的成果与实际取得的成果之间的关系"。效果性主要关注的是一个项目是否实现了目标。当谈到效果性时,非常重要的一点是要区分短期产出(或产品)与最终产出(或成果)的不同。例如,当项目目标逐步实现时即实现了效果性。最终成果对于衡量项目的效果性是非常重要的。项目的成果可能比投入值和产出值更难以衡量和评价。项目成果经常受到外部因素的影响,同时应当从长期效果而不是短期效果来评价它。

三、绩效审计的具体目标

绩效审计的具体目标是指审计人员在具体绩效审计实践中所要达到的审计目的。它是绩效审计一般目标在具体审计实践中的应用。具体目标必须结合被审计对象的特点制定。

下面我们以几个绩效审计项目的例子,来看看它们是如何对审计目标进行表述和界定的:

例 1-1:澳大利亚维多利亚审计局 2002 年 6 月 4 日签发的审计报告:《地方政府的道路管理》,其中审计目标、范围和重点的表述如下:

"本次审计主要是评价地方理事会对道路资产的管理工作是否经济地、有效率地、有效果地使道路的使用寿命和其功能达到最大。具体对下面事项的检查:

(1) 现存道路网状况;

(2) 地方理事会在维护道路资产和承担管理责任的各项工作是否充分;

(3) 州政府是否推动和鼓励地方理事会在资产管理方面做到尽善尽美。"

例 1-2:澳大利亚维多利亚审计局 2002 年 10 月 30 日签发的审计报告:《维多利亚食品安全管理》,其中审计目标表述如下:

"本次审计的目标是要确定有关食品安全管理的有关规定在维多利亚是否有效率和有效果地使与食品有关疾病的危险降到最低。本次审计要评估:

登记和执行程序是否有效率和有效果地改善食品安全状况;现有的规范框架,包括组织地位、职责、部门之间相互关系以及计划程序,是否有助于实现《1984 年食品法》确立的目标;食品安全协会的教育和促进活动是否达到既定目的;在国家和地方两级政府,是否有充分的绩效计量、监督和报告机制。"

例 1-3:青岛市审计局 2003 年 9—11 月进行的《淘汰燃煤锅炉项目》的审计

目标是：

"通过淘汰燃煤锅炉资金的审计，反映财政资金的使用情况，对该资金的立项、使用过程、项目建成后的管理的经济性、效率性和效果性进行评价，并就使用财政资金过程中的薄弱环节和出现的问题，以及在审计过程中遇到的其他问题向有关部门提出可行性的建议，以便更好地发挥财政资金的使用效益，并能通过该项审计探索出下一步实施绩效审计的路子。"

从上述例子中我们可以看出，所谓具体审计目标无非是对"3E"在具体审计环境下的展开而已。在具体表述审计目标时，我们还发现中外的一个区别：澳大利亚的两个案例在表述审计目标时，都是针对某个政府职能是否完成而展开的，如使道路的寿命和功能达到最大、与食品有关的疾病降到最低，经济性也好、效率也好、效果也好，都是对这些政府职能完成情况的基本要求，其本身不是目的。我国的审计目标似乎更侧重于过程，而对核心的功能问题强调得不够，查经济性、查效率性或者查效果性，把基本要求直接转变为审计目标，有些本末倒置。实际上，离开政府职能的完成情况这一核心目标，并不存在绝对而独立的经济性、效率性和效果性。这与我们在前面给出的绩效审计定义的内涵是一致的。

另外，审计目标是分层次的，有总目标，也有分目标和细目标。下级目标是对上级目标的分解和保证，验证了下级目标，上级目标自然也就得到了验证。审计目标越细致，审计目标和审计范围就越来越紧密地结合在一起，无法分割开来。诸如"对……检查其是否……"的表述就是这种结合的体现，前者是指范围，后者就是审计目标。否则，具体目标是无法表述的，因为没有了审计范围就是没有了目的，审计目标都是针对某个具体审计范围而制定的。

第二章　绩效审计程序与方法

第一节　绩效审计的程序

绩效审计程序是指审计人员对绩效审计项目从开始到结束的整个审计过程所采取的系统性工作步骤和基本内容。绩效审计程序不仅是审计理论体系的重要组成部分,也有助于提高审计工作的效率和质量。绩效审计作为一种独立的审计类型,又具有其自身的特点,故其审计程序应具有一般审计程序的共同特征,又能体现绩效审计的特殊性。因此,绩效审计的程序可由以下几个阶段构成:选择和确定绩效审计项目、审前准备阶段、实施阶段、报告阶段和后续阶段,每个阶段都应遵循一定的程序,灵活运用恰当的技术和方法。

一、绩效审计项目的选择与确定

绩效审计的多样性特征及其涉及的范围广泛,审计人员一般不会开展全面的绩效审计,因此,在开展某项绩效审计之前,必须要明确具体的审计项目。选择和确定绩效审计项目,对于审计机关的绩效审计工作非常重要,既是开展绩效审计工作的起点,又是绩效审计程序的基础。

1. 选择绩效审计项目需要遵循的原则

(1) 重要性原则。重要性是指被审计单位或被审项目在可选择的被审计单位或审计项目中的重要程度。如:对整个国民经济的影响程度,对企业整个经济效益的影响程度,重点行业(领域)、重点资金和重点项目,社会公共关注的热点、焦点(领域)或项目等。

(2) 增值性原则。所谓增值性,是指选择的绩效审计项目本身应具有一定的改进空间,能够通过审计达到价值增值,包括经济效益的增值和社会效益的增值。开展绩效审计的目标就要促进单位资源使用的经济性、效率性和效果性,促进经济、社会的协调发展。所以,应该尽量选择那些能够最大限度地增强被审计单位的责任感和使命感、提高其利用和管理公共资源的经济性、效率性和效果性的审计项目。

(3) 周期性原则。周期性是指应该对所有应该审计的组织和机构,在一定的期间内都进行关注。而不是人为地确定审计项目。不应该对有的组织和机构经常进行审计,而有的组织和机构却长期得不到审计。所以,审计立项应该是有一定的周期性的随机选择,这就能够保证审计的覆盖面。

(4) 可行性原则。所谓可行性,也就是选定的审计项目应是现有审计条件下审计机关力所能及的。绩效审计是一个极具个性化的审计,评价事项千差万别,涉及的范围很广,因此要通过审前调查,进一步明确绩效审计项目的可操作性,同时深入了解被审计事项,以便配备审计资源。搞好绩效审计项目需要一定的人力、财力作保障,然而审计机关的资源是有限的,选择审计项目时,必须充分考虑审计机关的有限的审计资源,尤其是完成审计项目所必需的具备相应知识的审计人员的状况。具体包括:一是审计经费保障和审计人员数量、素质等审计资源承受能力与审计项目规模大小、复杂程度相匹配;二是具备顺利实施该项审计任务的政治、法律、社会、技术等审计环境基础;三是被审计单位对评价标准的认同程度和对绩效审计的理解程度。

2. 选择与确定绩效审计项目应考虑的因素

实际工作中,审计机关应该在综合考虑各种因素的基础上选择绩效审计项目。这些因素包括:

(1) 预计的审计效果。审计工作必须能为国家和地方,以及被审计单位的管理和发展做出应有的贡献,为实现战略服务。这体现了绩效审计应有的效果。为达到预计的审计效果,审计人员在选择审计项目时应考虑以下方面内容:

首先,国家政策方针和工作重点。目前,我国开展的绩效审计多为政府绩效审计,必然要把促进经济资源效率配置、为宏观调控提供政策依据作为审计工作的使命。

其次,考虑项目受社会关注的程度。社会对该项目的关注程度越高才能得到政府和社会的支持,审计结果才会受到重视,审计的效用才能发挥出来。

再次,审计项目的重要性。一般从被审计事项涉及的性质和金额两方面考虑,资金规模越大,资金性质越重要,项目的重要性程度越高,受关注的程度也越高。

最后,项目是否存在较多问题,且长期得不到解决。不同性质的单位和项目,问题的表现形式是不一样的。由于内部控制不完善、管理体制和机制存在较多问题等原因,项目存在绩效低下的可能性,比如管理混乱、效率低下、服务不到位、亏损严重、资金不足等等。因此,对那些存在问题的项目要优先选择开展绩效审计,审计机关要下大决心,找出原因所在,提出可行的措施,帮助被审计单位解决问题。

(2) 实施绩效审计的风险。绩效审计风险是指由于审计机关和审计人员对审计对象的经济性、效率性和效果性等有关事项做出了不恰当的绩效审计判断的可能性。不恰当的审计意见不仅会影响到被审计单位和相关部门的声誉,还会导致被审计单位和相关部门做出错误的决策,并将给审计机关和审计人员造成损失。因此,为降低审计风险,必须慎重选择审计对象,不仅要分析被审计单位所处的行业性质、社会影响力、规模大小及管理风险,仔细研究和分析审计项目潜在问题的大小和性质,评估被审计单位的配合程度。还要衡量审计机关审计人员的数量和审计人员的专业素质,是否能够胜任该项审计工作,以及实施该审计项目所需的审计成本。

3. 选择和确定绩效审计项目的过程

(1) 确定可选择的绩效审计项目,建立绩效审计项目库。审计机关应依据审计项目选择原则,开展广泛调查研究,建立和完善绩效审计项目库和相关数据库。该计划每年末修订一次,当新的工作循环启动并着手拟定审计计划时,可根据当前对审计工作的具体要求,从中选出应该进行的审计项目。

(2) 收集有关上述备选绩效审计项目的相关信息,这些信息主要包括:被审计单位的行业性质、市场环境、方针、政策、目标、主要活动、主要资源以及实施绩效审计的风险;外部有关组织与机构,例如,被审计单位的上级组织或主管机构、相关的媒体报道、监督机构的文件或报告;审计机关本身,如以前年度的审计报告、以往财务审计的资料及审计机关其他的审计报告等等。

(3) 根据收集的相关信息,对于每个备选项目,针对上述应考虑的因素,进行量化分析,采用因素评价分析法,对各备选项目进行综合打分。再对每个项目各个因素的打分结果进行汇总、排出优先顺序,确定备选的绩效审计项目。

(4) 采用征求意见函、调查问卷或访谈等形式,将拟定的备选绩效审计项目向国家有关部门和机构、专家学者及社会公众等广泛征求意见,然后,根据各方反馈的意见,对备选项目及相关内容作出调整或补充,最终确定备选审计项目。

二、审计前的准备

审计项目确定后,为了保证实地审计工作的顺利进行,必须在进驻被审计单位之前做好审前调查、人员配备及编制审计方案等准备工作。审前准备工作做得充分彻底,将有利于审计工作的顺利开展,也有利于降低绩效审计风险。具体步骤如下:

1. 审前调查

在准备阶段中大量使用调查方法,采用抽样技术,选取调查样本,对其邮寄问卷、电话调查或者当面询问,对被审计单位或项目进行全面、彻底和充分的了解。派审计人员到被审计单位及其上级主管部门和企业所在地的财政、税务、银行和工商行政管理部门等单位,对被审计单位的历史、现状、组织结构和相关制度、生产经营管理、人员素质和内部控制及目前存在的主要问题等情况进行摸底调查。同时,对相关行业的法律法规、市场动态以及各种可能影响企业经济绩效发生变化的信息等,都要予以关注。

2. 人员配备

审计项目确定后,就要按照审计项目的具体要求,选择若干能胜任工作的审计人员,组成审计小组。绩效审计涉及经济活动的各个方面,并有可能深入到企业管理和工程技术等多个领域,因此,在配备小组人员时,不仅要考虑到审计人员的知识结构,而且要考虑到小组成员的知识结构。审计小组既要有精通财会业务的审计人员,也要配有经济管理人员和工程技术人员或有相应技术特长的审计人员,以便发现企业管理、工程技术等方面绩效不高的原因,提出改进的对策和途径。这样才能对审计项目有较全面的把握,才能真正发现管理当中的薄弱环节,并提出切实可行的提高经济效益的建议。

3. 确定审计的目标、范围和重点

大多数绩效审计项目不是对被审计单位职责的所有方面都进行审计,而是针对一个单位某一项职责或活动,或一项职责或活动的某一个或几个方面进行的。一个好的绩效审计项目需要确定正确的审计目标,确定恰当的审计范围和重点,从而最有效地利用有限的审计资源,最优化地实现审计目标。

审计目标的确定。审计目标是指审计项目所要完成的预期的审计效果,是审计项目的工作方向。一般情况下,审计项目一旦确定,审计目标也就初步确定了。审计目标是审计的方向,明确了审计目标也就等于明确了审计的方向。审计目标的确定,直接影响了审计评价标准的选择和审计方式、方法的设计,因为后两者都是为实现审计目标服务的。确定审计目标的过程,也是确定审计范围的过程,因此对于审计目标和审计范围必须同时考虑。应该注意的是,由于审计目标的重要性,审计目标的确定必须经过慎重考虑,并且要表达清楚,以便使每一个审计人员都明白其所要努力工作的方向。为使审计目标对审计项目的执行具有指导性,应该对审计项目的目标进行分解。首先将审计项目的总目标分解成若干个子目标,然后对这些子目标再逐个进行分解为若干个具体的小目标,对小目标再进行层层分解,直到分解出来的问题,审计人员可以直接收集信息和证据进行回答为止。

确定审计的范围和重点。审计范围的确定使审计检查具有明确的界限,从而保证了审计的覆盖面,进而保证了审计结论的说服力。通常,在确定审计重点时应该考虑以下几个因素:

(1) 重要性。主要有金额和性质两个方面,金额越大,越应该作为重点进行审计;性质方面的重要性主要是指该事项的影响和重要意义,影响或意义越大,越应该作为重点进行审计。

(2) 管理风险,也即管理不善的可能性越大,越应该作为审计重点。

(3) 审计的可行性,例如,是否具有或者有可能获取关于该领域(事项)的技术知识;该领域(事项)是否正在经历重要的或根本性的变化,只有审计具有可行性,审计才能发挥其应有的作用,审计的结果才有意义。

4. 编制审计方案

成立审计小组并进行审前调查后,审计小组负责人要会同审计小组成员,制定绩效审计方案,并报批审计机构负责人批准实施。审计方案,也即审计工作方案或审计计划,是实施绩效审计的总体安排,是保证绩效审计目标实现的重要文件。科学的审计方案可以提高审计效率、提高审计质量、降低审计风险,因此制定科学合理的审计方案是实施绩效审计前的一项重要工作。

(1) 编制方案应考虑的因素。

不同的审计项目,审计方案复杂和详细程度是不同的。在编制审计方案时,主要取决于下列四个因素:

① 被审计事项本身的特点。包括被审计事项的规模,被审计事项的投入和产出特点,被审计事项包含的内容,被审计活动过程的复杂性等等。一般来说,审计方案会随着被审计事项的规模和复杂性而变化。审计事项规模越大,复杂程度越高,审计方案就会越详细。

② 审计环境。比如被审计单位的理解和配合程度,被审计单位是否第一次接受审计等,如果审计环境良好,审计方案可以相对粗线条一些。

③ 对被审计事项了解的程度。如果审计人员在实施审计前,对被审计事项已有充分的了解,并能明确审计过程中可能的问题及解决方法,审计方案就可相对简单明了一些,否则,审计方案则要设计得详细一些。

④ 审计人员的专业能力和经验水平。如果审计小组成员中,专业能力强的审计人员所占比重不大,或缺乏审计经验,审计方案就要详细和具体一些。

(2) 审计方案的内容。

一般而言,审计方案包括两个层次:综合审计方案和具体审计方案。综合审计方案是对一个审计项目从审计准备到审计完成全过程的综合规划,其内容涉及审计项目全局,而不是直接对某一项具体审计目标或具体审计程序进行的规划。具体审计方案则是针对每一个目标的具体审计程序及其时间、人员等所做的详细安排。具体审计方案必须具有可操作性和实用性。当然,并非所有的审计方案都需有两个层次,可依据被审计单位或项目的具体情况,决定选取一种方案代替。

绩效审计方案的主要内容有:
① 绩效审计的依据和目标;
② 绩效审计的范围和重点;
③ 绩效审计的基本步骤;
④ 绩效审计的方法和标准;
⑤ 绩效审计的人员配备;
⑥ 绩效审计的时间安排;
⑦ 拟收集的审计证据。

具体审计方案需要针对综合审计方案中明确的每一个具体审计目标,说明要采用的具体审计程序和步骤,并对执行程序的人员和执行时间作出规定。具体审计方案也可采用描述的方式进行编制,多数时候采用列表的方式进行说明。

有些绩效审计项目范围较大,审计内容复杂,因而常常需要把审计计划按整个项目分解成若干个分项目,分层次编制审计计划纲要、审计实施计划和审计项目现场作业计划等,以便有效地组织、指导和控制项目审计活动。

审计方案并不是一成不变的,它需要根据实施审计过程中的具体情况不断地进行补充和修改,以使其更符合实际情况。另外,在制定审计方案的过程中,要注意与被审计单位相互协商,以消除误解和矛盾,提高审计方案的可行性。

三、实施绩效审计

绩效审计的实施阶段是从审计方案开始实施到审计的证据基本收齐、审计方案的要求基本完成为止的整个期间。实施阶段一般包括详细调查了解、实施审计测试,收集审计证据、编制审计工作底稿、酝酿审计意见等三个方面的工作。

1. 运用访谈等审计方法详细调查了解,进行初步测试

在企业绩效审计中,审计人员为完成审计目标经常需要对被审计单位的具体情况作进一步的详细调查了解,当面向有关人员了解情况,获取某些特殊证据,因此访谈就成了绩效审计中常用的审计方法。这种方法可以帮助审计人员加强对所审事项的理解,而且可以当面向访谈对象搞清楚有关事项的来龙去脉。

如以访谈的方式详细调查企业的背景情况,生产经营的组织、方式及现状,企业的生产工艺特点,管理制度和内部控制制度的设计及运行状况等。如有必要,审计人员应对被审计单位的管理制度、质量制度、劳动定额等制度的贯彻落实情况进行抽样测试。测试的方法可以有:

(1) 检查证据法,即通过检查部分凭证资料看实施过程是否符合制度规定的程序;

(2) 实验法,即审计人员依照业务程序跟踪操作一遍,看实施过程是否符合规定的要求;

(3) 现场观察法,即到审计现场观察业务的执行过程以了解业务的执行过程的实际操作过程与制度的规定是否一致。

2. 收集审计证据,分析审计证据

实施绩效审计的关键是收集审计证据。绩效审计证据是审计机关和审计人员猎取的用以支持审计意见和结论的证明材料。收集审计证据的关键是要紧紧围绕着审计目标进行。只有这样,审计人员才能取得高质量的审计证据,圆满完成绩效审计工作。

(1) 绩效审计证据的来源。

审计人员可以从以下几个方面收集证据:

① 审计人员通过询问记录、观察、查阅、鉴定、分析等方法直接采集、编制和分析资料。

② 从被审计单位取得的资料,如会计账册报表、计划、报告、制度和会议记录、工作总结、内部审计资料以及被审计单位采用某种信息管理系统采集与生成的与被审计事项有关的数据信息等等。

③ 由被审计单位以外的第三方提供的资料,如政策法规、手册、批文、行业背景资料、授权书及调查研究报告等。从第三方收集的资料未经审计人员证实,一般不能直接用来支持审计结果和结论。尤其是从第三方收集的资料对于了解一些背景信息非常有帮助,因而被广泛用于了解被审计单位和被审计事项、确定审计目标和审计评价标准。

(2) 收集绩效审计证据的步骤与方法。

收集绩效审计证据的方法有多种,并且在审计过程中运用非常灵活,包括一些传统的财务审计中用来收集证据的方法。在绩效审计证据收集的方法中,最常用的包括审阅、访谈、抽样调查、观察和分析等五种方法。

① 审阅。审阅是审计人员对一些书面文件资料进行的查阅和复核。审阅书面文件资料是绩效审计中获取数据资料最基本、最直接也是最有效的方法。

审阅的资料包括历史的和现实的书面文件资料,如财务资料、统计数据、预算、合同、报告、会议记录、内部备忘录等,以及对未来、前景预测的数据资料,如战略和经营计划等。

② 访谈。访谈就是通过访谈者与被访谈者之间的交流来获得信息的方法。对了解被审计事项的背景知识,或者分析造成问题的原因,寻求解决问题的建议时,访谈是一种非常有效的方法。通过访谈的方法获取的信息通常只能为审计人员提供一些线索,为增强访谈方法取得证据的证明力,审计人员需要对访谈方法取得的证据进一步进行证实,确定其真实性和完整性。

③ 抽样调查。抽样调查法与访谈法有一定的联系。抽样调查法是审计人员从大量的总体中选取一定的样本,通过调查问卷、信件、电话调查、电子邮件、互联网等形式获取有关被审计事项的信息,在对取得的信息进行分析的基础上推断总体情况的方法。采用抽样调查方法的关键是要保证选取样本的代表性、科学设计调查内容和准确汇总调查结果。

④ 观察。观察法是审计机关对被审计单位的工作现场或被审计事项直接进行现场观察以获取第一手资料的方法。如观察操作程序和过程、了解设备运转情况、参观工作现场、实地验证资产等。观察的结果,既可以作为证据,又可以用于证实其他途径获得的信息。但使用观察方法取得的证据可靠性要相对差一些,一般需要其他证据进行证实。

⑤ 分析。分析方法在绩效审计中运用非常广泛,审计人员通过分析可以获得分析性证据。绩效审计中常用的分析方法有定量分析和定性分析两类。常用的定量分析法有:比率分析法、比较分析法、时间序列分析法、本量利分析法、成本效益分析法、回归分析法、成本效果法及有关反映被审计单位经营成果等定量分析法。常见的定性分析法有:内容分析法、程序分析法、案例分析法等。

(3) 绩效审计证据的鉴定。

绩效审计证据的质量,直接影响了审计结果、结论和建议的质量。只有高质量的审计证据,才会有高质量的审计意见和建议。因此,应对每项审计证据从相关性、可靠性和充分性等几个方面进行分析鉴定。尤其要注意对审计证据的可靠性进行鉴定。在鉴定审计证据的充分性、相关性和可靠性时,应该注意证据本身可能存在的下列问题:只有单一来源,不能实现多个证据的相互佐证的证据(可靠性、充分性);未经证实的询证证据(可靠性);无时效性(相关性);相对绩效而言,获取成本过高(相关性和充分性);抽样调查中选取的样本无代表性(相关性、可靠性、充分性);证据可能源于偶然事件(可靠性、充分性);证据不完备(可靠性、充分性),以及证据相互矛盾(可靠性)等等。

(4) 绩效审计证据的整理归纳。

审计证据的整理归纳就是审计人员把收集的大量零散的信息和数据进行简化、整理归纳，使其转换成审计结论的过程。通过审计证据的整理，可以过滤出客观完整且有说服力的审计证据，从而形成高质量的审计意见和结论，提出可行的审计建议。一般情况下，审计证据的整理和审计证据的收集及鉴定是同时进行的。在整理阶段，重点要对审计证据的整体充分性和整体证明力进行归纳分析。

3. 酝酿审计意见，编制审计工作底稿

当审计证据基本收集齐全，对被审计单位的经济绩效现状和提高绩效的潜力基本了解时，审计人员应讨论、酝酿审计意见，哪些方面应当肯定，哪些地方可以挖潜，并初步提出相应的改进措施。在实施阶段还要认真撰写审计日记，编写审计工作底稿，详细记录审计人员实施审计的具体过程、采取的步骤和方法，它不仅是撰写审计报告的基础，也是后续审计的重要参考资料，还可以用来评价审计人员的工作质量。

四、编写和提交绩效审计报告

报告阶段是对实施阶段的总结，在审计工作结束时，审计小组必须起草审计报告，经与被审计单位交流沟通后，报审计机关复核机构复核，经过必要的修改后报审计机关审定，然后提交给相关单位和部门，并按照有关规定向外界公告。

绩效审计报告阶段通常应包含以下环节：审计组起草审计报告初稿；与被审计单位进行沟通，征求被审计单位意见；审计组修改审计报告，向审计机关复核机构提交审计报告；审计机关复核机构复核审计报告，审计组根据复核意见修改审计报告；审计机关审定审计报告，出具审计报告和审计决定；对审计结果进行公告；向政府、人大提出专题报告或专项报告等。

值得关注的是，企业经济绩效审计报告不同于财务审计报告，它的目的不是为了证实财务状况的真实性，而是为了揭示被审计单位经济绩效的高低及其原因，并做出评价，提出建议或措施。在多数情况下，由于被审计业务的专业性强，往往不能提出直接证据来论证审计报告的结论，为了使审计报告具有充分的说服力，需要广泛地运用间接证据和推理证据，这都需要在审计报告中加以详细的说明。审计报告一般应具备背景资料、审计结论、论证结论的证据、改进的建议或措施等内容。

五、后续监督阶段

后续监督阶段是指审计项目完成,经过一段时间后,对审计建议和改进措施的执行情况进行回访性审计和监督检查的过程。后续监督检查对于发挥绩效审计的作用,实现绩效审计的价值,以及促进审计机关不断加强审计管理,提高审计质量都非常重要。

企业绩效审计的目的决定了开展绩效审计不仅着眼于对被审计单位或审计项目现时的经济绩效进行评价,更注重未来经济绩效的提高。因此,在审计项目完成后,审计人员需对审计报告中提出的审计建议和改进措施的执行情况进行回访性审计,促使被审计单位更好地执行审计建议和改进措施。审计人员到达现场后,可以通过座谈、查阅有关资料、现场观察等方法,检查审计报告提出的建议措施是否获得执行,效果如何。对执行过程中存在的问题,应查明原因,根据被审计单位执行不力或审计建议不切合实际等不同情况,督促被审计单位严格执行或者提出更加切实可行的改进措施。

后续监督的目标主要有两个方面:对审计效果进行检查和评价,对审计质量进行检查和评价。

1. 对审计效果进行检查和评价

即检查被审计单位对审计结论和建议的落实情况,促进被审计单位改进管理,增强责任感,提高公共资源的使用和管理的效率和效果。对被审计单位落实审计结论和建议的情况进行跟踪检查,是审计机关的一项重要工作,也是推动被审计单位积极落实审计结论和建议的一项重要机制。

对审计效果进行后续监督检查,主要是对审计决定和建议的落实、采纳情况进行检查。

(1) 审计决定的落实情况。一般来说,审计决定的执行是无条件的,如发现被审计单位未按照相关规定执行审计决定,审计机关应当报告人民政府或者提请有关主管部门在法定职权范围内依法作出处理,或者向人民法院提出强制执行的申请。

(2) 审计建议的采纳情况。绩效审计发挥作用的重要途径是通过审计提出了审计建议。对于审计建议的采纳情况,审计人员应该在后续监督过程中,针对每一项建议检查建议是否采纳。如果发现审计建议未被采纳,审计人员应该分析其中原因,确认是建议本身不可行,还是被审计单位的主观或客观原因。对于已经采纳的审计建议,审计人员应该对被审计单位根据采纳审计建议的效果进行分析,评价审计产生的影响或者后果。

2. 对审计质量进行检查和评价

即对审计项目的质量进行事后的检查和评价,以便总结审计项目执行过程中的经验和教训,不断提高审计机关的审计工作水平。这是审计机关审计质量控制体系的重要组成部分,它包括以下四个方面的内容:

(1) 新闻媒体对审计项目质量的评估。新闻媒体、社会公众对审计项目质量方面的反映、评论和报道,是评价审计项目质量的一个重要方面,包括对审计项目本身的反映或评论,对审计报告的客观性评价,也可能包括审计项目带来的影响方面的分析。这些都是评价审计项目质量的有用信息。

(2) 外部专家对审计项目质量进行评估。外部专家的评估主要包括以下五个方面的内容:审计报告是否可靠、简明、篇幅合适;所使用的数据图表是否恰当、合理;审计的内容、范围、方法和评价标准是否明确,所得审计结论是否有充分、可靠的证据支持;所得审计结论是否确为被审计单位业务经营中的缺陷,其原因分析是否合理,所提审计建议是否明确可行且有效;所开展的绩效审计是否成功地达到了预期的目的,并维护了审计机关的权威性。

(3) 被审计单位对审计项目质量的评估。审计机关还可以通过一定的方式征求被审计单位对审计项目质量的看法,如发放调查问卷或者进行座谈等方式。被审计单位对审计项目质量的评估内容包括几个方面:项目是否对被审计单位有益(增加了价值);审计的程序和方法是否科学合理;审计人员是否称职,双方的工作关系如何;审计工作报告是否客观公正;总体评价。

(4) 审计组的复核。审计组对审计项目质量的内部分析和检查包括以下几方面的内容:审计组成员对审计报告的内容、格式的评价;对项目所使用技术方法和质量的评价;对审计所产生影响的分析和评估;对项目总体的评价。同时审计组还要总结该项目成功的方面和不足,并提出可以为整个审计机关所借鉴的经验和教训。

第二节 绩效审计的方法

绩效审计方法是指审计人员为达到绩效审计目标,在进行审计时收集和分析证据所采用的手段与措施。绩效审计方法有广义和狭义两方面含义。广义的绩效审计方法包括制定审计方案、获取审计证据、撰写审计工作底稿、编写审计报告、组织审计人员队伍以及组织审计工作等为达到审计目标所采用的一切手段和措施。狭义的审计方法指审计人员为获得审计证据、挖掘潜力和取得绩效审计数据所采用的各种手段和措施。本节所讲的审计方法指狭义的审计方法。

一、绩效审计方法的种类及特征

（一）绩效审计方法的种类

绩效审计目标和标准是多种多样的,针对不同的绩效审计目标,审计方法应该是不一致的。对审计过程中所采用的方法可以进行如下分类：

1. 按审计程序分

（1）审计计划阶段的方法。如,筛选审计项目的方法、审计战略计划的制定方法、审计计划的编制方法、审计方案的编制方法、对审计对象的初步了解方法、审计人员的组织方法及审计风险的分析方法等等。

（2）审计实施阶段的方法。如审计对象的分析方法、抽样方法、与审计目的有关的审计证据的收集方法。又如与有关审计机关人员的访谈、调查、二手资料的收集分析和使用,审计工作底稿的编制方法,实地观察,等等。

（3）审计终结阶段的审计方法。如,审计报告的撰写方法、审计师与被审计单位有关人员的沟通方法、审计证据的整理分析核对方法、审计报告的校验方法、审计质量的控制方法、审计意见和决定的形成方法、后续审计检查方法、审计工作的自我评价方法等等。

2. 按审计目的分

（1）经济性审计方法。对被审计单位的经济性进行审计,主要对审计单位所使用的经济资源及其数据处理的适当性、合法性进行核实,可以采用财务审计方法、进行成本效益分析等。

（2）效率性审计方法。审计的主要工作是查实被审计单位有关原始数据、设计指标体系、计算相关指标等,其方法主要是计算有关的效率指标,如资产周转率、存货周转率、劳动生产率及设备利用率等。

（3）效果性审计方法。效果审计可以从整体效果方面进行评价,要求审计人员进行广泛的调查和深入分析,掌握大量证据,并且要有全面和深刻的分析能力,难度较大;也可以从内部的局部方面分析单项工作的效果,这一般较为容易。效果审计的主要目标是了解项目、计划的既定目标,并审计这些目标的合理性和完成情况。

（二）绩效审计方法的特征

绩效审计方法与其他审计方法相比较,有其自身明显的特点：

1. 从方法的组成来看

绩效审计在一般审计方法的基础上,更具广泛多样性,实现了一般性和多样性的统一。财务审计是针对被审计单位的账务而设计的,由于账务处理有一定的规范标准,因而,财务审计方法对不同的单位相对固定,具有通用性,如账表核对法、盘存法、调节法、函证法及顺查法和逆查法等。但是,绩效审计的对象是多种多样的,审计的目的和要求也因对象各异而不同,不能用一套固定的方法来完成不同的审计项目。因此,对于绩效审计项目和目标,应设计与之相适应的取证和分析方法。在设计绩效审计方法时,不仅要运用审计人员的知识和经验,必要时还需请教专家进行咨询,广泛运用其他学科的技术方法,由此组成一个多种学科方法相互渗透、相互结合的、多样化的、复合的方法体系,从而体现绩效审计方法的多样性。

2. 从方法的总体来看

采用现代定量分析和计算的方法,与其他学科相融合,是绩效审计方法的最突出特点。从审计的地位和作用上看,审计自始至终都是依附在其他项目和学科上的,表现出很强的从属性。绩效审计属于现代学科,具有一切现代学科所共有的"数量化"特点,它把其他学科固有的方法引入审计工作,用于评价分析。从某种程度上说,绩效审计是"技术经济再论证",因而它能够最大限度上采用原来技术经济所采用的定量分析法,甚至现代数量经济学方法。绩效审计方法的选择越来越外向化,越来越不局限于传统的文件检查和访谈等方法。

3. 从方法的运用上来看

各个绩效审计方法相互结合起来,具有综合性、灵活性、重复性的特点。绩效审计方法是一般审计方法和各种技术方法的综合运用。具体选用哪一种方法,审计人员需根据不同对象、内容、目的和要求灵活选用。比如,对"文件查阅"时不可避免地要进行"文件审阅",同时也要收集"二手资料",也可能同时在进行"财务审计"和"管理分析";填写"调查"表时,必然要进行"访谈"、"现场走访"、"观察"或"比较"。与绩效审计相比,财务审计的方法虽然也具有综合性特点,但没有绩效审计的综合程度高、范围广、涉及学科多。

二、绩效审计方法体系

从绩效审计方法的种类我们可以看出,绩效审计方法是相互联系、相互制约的,由此构成一个有机整体,也即绩效审计方法体系。它由三部分组成,即绩效审计方法的理论基础、绩效审计的一般方法和绩效审计的技术方法。

(一)绩效审计方法的理论基础

绩效审计方法的理论包括两大部分,即辩证唯物主义和系统论、信息论、控制论。坚持辩证唯物主义方法论,也就要求审计人员在进行绩效审计时,要以事实为基础,以国家方针政策为导向,坚持实践的观点、全面全局的观点、发展的观点、群众的观点以及联系的观点。以这些观点为指导,审计人员才能在工作中坚持正确的原则,把握正确的方向,得以更好地发现问题和分析问题,才能客观地评价被审计单位的经济效益情况。

系统论是20世纪初在现代自然科学的基础上产生的新型理论。系统论认为世界上的各种事物、事件、过程都是由一定部分组成的整体,而这一整体的各个部分又是由许多个较小的子系统构成,子系统又由更小的系统构成。系统具有层次性、全局性、相关性和目的性特点。

根据系统论的观点,被审计单位是由若干个子系统构成的系统,因此,被审计项目也可看成是一个系统,同时,审计人员所开展的审计活动也是一个系统。因而,审计人员在进行绩效审计时,应以系统论为指导,具体表现在以下几个方面:

(1)在进行绩效审计时,要把被审计项目看成是整个系统的一部分,并找出其子系统和次子系统,同时发现被审计项目与被审计单位其他经济事项的联系,以及各子系统和各次子系统之间内在的联系。

(2)根据系统论观点,系统是动态平衡的,各因素、各系统是同步发展的。进行绩效审计时,要看供产销、人财物等各相关子系统能否跟上发展的要求,审计人员要努力发现限制因子,着重抓住"最弱子系统",并找出制约企业发展的因素,以便采取相应措施。

(3)系统论认为,系统的稳定性是系统存在的根本条件,这是通过负反馈达到限制的。因此,在进行绩效审计时,要注意被审计单位是否具有良好的自我调控系统,自我调控系统不稳定的单位,往往存在较多的问题。

在进行绩效审计时,也要运用信息论的原理。进行绩效审计的过程,也是对被审计单位信息的获取、传递、处理和储存的过程。因而在开展绩效审计时,要按照经济信息的客观性、可识别性、可加工储存性、可传递性、时效性以及共享性的特点,收集、加工和整理审计证据,最终形成传递被审计单位绩效信息的审计报告。根据信息论,绩效审计方法可分为:信息收集技术和信息分析评价技术。信息收集技术沿用了一部分传统财务审计的方法,比如审阅法、核对法、函询法、观察法、盘点法、抽样法等,但也有自身独特的方法。信息分析评价技术包括比较分析法、因素分析法、座谈会、调查问卷和审阅法。

控制论是研究系统各个部分如何进行组织、调节和控制,以便实现系统的稳定和有效。将控制论运用于绩效审计,不仅要把被审计的经济活动看作控制过程,研究经济活动各部分的耦合状态是否良好,发现耦合不良或失控状态即提出改进意见,也要把审计过程看成控制过程。审计中审计机构起控制器作用,审计小组则是受控制的子系统,在审计小组中,审计组长、主审人员是控制器,其余审计人员是受控制者,在这个系统和工作过程中,通过建立控制和反馈机制,保证审计工作质量。同时,在后续审计阶段,运用控制论的观点,检查调节、控制命令的执行情况,将审计建议的执行情况反馈给审计机构和有关上级部门,以促使被审计单位执行审计建议,提高经济效益。

(二)绩效审计的一般方法

绩效审计的一般方法,是各种绩效审计、任何项目的绩效审计都适用的方法,也就是搜集审计证据,依据审计标准,作出审计评价,提出审计意见和建议。为达到绩效审计的目的,必须对被审计单位的经济活动和经营状况进行综合的检查分析,搜集有效的证据,将审计证据和审计标准相比较,以判断被审计单位的绩效状况,作出审计评价,提出审计意见和建议,以有助于被审计单位改善经营管理,提高经济效益。

(三)绩效审计的技术方法

绩效审计所采用的技术方法很多,在审计过程中采用哪种方法,需要依据绩效审计的具体内容来定。绩效审计除了采取财务审计所运用的审阅法、核对法、盘存法、调整法等一般审计方法外,还要采用管理会计、信息论、控制论、概率论、规划论、对策论、网络技术、统计学、计量经济学等科学中的一些专门方法。这些方法构成了绩效审计的技术方法体系。这些方法可归结为经济活动分析方法、数量分析方法和技术经济论证方法等三类。

三、绩效审计的主要技术方法

(一)经济活动分析方法

经济活动分析是指利用会计、统计等经济资料,对一定时期的经济活动及其经济效益进行比较、分析、评价,借以发现问题,查明原因,改善管理,提高效益的一种方法。此法有时因指标本身可比性差而得出不正确的结论。因此在应用这种方法时,应特别注意对比指标的可比性,包括计算口径、计价基础、时间、单位等。绩效审计就是要审查绩效审计的实现情况,检查研究影响经济效益的因素,因此,经常要运用经济活动分析的方法。比较常用的有比较分析法、动态分析法、平衡分析法、因素分析法。

1. 比较分析法

比较分析法是通过对相同经济内容的相关经济指标的对比分析,从中发现和查证问题的一种方法。采用这种方法时,应先将用价值反映的综合指标分解为各种具体因素，然后将这些具体因素及因素的不同指标进行对比，以观察各种变动的有利因素与不利因素，再查明各变动因素的变动情况及变动的原因。在绩效审计方法中，比较分析法是最常用的一种方法。这种方法，按其指标表现形式不同，可以分为绝对数比较法和相对数比较法。

（1）绝对数比较法，是通过经济指标绝对数的直接对比分析来衡量经济活动的成果和差异的方法。

（2）相对数比较法，亦称比率分析法或百分数比较法，是利用比率对比分析来说明相关项目之间的关系，测定财务状况及经济效益的一种方法。采用这种方法时，应先将需要对比的数值换算成比率，再从相关比率对比分析中，发现和分析存在的问题。

比较分析法主要用来比较以下几种情况：

① 比计划，将实际指标和计划指标相比较，检查计划的完成情况；

② 比先进，将被审计单位的指标与其他先进单位的指标进行对比，以便找出差距，分析原因，挖掘潜力；

③ 比平均数，将被审计单位的指标和一定范围内同样性质的平均数进行比较，以检查被审计单位的生产经营及经济效益与平均数的偏离程度，从而总结经验，采取措施；

④ 比上期，将审计期间与上期或更早期指标进行比较，将本月数与上月数或以前各月数相比较，以了解被审计单位生产经营和经济效益的增长变化情况。

2. 动态分析法

动态分析法是以客观现象所显现出来的数量特征为标准，判断被研究现象是否符合正常发展趋势的要求，探求其偏离正常发展趋势的原因并对未来的发展趋势进行预测的一种统计分析方法。

动态分析法主要包括两个方面。一是编制时间数列，观察客观现象发展变化的过程、趋势及其规律，计算相应的动态指标用以描述现象发展变化的特征；二是编制较长时期的时间数列，在对现象变动规律性判断的基础上，测定其长期趋势、季节变动的规律，并据此进行统计预测，为决策提供依据。

对被审计单位绩效状况的审查，不仅要从静态上分析被审计单位生产经营规模、水平及其相互关系，也要从动态上研究被审计单位的发展和变动趋势。动态分析法是进行绩效审计常用的方法。从不同时期的动态数列，反映被审计单位生产经营活动的变化速度和发展趋势，从而了解被审计单位绩效变动的规律性。

3. 平衡分析法

平衡分析法是分析事物之间相互关系的一种方法。它分析事物之间发展是否平衡，揭示出事物间出现的不平衡状态、性质和原因，指引人们去研究积极平衡的方法，促进事物的发展。

平衡分析要通过有联系指标数值的对等关系来表现经济现象之间的联系；要通过有联系指标数值的比例关系来表现经济现象之间的联系；要通过任务的完成与时间进度之间的正比关系来表现经济现象的发展速度；要通过各有关指标的联系表现出全局平衡与局部平衡之间的联系。

运用平衡分析法时，首先要计算需要数量和供应数量；然后查明不平衡的程度，差多少；第三步研究供需平衡的原因，挖掘潜力；最后，拟订相关的措施，制定解决问题的方案。审计人员在检查企业生产和销售的协调情况、财务状况时，多采用这种方法。

4. 因素分析法

因素分析法是通过先把综合经济指标分解为相互联系的若干因素，然后分析这些因素对综合指标的影响程度，再查明其原因和责任的一种方法。运用这种方法，便于对综合指标进行分析，从多种方法的因素中，找出最关键最本质的因素，为进一步详查提供审计依据。此法对于查明影响绩效的原因非常有效。因素分析法主要包括因素分摊法和因素替代法。

（1）因素替代法。

因素替代法，亦称连锁替代法，它是从数量上确定一个综合指标所包含的各个因素的变动对该综合指标影响程度的一种方法。这种方法既可以用于综合经济效益的评价和分析，也可用于某项具体指标的分析与评价。

采用这种方法时，应首先把综合指标分解为相互联系的若干因素，然后按照一定的顺序确定各个因素变动对指标变动的影响程度。在应用因素替代法时，必须正确进行指标分解，并确定替代顺序。替代顺序的确定，要从经济指标组成因素之间的相互关系出发，选定适当的条件，使分析结果具有客观性、有效性，能够明确区分经济责任，有利于加强计划管理和经济核算。

在运用此方法时，另外还需注意以下几点：

① 要有目的地进行分析，分析是为了增产节约，提高经济效益。从被审计单位的实际出发，将影响经济指标的因素进行划分，以利于分清责任，改进管理。

② 对于因素的排列，要注意它们的因果性。排列替代次序，应根据经济指标中各因素的相互依存关系和内在联系而定。

③ 因素替代法有它的假定性。替代时，每次只变动一个因素，并假定其他因素不变。

④ 各影响因素、影响程度之和应与分析对象吻合。

(2) 差额分析法。

差额分析法是因素替代法的一种简化形式,其计算过程基本与因素替代法相同,只是在分析某一因素对指标的影响时,将运用该因素的实际数与计划数的差额代入。

差额分析法也常被用于绩效审计。

(二) 数量分析方法

1. 回归分析法

回归分析法是定量预测方法之一。它依据事物内部因素变化的因果关系来预测事物未来的发展趋势。由于它依据的是事物内部的发展规律,因此这种方法比较精确。这种方法是通过建议变量之间的回归方程式,再用自变量数值的变化去预测因变量的数值。在审计中,常用于市场预测的审查。

在回归分析中,可选用一个自变量,也可选用两个以上的自变量。因此,回归分析依据其所考查的经济变量自变量因素的多少,可分为一元回归分析、二元回归分析和多元回归分析。测报工作中常用的是一元线性回归和多元线性回归模型。回归分析依据所配回归线的形式,又可分为线性回归分析和非线性回归分析。

2. 投入产出法

投入产出法,是运用现代数学方法和电子计算机,综合分析一个经济系统内部各基本构成单位之间,以及这个经济系统与其他经济系统之间的技术经济联系和数量依存关系,进行经济分析、综合平衡和经济预测的一种数量经济学理论和方法。这种方法是进行各种经济活动分析,加强综合平衡,改进计划编制技术的有效工具。其特点是:在考察部门间错综复杂的投入产出关系时,能够发现任何局部的最初变化对经济体系各个部分的影响。一个生产经营过程,既是投入过程,又是产出过程。在一定的生产技术和管理水平之下,某一生产经营过程的投入和产出之间,有着较为稳定的数量依存关系。

投入产出法主要适用于产品相对较为单一的工业企业。由于测算、分析侧重的内容和角度不同,不同的行业适用的投入产出测算指标和模型不同,另外,投入产出表现形式的不同,分析的方法也不尽相同,如按其表现形式可分为投入产出比、单位产品定耗的分析;按其侧重面的不同可分为原材料投入产出比、废料的产出及再利用率、单位产品辅助材料(包装物)耗用定额的分析等。实际应用中,该模型的分析重点是:根据已确定的行业或产品的投入产出比及企业评估期原材料的耗用数量,测算出产品生产数量,与企业账面记载产品产量相比对,同时结合产品库存数量及销售单价等信息进行关联测算,并与企业实际申报的应税销售收入对比,查找企业可能存在的问题。

投入产出法能够全面系统地确定各生产环节之间的物资消耗定额,促进企业实行定额管理;能够准确地核定各生产环节的比例关系,从而编制出以销定产的生产计划;能够经济合理地确定物资需求量,从而提高物资采购计划的科学性;能够及时地修改、调整计划,从而强化企业适应市场变化的能力。在绩效审计中运用此方法,就是为了以最少的投入取得最多的产出。

3. 线性规划法

线性规划法是一种求极值的数学方法,主要研究资源的最优分配方案问题。它主要解决两类问题:(1)任务一定,用最少的资源去完成;(2)资源一定,怎样完成最多的任务。可以用图解法和单纯形法来解线性规划问题。图解法比较简单,但应用面较窄;单纯形法较为复杂,但应用面较广。

图解法只适用于目标函数中只有两个变量的情况,因为超过两个变量就无法作图。它的基本要点在于:(1)确定线性规划模型的可行解区域;(2)从可行解区域中求得最优解。

单纯形法。在多个因素影响情况下,一般直接用图解法比较困难,这种情况下需要用单纯形法求解。其基本原理是,首先确定一个基础解,然后通过数学迭代过程逐步求出最优解,而每次迭代结果都应比前次更优。

4. 网络计划法

网络计划法又称统筹法。它是以网络图反映、表达计划安排,据以选择最优工作方案,组织协调和控制生产(项目)的进度(时间)和费用(成本),使其达到预定目标,获得更佳经济效益的一种优化决策方法。网络计划技术最适用于规模工程较大的项目,因为工程愈大,不但人们的经验难以胜任,就是用以往的某些管理方法来进行计划控制也比较困难,因此,在项目繁多复杂的情况下,网络计划的作用可以凸显出来。

审计人员进行审计利用网络计划时,应依照下列步骤来进行:

(1) 确定目标,准备计划工作;
(2) 把工作任务进行细化,制定出全部工作的明细表;
(3) 确定各项工作的顺序及相互关系;
(4) 绘制网络图;
(5) 计划网络所需时间;
(6) 确定关键路线;
(7) 进行综合分析,选出最优方案;等等。

(三) 技术经济论证方法

1. 盈亏平衡分析

盈亏平衡分析法,也称量本利分析法,是根据产量、成本、利润三者之间的相互关系,通过计算盈亏平衡点分析项目成本与收益的平衡关系,预测利润,控制成本的一种数学分析方法。利用量本利分析法可以计算出组织的盈亏平衡点,又称保本点、盈亏临界点等。各种不确定因素(如投资、成本、销售量、产品价格等)的变化会影响各投资方案的经济效果,当这些因素的变化达到某一临界值时,则会影响方案的取舍。盈亏平衡分析的目的就是找出这个临界值,即盈亏平衡点(BEP),判断投资方案对不确定因素变化的承受能力,并为决策提供依据。

盈亏平衡点的表达形式有多种。它可以用实物产量、单位产品售价、单位产品可变成本以及年固定成本总量表示,也可以用生产能力利用率(盈亏平衡点率)等相对量表示。其中产量与生产能力利用率,是进行项目不确定性分析中应用较广的。

盈亏平衡点的计算公式如下:

$$盈亏平衡点销售量 = \frac{固定成本}{单位售价 - 单位变动成本} \quad (2-1)$$

$$= \frac{固定成本}{单位边际贡献} \quad (2-2)$$

$$盈亏平衡点销售收入 = \frac{固定成本}{单位边际贡献率} \quad (2-3)$$

其中:

$$边际贡献率 = \frac{单位边际贡献}{单位售价} \times 100\% \quad (2-4)$$

$$= \frac{全部产品边际贡献}{全部产品销售收入} \times 100\% \quad (2-5)$$

盈亏平衡点越低,说明投资项目盈利的可能性越大,亏损的可能性越小,因而项目有较大的抵抗经营风险的能力。运用盈亏平衡分析法,可以用来评价被审计单位的盈利状况和经营成果,并为企业的投资决策选择最佳方案,提供决策建议。

2. 价值工程法

价值工程(Value Engineering,简称 VE)又称为价值分析(Value Analysis,简称 VA)是一门新兴的管理技术,也是降低成本提高经济效益的有效方法。它是指通过集体智慧和有组织的活动对产品或服务进行功能分析,以最低的总成本,可靠地实现产品或劳务的必要功能,从而提高产品或服务的价值。其主要思想是通过对选定研究对象的功能及费用进行分析,提高对象的价值。

价值工程的主要特点在于：以价值提高为目的；以功能分析为核心；以有组织的活动为基础；以科学的技术方法为工具。价值的表达式为

$$价值 = \frac{功能}{成本} \tag{2-6}$$

这里所讲的价值是指功能与成本的对比值，也就是某种产品（劳务或工程）的功能与成本（或费用）的相对关系。衡量价值的大小主要看功能与成本的比值。功能是指产品的用途和作用，成本指产品周期成本。因此，提高价值的基本途径有以下五种：

（1）提高功能，降低成本；
（2）大幅度提高功能，适当提高成本；
（3）功能有所提高，成本不变；
（4）功能不变，降低成本；
（5）功能略有下降，成本大幅度降低。

价值工程的作用主要在于对产品或劳务的功能和成本进行分析。在审计实践中，它的应用范围越来越广泛，可用于老产品的改进、新产品的研制、新技术的采用等的审查，审计人员利用这一方法可以帮助被审计单位找出投入少、产出多以及消耗低、质量好、效益高的途径。

3. 投资回收期法

投资回收期是指以投资项目经营净现金流量抵偿原始总投资所需要的全部时间。

采用投资回收期进行方案评价时，应把技术方案的投资回收期与国家或部门规定的标准投资期相比较，才能确定技术方案经济效果的大小及其取舍。如果方案的投资回收期小于国家（或部门）规定的标准投资期，则方案不可取。投资回收期是一个非折现绝对数反指标，即在进行长期投资决策分析时，应当选择投资回收期短的项目。回收期短的投资项目，其风险相对投资回收期长的项目风险小。

当每年的现金流量相等时，可按下列公式计算投资回收期：

$$投资回收期 = \frac{原始投资金额}{平衡每年的现金流量} \tag{2-7}$$

当每年的现金流量不等时，回收期就应根据各年末的累计现金净流量来计算。其计算公式为

$$投资回收期 = M + \frac{第M年尚未回收额}{第(M+1)年的现金净流量} \qquad (2\text{-}8)$$

其中:M 为收回原始投资的前一年。

由于投资回收期法没有考虑货币的时间价值,不能确切地反映投资项目的未获得收益,因此,审计人员在审计实践中,还需结合净现值法或内含报酬率来审查投资方法及其经济效益。

4. 净现值法

净现值法是指特定方案未来现金流入的现值与未来现金流出的现值之间的差额。其基本原理是将不同时期的收益与支出全部转换为同一个时点上的货币价值,两者进行比较,得出结论。如净现值为正数,即贴现后现金流入大于贴现后现金流出,该投资项目的报酬率大于预定的贴现率,方案可行;如果有多个互斥的投资项目,则选取净现值最大的投资项目。

净现值法考虑了货币的时间价值,较合理地反映了投资项目真正的经济价值,但也有一定的局限性,特别是当几个方案的原始投资额不相等的情况下,仅依据净现值绝对数的大小,不能对投资项目获利水平的高低作出正确地评价,审计人员在利用此法时还需结合其他方法进行审查。

5. 内含报酬率法

内含报酬率是投资收益与其初始投资额相等时的收益率,即净现值为零时的贴现率。其基本原则是:如果投资项目的内含报酬率大于资金成本,接受该项目;否则,放弃该项目;如果存在多个互斥的投资项目,选择内含报酬率最大的项目。

在评价方案时就注意到,如果两个方案是互斥的,应使用净现值指标,选择净现值较大的。如果两个指标是相互独立的,应使用内含报酬率指标,优先安排内含报酬率较高的方案。

第三章 绩效审计的标准与证据

第一节 绩效审计的标准

绩效审计标准是审计人员衡量、评价被审计单位经济效益优劣的尺度，是提出审计意见、做出审计结论的依据。研究、制定绩效审计标准，是绩效审计与理论的一个重要方面，也是开展实务工作的前提。但是与财务审计不同，这一标准不是在法律、法规中事先确定的，它经常需要审计师在审计中根据审计对象和审计目标进行选择和确定。为此，选择和确立合适的审计（评价）标准常常构成绩效审计的一个重点，也是一个难点。

一、绩效审计标准的内涵及特点

（一）绩效审计标准的内涵

什么是标准？所谓标准就是表述"约束"的文件。凡是对人类活动和事物发展提出某种约束性要求的文件都属于标准的范畴。标准是自然规律、实践经验和科学知识相结合的产物，根据 GB3935.1-83《标准化基本术语第一部分》的规定，"标准是对重复性事物和概念所做的统一规定。它以科学、技术和实践经验的综合成果为基础，经有关方面协调一致，由主管机构批准。以特定形式发布，作为共同遵守的准则和依据"。国际标准化组织于 1983 年 7 月发布的 ISO 第二号指南（第四版）对标准的定义为："由有关各方根据科学技术成就与先进经验，共同合作起草，一致或基本上同意的技术规范或其他公开文件，其目的在于促进最佳的公共利益，并由标准化团体批准"。

在绩效审计工作中必须有一个衡量被审计事实、鉴定经济效益的标准，这就是绩效审计标准。在充分理解标准的内涵的基础上，我们可以更深刻地理解审计标准。从"约束"这一标准的本质特征来讲，审计标准是理性的人对被审计事项的理想预期或认识，或者说是一种规范化的模式。它表达的是对组织或活动"应该怎样"的一个"约束"。具体来讲，绩效审计标准是指在绩效审计过程中审计人员用以指导审计活动、界定被审事实、界定经济效益质和量的标准,为审计人员对被审计单位经济活动的客观事实进行调查取证,对所掌握的审计证据进行鉴别、分析和判断并推导出审计结论等审计活动提供根据。

绩效审计评价标准是审计人员进行评价、判断被审计事项是非优劣的准绳。没有评价标准,就没有审计的意见或结论;评价标准是连接审计目标和审计方法的纽带。根据目标,我们在绩效审计中确定了评价标准,根据目标和标准,我们确定了收集数据和进行评价的具体方法。没有评价的标准,就无从设计和选择审计的方法;评价标准也是审计机关与读者(人大和公众)、被审计单位之间沟通的桥梁和基础。

(二)绩效审计标准的特点

1. 绩效审计标准的质量特征

从绩效审计标准的质量特征来讲,合适的绩效审计评价标准具有可靠性、客观性、有用性、易懂性、可比性、可接受性等特点。

可靠性指能够使不同的审计人员在同样情形下应该用同样的标准可以得出一致的结论。

客观性指不受审计人员或管理部门偏见的影响。

有用性是指通过应用有用的标准,审计人员可以得出满足用户信息需要的审计结果和审计结论。

易懂性是指内容表述清晰、易于理解,不存在重大的歧义。

可比性指与针对其他类似机构或活动的绩效审计中应用的标准相一致,也与以前针对被审计单位开展的绩效审计所应用的标准相一致。

可接受性是指被审计单位、立法机关、媒体和公众普遍认可的标准。标准的可接受性越高,绩效审计的效果就越明显。

2. 绩效审计标准的内涵特征

从经济效益的内涵上来讲,它具有层次性、可控性、动态性、地域性、时效性以及指导性的特征。

(1) 层次性。

绩效审计标准的层次性由经济活动效益的层次性决定,经济活动效益按照经济活动范围可分为宏观经济效益、中观经济效益以及微观经济效益,那么绩效审计标准随之也分为宏观、中观和微观标准。在微观中又可以具体到公司、分公司、车间,甚至是某一部门的标准。一般来说,经济活动范围越大,层次越高,其审计标准的范围也越宽。在不同层次的绩效审计项目中,绩效审计标准不是统一的。

(2) 可控性。

绩效审计标准的可控性主要是针对绩效审计标准的指标体系而言,绩效审计只能对被审计经济活动有能力控制的因素和指标进行评价,对无法控制的因素的评价是无法完成的。

(3) 动态性。

绩效审计标准的动态性是指绩效审计标准的适用性、有效性随着时间、环境条件以及被审计单位经营管理水平的变化而变化。经济效益高低是以经济活动有效性为基础的,并随着经济活动效益水平的变化而变化。经济活动效益水平的这种动态性决定了衡量经济活动效益的标准不是固定不变的。绩效审计的目的是促进被审计单位提高经济效益,绩效审计的标准应该具有先进性,在实践中不断地得到修正和完善。

(4) 地域性。

经济活动效益的地区不平衡性决定了绩效审计标准不能像财务审计标准一样具有全国范围内的同一性。审计人员在确定经济效益审计标准时就要考虑根据经济活动效益的实际情况确定衡量水平。

(5) 时效性。

绩效审计标准的时效性是指绩效审计标准的选择制定时机是否合适。时效性是以特定的时间、环境、条件及被审计单位的业务经营和管理水平为基础的,该标准要能发现影响企业经济效益的各种因素,了解和确定企业经济效益增减变化的原则,分析企业管理的效益性。

(6) 指导性。

绩效审计标准的指导性是指绩效审计标准的非强制性。绩效审计评价标准的来源和内容较为复杂,标准的形式和标准水平的层次多样,审计的标准与被审计单位所处的特定社会经济环境以及内部经营管理水平密切相关,被审计单位实际经济效益是否达到审计标准的要求和水平,取决于主客观、内外部多方面因素的影响,所以在运用审计标准对被审计单位经济效益实现程度和开发利用途径进行定性、定量评价的时候,必须综合各种因素,灵活掌握标准分寸和水准,并根据具体审计目标和审计环境,在实际审计操作中予以完善。

二、绩效审计标准的确定原则

应该如何来选择"合适的"绩效审计标准呢?《世界审计组织绩效审计指南》指出:"在选择评价标准时,审计师必须保证其相关性、合理性和可获得性"。选择和确定绩效审计评价标准,必须从被审计单位实际出发,围绕审计目标,紧扣审计主题,力求做到全面客观、科学、适用,既要考虑某部门某行业的企事业单位的一般考核要求,又要考虑被审计单位的特殊方面;既要考虑审计期间通用的考核标准及水平,又要考虑被审计单位专门的、具体的标准和规定;既要考虑理论的必要性,又要考虑实际的可行性。为此,审计人员选择和确定绩效审计评价标准必须遵循以下原则。

(一)确定审计标准的全面性和完整性原则

要根据被审计单位的行业特点、经营规模和管理方式,从实际需要出发,了解和确定被审计单位应建立哪些考核评价标准,已经建立和使用了哪些标准,并进行归类、整理、充实和完善,以便形成一个完整的评价标准体系,并使得体系内容指标相互衔接、相互制约,最大限度地覆盖被审计单位生产经营系统的各个方面和各环节,使之无遗漏、无空白、无互相矛盾,以保证对被审计单位经济效益做出全面完整的衡量和评价。

(二)确定审计标准的责任性和可控性原则

绩效审计评价标准应准确考评被审计单位及内部各单位和个人必须履行的经济责任,即所衡量、评价的经济活动及其结果应是审计对象的职责范围,是其应当全部或部分负责,是可以控制和调节的,是其通过主观努力可以改变的结果和过程。审计标准中应排除非被审计对象责任和审计对象不可控的因素,避免以此衡量和考评被审计对象。如评价企业原材料利用经济效益时,应当以材料单耗、材料利用率等指标进行评价,而不能将单位产品材料成本列为评价标准,因为材料成本的购入价格是用料者无法负责的不可控因素。

(三)确定审计标准的计划性和可比性原则

市场经济条件下,国家有关部门可以通过计划指导各部门各企业单位的生产经营活动,并考核其生产经营成果,被审计单位也订有各种计划,绩效审计应以国家有关计划作为绩效审计评价标准之一,并力求使审计标准与有关计划标准相互适应,使有关指标内容、计划标准、时间和计算方法相互统一;同时还应注意使用计量办法时,尽量将不可比因素转为可比因素,尽量使用货币表示的价值指标来综合反映全部使用价值指标,使指标便于汇总、比较、分析,具有综合性和可比性,以满足多方面的要求,既可以进行历史的纵向比较,也可以与国内外先进水平进行横向比较。

(四)确定审计标准的科学性和严密性原则

绩效审计评价标准的内容必须科学合理,标准形式必须简明易懂,易操作,使用时无手续繁琐、程序不清、口径不当等情况,无违背客观规律的规定,以便对被审计单位经济活动进行衡量和评价时,能比较准确地反映出被审计单位真实情况,能接近或达到审计目的要求,保证绩效审计评价标准基本无漏洞,保证正确使用审计标准不致导出有误的结论。

(五)确定审计标准水平的先进合理性原则

评价标准的水平必须建立在相对先进合理的基础上才能起到促进作用。所谓先进,就是确定标准时必须充分反映被审计单位现有生产技术和生产组织条件,反映现有的操作方法和经验,并考虑增长提高因素和潜力。所谓合理,是指标准水平不宜定得太高。脱离实际,标准水平变成可望而不可及,将使被审计对象丧失达到标准的信心和积极性。最佳的标准水平是经过努力多数可以达到,部分超额,少数接近。

除按上述原则选择适当的审计标准外,还要注意正确处理好宏观效益与微观效益的关系、直接效益与间接效益的关系、目前效益和长远效益的关系。如对某领导人的任期经济责任审计,对其所进行的决策项目不应只看到微观效益、直接效益和目前效益,而应从多方面看,评价宏观效益、间接效益和长远效益,只有这样才会做出科学的结论。

三、绩效审计标准的内容体系

按照绩效审计标准的内容性质,确定的绩效审计的评价标准主要有:

(一)国家的法律、法规、方针、政策

它是绩效审计的首要标准。绩效审计首先必须以国家的法律、法规、方针、政策作为标准,并以此来衡量被审计单位的经济效益是否符合国家宏观调控的要求,是否有利于国民经济的持续稳定发展,只有在遵循国家的法律、法规、方针、政策下取得的经济效益,才是真正的效益。

(二)地方立法机关和地方行政机构制定的地方性法规

这些地方性法规也是绩效审计中要遵循的重要标准,只是要注意它们之间的层次性,要首先执行国家的法律、法规,再执行地方性法规。在发生矛盾时,要坚决按照国家的规定办事。

(三)各种计划、指标、预算、定额

在开展绩效审计时,将被审计单位的各种实际指标值与计划、预算、定额相比较,并进行分析、评价,以此来寻找提高经济效益的途径,这是绩效审计的重要内容之一。计划、指标、预算、定额是绩效审计中采用最多的一类审计标准。这类标准是针对被审计单位的实际情况指定的,具有较强的可比性,也较能反映被审计单位的实际水平。这类标准的内容繁多,既包括国家下达的指标、计划,主管部门制定的计划、指标、预算、定额,也包括本单位制定的各种详细的计划、指标、定额等等。

(四) 本单位或国内外同行业的历史先进水平与平均水平

这类指标也是用来考核被审计单位经济效益高低的标准之一。它们是对计划、指标、预算、定额等标准的补充,从而使绩效审计的标准体系更加完整、全面。如:某企业虽然完成了预定的计划和定额,但却大大低于国内先进水平,则说明企业的经济效益不是很高,尚有潜力可以挖掘。由于这类标准的时间跨度较大,在运用时,应考虑各种客观因素的变化,如物价变动等。

(五) 科学测定的经济技术数据

这类标准主要用于评价新产品及新工艺的经济效益。由于新产品新工艺的效益没有相应的历史资料可以比较,同时,同行业又无同类的指标可以参考,要评审它们的经济效益,就得借助于科学技术来测定。因此,它是绩效审计中采用的一种特殊标准。

正确运用评价经济效益的指标体系,对于真实反映、合理评价经济效益状况至关重要。由于各单位的具体情况不同,所以,在考核某单位的经济效益时,所运用的考核指标也不同。就某一项具体的指标而言,其运用过程和要求也是有区别的。在考核被审计对象经济效益时,应注意将上述指标作为一个完整的指标体系来运用,防止片面地、僵化地运用这些指标。否则,便不能得出正确的结论。

第二节 绩效审计的证据

审计证据,是指注册会计师在执行审计业务过程中,为形成审计意见所获取的证据。审计证据是审计机关和审计人员获取的用以说明审计事项真相,形成审计结论基础的证明材料。不具备客观性、相关性、充分性和合法性的审计证据,就不可能做出正确的审计结论,加强审计证据质量控制是提高审计质量的重要保证。绩效审计证据是审计人员在绩效审计过程中收集的反映被审计单位经济效益状况的凭据。

一、绩效审计证据的作用

(一) 绩效审计证据是证明绩效审计事项的性质和事实的客观依据

任何一个审计事项都必须要有审计证据来证明它的事实是否存在,有无问题,以及问题的性质是什么。如果没有充分可靠的审计证据就无从判断审计事项是否遵循了有关的法律规范,以及没有遵循有关法律规范的程度和后果。

(二) 绩效审计证据是支持审计人员形成审计结论和进行处理处罚的依据和基础

任何客观的审计结论的形成,都必须有审计证据予以支持,审计机关做出的审计处理处罚决定也应当建立在客观基础之上。否则,所形成的审计结论可能会陷于主观判断、估计和推测。有时尽管这种判断和推测是与客观事实相符的,但是如果没有充分的审计证据以支持,它便不具有任何说服力,也不具有权威性。因此,在审计过程中,审计人员只有坚持客观公正的态度,运用正确的方法,取得合法的审计证据,才能确定审计结果,提出正确的审计意见并进行客观公正和恰如其分的审计处理。

(三) 绩效审计证据是解除或追究被审计单位或有关责任人员法律责任的客观依据和基础

审计证据是审计机关和审计人员通过法定的审计程序收集和查定的客观事实,因此,它可以用来判定行为人应当承担法律责任,还可以否定和解除行为人不应承担法律责任。

(四) 审计证据是进行复议和行政诉讼的重要依据

审计证据是形成审计结论和进行处理处罚的主要依据,同时,它也是进行审计复议和诉讼的重要依据,如果没有充分可靠的审计证据作为基础,审计复议和诉讼是不可能胜诉的。

二、绩效审计证据的分类

绩效审计证据可以按照不同的分类形式进行分类。

(一) 按证据形式分类,可分为实物证据、书面证据、口头证据、环境证据

1. 实物证据

实物证据是指事物的外部特征和内在性能证明事物真相的各种财产物资。实物证据是通过实际观察或清点所收集的、用以确定某些实物资产是否确实存在的证据。例如,库存现金可以通过监盘加以验证,各种存货和固定资产可以通过监盘、抽盘的方式证明其是否确实存在。它是证明实物资产是否存在的非常有说服力的证据。

2. 书面证据

书面证据是指以书面形式存在并证明审计事项的书面证据,包括与审计事项有关的各种原始凭证、会计凭证、会计账簿、报表及其他核算资料,以及各种会议记录和文件、各种合同、通知书、报告书和函件等。书面证据是审计证据的主

要组成部分,其数量多,来源广,是最为基本的审计证据。对书面证据,我们可以从以下几个原则分析其证明力:(1)来源于外部的书面证据比来源于内部的书面证据可靠程度高,证明力更强;(2)在外部的书面证据中,直接由被审计单位以外的单位和人士提供的书面证据,比由被审计单位提供的外部书面证据证明力强;(3)内部书面证据在外部流转,并得到其他单位或个人的认可,具有较强的可靠性;(4)被审计单位的内控制度健全程度对内部书面证据的证明力有影响;(5)被审计单位的承诺书不具有法律效力,不能单独作为证据使用。

3. 口头证据

口头证据是指与审计事项有关人员对审计人员提问作口头答复所形成的一种证据。通常在审计过程中,审计人员会向被审计单位的有关人员询问有关内部控制的情况,某报表项目出现异常波动的原因,采用特别会计政策和方法的理由,逾期应收账款收回的可能性,以及某特别交易的细节等。对于这些问题的口头答复,便构成了口头证据。一般情况下,口头证据本身并不足以证明事情的真相,不能直接用来证明审计事项,但可作为审计线索,为证明审计事项服务。为提高口头证据的证明力,在审计过程中,审计人员应把各种重要的口头证据尽快地做成记录,并注明是何人、何时、在何种情况下所作的口头陈述。对于事关重大的口头证据,尤其是涉及被审计单位或有关个人违法乱纪和舞弊的,还应获得被询问人的签名确认。一般来说,能够相互印证的口头证据比单方面取得的口头证据要可靠。能够得到其他证据支持的口头证据比没有其他证据支持的口头证据要可靠。

4. 环境证据

环境证据是指对审计事项产生影响的各种环境事实。如岗位责任情况、劳动组织情况、机器设备的配备组合情况等。在绩效审计中,环境证据非常重要,它可以作为经济效益高低的佐证证据,也可以作为审计建议的直接证据。

(二)按证据相关程度分类,可分为直接证据和间接证据

直接证据是指对审计事项具有直接证明力,能单独、直接地证明审计事项真实性的证据。

间接证据是指对审计事项只起间接证明作用,需要与其他证据结合起来,经过分析、判断、核实才能证明审计事项真实性的证据。

(三)按证据的来源渠道分类,可分为内部证据、外部证据和审计人员自己获得证据

内部证据是指从被审计单位内部取得的证据,包括被审计单位的会计记录、被审计单位管理部门提供的承诺书,以及其他由被审计单位编制和提供的合同、

销售订单等。

外部证据是指从被审计单位以外的其他单位取得的审计证据,包括由被审计单位以外的单位或人士编制,并由其直接递交审计人员的证据,以及由被审计单位以外的单位或人士编制但由被审计单位持有并提交审计人员的证据。

审计人员自己获得的证据是指审计人员在绩效审计过程中亲自动手或亲眼目睹取得的证据。

三、绩效审计证据的收集与鉴定

（一）审计证据的收集原则

（1）充分性原则。即足够性原则,指审计人员为完成审计目标所需要证据的最低数量,收集证据要适当,要能够揭示问题的实质,并非越多越好。

（2）相关性原则。即审计证据与审计项目之间有一定的逻辑关系,对形成审计意见和结论有一定的联系。

（3）相对重要性原则。即不同情况下的审计证据重要性是相对的。

（4）成本原则。又称为成本效益原则,即在收集证据过程中,应考虑收集证据的成本因素,审计人员并不一定取得最有力的证据。但要注意:当需要审计的项目十分重要,需要获取的证据又是关键的,舍此不能做出审计结论时,即使需要支付的成本较大,审计人员也要尽可能获取。

（二）绩效审计证据的来源

（1）审计师本人采集编制和分析的资料。

（2）从被审计单位取得的资料。

（3）从第三方收集的资料。

（三）审计证据的收集方法

在收集审计证据时,必须遵循一定要求和基本原则。收集审计证据应满足充分性、成本效益性、重要性、相关性的要求。在进行收集时,可采用检查、监盘、观察、查询与函证、计算、分析性复核等方法。

1. 检查

检查是审计人员对被审计单位会计资料和其他书面文件可靠程度的审阅与复核,是取得书面证据的方法。检查可运用于原始凭证、记账凭证、账簿、报表及预算、合同、计划等书面材料。"通过检查的方法收集审计证据的,应当取得与审计事项相关的会计资料、被审计单位承诺书、会议记录、文件、合同等资料,以及审计人员编制的汇总表、调节表、分析表等资料。"

对下列会计资料和其他书面文件的检查应注意的问题:

（1）检查原始凭证，主要是根据法律、法规、政策和制度等审计依据，检查原始凭证所反映的内容是否合规，原始单据的抬头、时间、编号及凭证的处理手续是否齐备等。应注意其有无涂改或伪造现象，记载的经济业务是否合理合法，是否有业务负责人的签字等。

（2）检查记账凭证，主要是检查其摘要、金额、账务处理是否正确，是否与原始凭证一致，记账凭证应有的手续是否齐全等。

（3）检查会计账簿，主要是检查包括日记账、明细账、备查簿等账簿中所反映的经济业务是否正常，是否与记账凭证一致。

（4）检查会计报表，主要是检查其编制、格式和内容是否符合《企业会计准则》及国家其他财务会计法规的规定，会计报表说明是否对应予说明的重要事项进行了充分的披露。

（5）检查预测、计划、方案、合同及其他书面资料，主要是检查其来源是否可靠，数据计算是否正确，业务内容是否合法等。

2. 监盘

监盘即监督盘点，是指审计人员对被审计单位各种实物资产及现金、有价证券等进行现场监督盘点，并进行适当抽查的方法。采用监盘方法是为了确定被审计单位实体形态的资产是否真实存在并且与账面数量相等，查明有无短缺、毁损及贪污、盗窃等问题存在。"通过监盘方法收集的审计证据的，应当编制实物资产盘点清单和现金、有价证券盘点表等材料，并由审计人员和被审计单位有关人员签名。"

3. 观察

观察是指审计人员对被审计单位的经营场所、实物资产和有关业务活动及其内部控制的执行情况等所进行的实地察看，这是取得实物证据的重要方法。"通过观察方法获取审计证据的，应当编制观察记录，注明观察事项、内容和结果等情况。"

4. 查询

查询是指通过向被审计单位内部和外部有关方面调查、询问来了解审计事项的一种审计方法。但通常不能把询问作为审计结论，因为它不是来自于独立的来源，因而可能偏向于他人的意愿。在通过询问取得证据后，通常有必要通过其他手续取得进一步的确证证据。查询结果应形成书面记录，并由被查询人签字盖章。"通过查询方法收集审计证据的，应当取得被查询的单位或者个人的书面答复材料或者口头答复记录，并注明查询事项、内容、方式和查询结果等情况。"

5. 函证

函证是通过向有关单位寄发询证函来取得证据的一种审计方法。这种方法多用于往来款项的查证。函证分为积极函证和消极函证两种：积极函证要求被函询单位对函询事项无论与事实是否相符都给予复函。这种方法在手续上比较麻烦，但能取得书面证据，对于数额较大的往来款项多采用这种方法。消极函证只是在被函询单位发现函询事项与事实不符时才给予复函，如确认相符则不复函。审计人员发函后经过一段时间未收到回复，则认为所询事项与事实是相符的。这种方法的可靠性不及前一种方法。采用积极函证方法，应要求被函询单位将复函直接寄给审计人员。"通过函证方法收集审计证据的，应当取得被函证单位或者个人的回函，编制函证记录，注明函证事项、范围和回函结果等情况。"

6. 计算

计算是对会计核算等资料反映的数据进行验算或重新计算的一种审计方法。计算主要用于：

（1）检查原始凭证上的数量单价之积、小计、合计；

（2）检查记账凭证上明细科目金额的合计；

（3）检查账簿各页各栏金额的小计、合计、余额、转页金额等；

（4）检查报表列示项目的小计、合计、总计及其他计算；

（5）检查预测、预算、计划等数据。

在账务处理和成本计算中都包括一系列的数学运算。其中有些是简单的计算，例如各账户总计的平衡关系，总分类账与有关明细账的勾稽关系等。有些则含有较为复杂的运算。例如费用的归集和分配，既涉及若干计算步骤，还涉及一系列的会计运算规则，需要运用一定的分配公式等。"通过计算方法收集审计证据的，应当编制计算表或者计算工作记录，注明计算的事项、所根据的相关数据、计算的方法和结果等。"

7. 分析性复核

分析性复核法是指审计人员对被审计单位重要的比率或趋势进行的分析，对分析中发现的差异，特别是对异常变动进行调查，必要时要适当追加审计程序。常用的分析性复核的方法有：比较分析法、比率分析法和趋势分析法。

（1）比较分析法是指通过某一会计报表项目与其既定标准的比较来获取审计证据的技术方法，包括本期实际数与计划数、预算数或注册会计师的计算结果之间的比较，本期实际与同业标准之间的比较等。

（2）比率分析法是指通过对会计报表中某一项目与其相关的另一项目相比所得到的值进行分析，以获取审计证据的技术方法。

（3）趋势分析法是指通过对连续若干期某一会计报表项目的变动金额及其百分比的计算，分析该项目的增减变动方向和变动幅度，以获取有关审计证据的技术方法。

（四）绩效审计证据的鉴定

所收集到的证据并非都有证明力，因而必须对其从绩效审计证据的质量要求等方面进行鉴定。绩效审计证据的质量要求包括：客观性、相关性、充分性、重要性、可靠性等。

1. 客观性

客观性指审计证据必须是客观存在的事实材料，不能是主观虚构的产物。客观是相对于主观而言的。它是指审计证据必须是客观存在的真实情况，是不以人们主观意志为转移的客观事实。任何个人想象、推测或臆造的情况，都不能成为审计证据。客观存在性是审计证据最本质的特征。

2. 相关性

相关性是指审计证据与审计事项之间有实质性联系。所收集的审计证据要同审计目标和所提出的审计意见有关。证据相关性的有无和大小与证据的证明力是一致的。与审计事项没有任何联系的事物不能作为审计证据；与审计事项联系紧密，即与审计事项有内在的、实质性的联系的证据，其证明力相对较大。简单说，证据与财务报表确认的关系即为"相关性"。

3. 充分性

充分性也称足够性，是针对审计证据应有多少数量而言的，必须要有足够数量的证据来支持审计人员的审计意见。考虑证据的充分性可以把握以下几点：(1)证据的说服力必须达到一定的程度，使之能够形成审计结论；(2)可以通过增加收集相互可以印证的证据来证明审计结论，这种相互印证的证据的证明力高于单个证据；(3)证据的质量对证据的充分性有影响。即审计证据越能反映本质，所需的证据数量越少，反之亦然。

4. 重要性

重要性指审计证据对审计评价和审计结论有重要影响。充分有效的审计证据必须在事实的性质和数额两方面对审计评价和结论有重要的影响。

5. 可靠性

可靠性指审计证据本身及其来源必须是真实可靠的，是依据法定程序和科学的方法取得的。要特别强调证据的合法性，证据的合法性主要表现在以下三个方面：(1)合法的表现形式；(2)由法定的人员取得；(3)依法定程序取得。

传统财务收支审计其具体取证目标是被审计单位资产、负债在某一特定时日是否存在，计价是否适当，会计记录是否正确等，主要侧重被审计单位经济活动是否真实、合法、合规，是否存在各种形式的错弊和违法违规行为。所以经常运用账务检查法、监盘法、查询法、函证法和计算法等一些审计取证方法。但是，由于绩效审计需要对一个项目进行风险分析和目标评价，包含的范围很广，所以其具体取证目标是各项经营指标、效率指标和效益指标等的完成和实现情况，这就要求在绩效审计取证过程中，除了采用财务收支审计中一些常规审计方法外，还需灵活掌握和运用绩效审计中的一些特有的审计取证方法。目前，我国绩效审计尚处在一个探索尝试阶段，审计实施主要采取财务审计与绩效审计相结合、审计与审计调查相结合的方式，以此达到审计目标。绩效审计中除了采用财务审计中一些常规审计取证方法外，主要运用文件资料检查法、询问座谈法、调查表法、重做法和实地观察法五种绩效审计取证方法，如何用好这些绩效审计特有的审计取证方法，我们必须在了解绩效审计取证方法的基础上，掌握这些审计取证方法的特点（优点、缺点以及什么情况下使用），才能根据审计实际情况加以灵活运用，并有效地开展绩效审计。

（五）绩效审计证据的分类、归纳和整理

1. 对审计证据进行分类和排序

一般而言，对证据的分类是将各种审计证据按其证明力的强弱、或按与审计目标的关系是否直接等分门别类排列成序。审计证据按照审计事项分类，按照与审计事项的相关程度排序，是为了使方案确定的审计事项脉络清晰，重点突出。

2. 审计证据的取舍

审计人员不必、也不可能把审计证据所反映的内容全部包括在审计报告中。在编写审计报告之前，审计人员必须对反映不同内容的审计证据作适当的取舍，舍弃那些无关紧要的、不必在审计报告中反映的次要证据。例如：对于涉及的违规事项金额较大、足以对被审计单位的财务状况或者经营成果的产生重大影响的证据，应当作为重要的审计证据；但有的审计证据本身所揭露问题的金额也许并不很大，但这类问题的性质较为严重，它可能导致其他重要问题的产生或与其他可能存在的重要问题有关，则这类审计证据也应作为重要的证据。

3. 对审计证据进行汇总和分析

审计证据经过分类、归纳和整理后，应通过审计工作底稿对其进行综合、汇总，并对各个审计事项及总体形成审计结论。分散的、个别的审计证据并不足以形成对整个审计事项的结论，只有对其进行汇总、综合，将缺乏联系甚至相互矛盾的审计证据去粗取精、去伪存真、填平补缺、相互印证，才能作为支持审计结论的证据。这一过程很重要，它使审计人员对审计事项从个别到全面、从表面到本质，逐渐形成对审计事项的结论，为编写审计报告、出具审计意见书、做出审计决定奠定坚实的基础。

第四章　企业经营业务绩效审计

第一节　购进储备业务绩效审计

购进业务绩效审计就是对企业物资购进及其管理的经济性、效益性和效果性进行审查监督，以促进购进业务有效地进行，保证企业整体经济效益目标的实现。

一、购进储备业务审计目标

购进储备业务审计的目标是基于被审计单位相应的内部控制制度和管理制度，审查被审计单位的购进业务计划的制定和实施情况，以及购进物资的储存保管情况，主要目标包括以下五个方面。

（一）评价购进储备业务相关部门职责分工及其协作关系的恰当性

购进储备业务涉及订货、采购、运输和财务部门，以及购进后对物资进行储存管理的部门。每个部门的职责分工应当明确，并保持相互联系、相互制约的关系。它们之间的协作配合程度，直接影响到购进储备业务的经济效益。

（二）评价采购计划的合理性

对采购计划的审查主要是看其是否是依据被审计单位生产经营活动所需制定的。合理的采购计划不仅能使采购业务有效进行，保证生产经营活动的需要，而且有利于降低成本。

（三）评价采购计划执行的有效性

合理的采购计划只有得到有效地执行，才能发挥其效用。全面分析采购计划的执行情况，并分析影响计划执行的原因，既是购进业务审查的核心，也是对生产业务进行深层次分析、评价的需要，因而该项审查成为购进业务审计的核心目标。

（四）评价采购成本的经济性

降低成本是提高效益的有效途径。材料采购成本的高低直接关系到产品成本以及资金利用水平,并最终影响到利润水平。通过审计提出改进建议,有助于控制成本,提高经济效益,该项审查也是购进业务审计的主要目标。

(五)评价储备计划及储备情况的合理性

合理的储备计划及良好的储备管理可以保证生产经营需要,减少储备资金占用,降低储存成本,以实现生产经营的顺利进行。物资的储备及管理对企业生产经营起着至关重要的作用,是不容忽视的审计目标。

二、购进储备业务审计范围

购进储备业务的审计包括内部控制制度的审计、采购计划及其执行情况的审查、采购成本的审查、物资储备管理的审查,以及有关部门经济责任履行情况的审查等。进行购进业务审计,需收集以下方面资料:

(1)计划、定额和预算资料。主要包括采购计划、储备计划、决策方案、资金计划、材料价格趋势分析表、消耗定额。

(2)会计、统计和其他业务核算资料。包括材料采购和库存材料明细账和总账,以及有关凭证,包括请购单、订货单、装运凭证、验收单、入库单、发票、付款凭证、出库单等。

(3)其他相关资料。主要包括购进业务规章制度、企业作业手册、质量检验报告、市场价格信息、业绩报告、购进业务组织机构图、采购和储备部门使用的计算机信息报告等。

三、购进业务审计内容

(一)被审计单位购进业务内部控制制度的审计

企业购进的物资往往品种、规格繁多,来源和用途各异,收发频繁,资金占用大,经手人员较多,涉及多个部门。因而,为保证购进业务的效率和效益,必须对购进业务过程按严格的标准、程度实行管理,建立严密的内部控制制度。审计应对购进业务的内部控制制度进行审查,对采购计划编制与执行,物资储备与消耗定额的制定,物资供应与验收,储存与保管,调拨与领退,清查与盘点,以及财务登记与处理等内部控制制度的完善程度和执行情况进行审查评价,分析其对企业经营绩效的影响,并提出改进意见。其审计要点包括:

(1)审查企业有关内部控制制度设计的合理性、完整性、严密性和可行性。主要审查所制定的控制制度是否衔接,有无遗漏,能否起到相互促进、相互制约的作用;是否符合本单位的实际情况,能否得到有效执行。

(2)审查内部控制制度的贯彻执行情况,即审查企业所设计制定的内部控制制度是否得到有效的运行,例如,购货是否按正确的级别批准,订货单、验收单和卖方发票是否经事先编号并登记入账。对执行情况是否经常进行考核评价,是否根据企业内外情况的变化,及时进行修订、补充和完善内部控制制度等。

(二) 采购计划及其执行情况的审计

1. 采购计划的审查

购进计划是企业生产经营计划的重要组成部分,合理的采购计划是有效地组织供应业务,保证生产经营活动的正常运行,降低成本,提高经济效益的关键。购进计划的审查核心是审查、评价采购计划的合理性,主要看其是否以尽可能低的采购成本,从材料物资的品种、数量、质量以及供应时间等方面满足生产经营活动的需要。

购进业务主要是采购原材料,因其需要量大、占用资金多,周转速度快,因此成为购进业务审计的主要对象。其审计要点有:

(1) 审查采购计划的物资品种、性能、规格、质量等是否符合生产经营计划的需要。该审查可将购进计划所列物资的具体内容与生产计划所需物资的具体要求相比较,看其是否一致,能否反映计划期内调整产品结构、生产新产品、改进产品设计等对物资供应需求的变化。

(2) 计算物资需用量的方法是否得当。企业物资需要量是依据各项计划任务量和消耗定额来确定的。审查时,首先应查明各项计划任务量和消耗定额的准确合理性,所用方法是否符合本单位的实际情况,计算误差是否在可控范围内,再审查其结果是否正确。

在审查物资需用量时,还应考虑废料回收复用工作的开展情况,并按计划回收复用量扣减计划需用量。物资需用量的计算公式如下:

$$某种材料物资的需用量 = 计划产量 \times 单位产品该种材料消耗定额 - 计划回收利用废料数量$$
(4-1)

(3) 计划采购量是否恰当合理。对计划采购量进行审查,其目标是看其是否充分考虑了生产计划的材料需要量和合理储备量以及回收利用率。通过审查,避免因计划采购量过低导致物资供应短缺,或因计划采购量过高,形成库存材料的呆滞积压。

对计划采购量进行审查,通常可按下列公式计算:

$$某种物资的计划采购量 = 某种物资的计划需要量 - 期初库存量 + 期末库存量$$
(4-2)

(4) 采购计划所定的材料价格、采购费用是否合理,材料计划成本与产品成本计划是否平衡。

(5) 计划所制定的期初、期末储备与其他保险储备是否合理,能否保证生产的应急所需,能否保证生产正常有序地进行。

2. 采购计划执行情况的审查

企业采购计划执行的好坏是评价存货存量高低和质量高低的重要依据。所以,应当把材料物资采购计划执行情况作为审查的一项内容。对采购计划执行情况的审查目的在于对采购计划完成的效率性、效果性和效益性进行审查,即审查材料物资购进额的真实性和正确性,审计评价采购材料物资在品种、规格、质量、数量、购进时间等方面满足生产经营活动需要的程度。审查采购成本是否符合采购计划的要求及其偏离程度。

(1) 审查采购计划的完成程度。根据审查核实的材料物资购进额与采购计划数额进行对比,即可查出超额完成和未完成计划的情况。除按总额检查材料物资计划完成的综合情况外,还应按其大类和主要品种检查计划完成情况,并揭示影响计划完成的主客观原因,明确责任,提出改进建议。如果财务部门对此项工作已作过检查分析,审计人员也可利用此项资料进行复查核实,取得证据,作出深刻而公正的评价,肯定采购业务成果,揭示存在的问题。

评价采购计划完成情况可以使用采购计划完成百分比来综合反映。采购计划完成百分比是用完成采购计划项目总数与采购计划项目总数的比来计算;也可用完成采购计划的总金额与采购计划总金额之比来计算,但计算所用的金额基础应一致,最好都采用计划价格来计算。采购计划的完成程度的审查反映采购计划执行的效率性。

(2) 审查采购物资的质量。采购物资的质量主要反映在采购的实际时间、数量、质量、品种上,审查时将其与生产所需要的实际时间、数量、质量、品种分别进行比较,有无不适应或不适用、停工待料等事项发生,以了解采购与生产需要的衔接程度。对采购物资质量的审查反映了采购计划执行的效果性。

(3) 审查采购成本。材料物资的采购成本,是由进价和购进环节发生的运杂费和其他费用等组成的。所以审查核实材料物资购进额时还要复核材料物资购进费用等的正确性。审查时,要注意防止遗漏重复计算,以保证材料商品购进额的真实和正确。对采购成本主要审查:

① 实际采购成本与计划采购成本、与上期采购成本相比是否下降及下降速度。审查时,不仅要分析实际采购成本的变动趋势,还要审查实际采购成本的构成项目的正确性,有无采购计划之外的采购费用。另外,要特别是采购物资的实际价格与计划价格的差异,并分析其原因。

②采购费用使用效率(采购费用率＝本期采购费用总额/本期物资消耗总额),将实际采购费用率与计划、上期实际或者同行业先进水平进行比较,据以确定采购成本效益的高低。同时,审查物资采购费用分配比例是否合理。所购材料的采购费用,若能分清应由哪种材料负担的,可直接计入该种材料的采购成本,若分不清的,则应按所购各种材料的买价或重量进行分摊。审计人员应采取复算的方式审查其分摊是否合理。

(三)采购合同的审计

采购合同是根据物资采购计划以及生产和经营需要而签订的,全面完成进货合同是完成采购计划的重要保证。审查合同的合法性和可行性,检查合同履行情况是材料物资审查的一项重要内容。对合同审查,着重审查那些重点合同,应查明以下事项：

1. 审查合同的可行性

即合同内订购的材料,是否符合物资采购计划要求和生产部门的需要,并符合生产进度安排和经营需要,以防止停工待料或影响供应。如工业企业生产部门材料请购申请单的需求量多,而合同订购的少,则需要增加订购量；反之应减少订购量。审查时,以某一时期的合同订购量与该期实际生产经营所耗材料量加该时期计划储备量减期初存量之差相比较,如前者大于后者,可能意味本期储存可能增加；相反,则意味合同订购未能满足生产需要。

2. 审查合同的合法性

对合同合法性的审查,在合同签订前,应就合同是否以《合同法》为签订依据,供应单位是否是独立的经济法人,进行信用询证,从而保证预付货款的安全。合同签订后,应审核合同签署者是否具有法人代表资格,其他内容是否符合《合同法》规定的条件,订购的品名、规格、数量、价格、质量、包装、运输、交货方式、付款条件是否具体、明确,有无疏漏的情况,购销双方承担的责任是否公平合理。还应着重审查是否有人利用合同进行违法活动,一般常见的手法有：

(1)采购人员与外单位不法分子串通勾结,签订假合同,以骗取货款,或从中以回扣或其他形式索贿受贿；

(2)参与合同签订的人员玩忽职守或故意互相串通,没有严格按照签订合同的规定和条件签订合同,造成某些条款的漏洞,从而给企业造成重大损失；

(3)企业以协作为名,通过签订合同为外单位代购国家专营或计划供应的商品,牟取暴利；

(4)签约对方借合同条款规定不详或不确切,故意刁难,使企业造成损失。对此,应建议通过法院解决纠纷,追回损失。

3. 审查合同的执行情况

采购合同的执行是完成采购计划、最终完成采购业务的重要环节。主要通过合同执行记录进行审查,将其和材料物资采购、库存明细账记录等有关凭证相核实,并与到期应予履行的合同进行核实,查明以下弊端和问题:

(1) 合同未能按期如数履行。通常可先核实到期应予履行的合同数,并将这些合同逐个与材料、商品采购或库存明细账中的相关进货业务进行核对,以审查合同上的购货内容是否按期如数地进行了采购,如合同有的材料采购业务,而账上没有,则意味这些合同内容未能实际履行。为此,应进一步查明合同未予执行的原因,明确相关责任。

(2) 合同已履行,但相应的进货长时间没有验收入库。这类情况通常意味着可能发生物资采购业务纠纷,且尚未得到解决。由于业务纠纷大多与合同本身的缺陷相关,因此,对这类问题仍然属于合同审查的内容之一。审查时,可通过材料或商品采购或库存明细账,与预付账款和应付账款或应收账款账户记录逐笔勾对,以查明货款已付而物资尚未入库的采购业务,并进一步追查到与此相关的合同缺陷。

(四) 采购方式及采购数量的审计

1. 采购方式的审查

目前企业物资采购方式主要有以下几种:

(1) 计划分配物资的订货。指国家统筹分配物资的采购。

(2) 市场购买。这主要适用于需求量不多,市场上可以任意购买到的物资。

(3) 合同采购。这是与供货单位签订供货合同以固定供应关系的一种采购方式,它适用于生产稳定、产品定型、需求量比较大的物资。

(4) 函电邮购。对于用量少,本地难购买到,派人直接采购又不经济的物资,可以通过邮政电信订货的方式进行采购。

审查时,主要是将各种可能的采购方式与所选用的采购方式进行比较,进行成本效益分析,确定最佳采购方式,并以此评价企业所选择的采购方式是否最优。由于采购方式不同,供应单位的选择范围也不同,这就涉及采购地点和供应商的选择问题,不同的供应商的信誉及所给予的信用政策不同,所销售商品的质量也有差异,不同的地点,运输条件不同,进而影响到采购成本。因此,在审查采购方式的合理性时,还应评价被审计单位所选用的供应商和采购地点。

2. 采购数量的审查

采购数量也即经济订货批量。确定经济订货批量是从成本角度来考虑采购和物资储备的一种控制方式,通过合理的进货批量和进货时间,使存货的总成本最低。与物资储备有关的成本包括订货成本和储存成本,它们随着订货次数和订货数量的变化互为消长。一般说,订货次数越多,全年的采购总成本也越多,如果订货次数减少,仓库的储备量就增加,库存物资的周转就慢,储存成本就增加。经济订货批量就是订货成本与储存成本之和最小时的批量。经济订货批量的计算公式为

$$Q=\sqrt{\frac{2RD}{K}} \qquad (4\text{-}3)$$

其中:Q 为经济订货批量;
　　　R 为每次订货成本;
　　　D 为物资年需要量;
　　　K 为每单位物资的年储存成本。

对采购数量进行审计时,可将被审计单位实际采购数量与计算的经济批量进行对比,审查实际采购数量是否合理,并计算费用差异,找出适合企业的最佳采购数量,提高采购的经济效益。

例 4-1: 某企业每年耗用某种材料 3 600 千克,该材料单位成本 10 元,单位储存成本为 4 元,一次订货成本为 50 元。则:

$$每次经济订货量 Q=\sqrt{\frac{2\times 3\,600\times 50}{4}}=300(千克)$$

四、储存业务审计内容

(一) 储存控制的审计

储存控制是指控制物资的储备量,使物资储备量经常保持在一个经济合理的水平。物资储备超过定额,就会占用较多的流动资金和仓库面积,同时物资长期存放,会损坏变质。物资储备若低于定额,则会增加物资的短缺成本,影响生产的正常进行。因此,必须合理地控制物资存储量。

控制物资的储备量以物资储备定额为标准。物资储备定额包括最高储备定额、保险储备定额、最低储备定额和季节性储备定额。审查时主要看这几种定额制定方法是否科学,计算方法是否正确,所订的定额是否既能保证生产的需要,又能减少储备量,节约资金。

最高储备定额的计算方法有两种,一种是经济批量法,另一种是供应期法。经济批量法在前文已有介绍,主要审查经济批量的计算是否正确,保险

储备定额计算正确与否。供应期法是指根据供应间隔期的长短和每日平均耗用量,同时考虑物资使用前的准备天数和保险天数来确定。计算公式如下:

某物资最高储备定额 ＝ 该物资每天平均耗用量×(供应间隔天数＋使用前准备天数＋保险天数)

(4-4)

式 4-4 中,"该物资每天平均耗用量×(供应间隔天数＋使用前准备天数)"为经常储备量,是指前后两批物资进厂的时间间隔期内,为保证生产正常进行所要求的物资储备量。即

经常储备量 ＝ 该物资每天平均耗用量×(供应间隔天数＋使用前准备天数)

(4-5)

需注意的是,有些物资不经过储备即投入生产,因此使用前准备天数并不是所有材料都必需的。

"该物资每天平均耗用量×保险天数"为保险储备,也即最低储备定额,是为了防止需求增大或送货延迟而发生的缺货或供货中断所造成的损失,需要多储存一些存货以备应急之需。即

保险储备量 ＝ 该物资每天平均耗用量×保险天数　　(4-6)

保险储备也不是每种物资都必须的,对于供应非常正常或容易采购到的物资就没有必要制定保险储备量,以节约资金。

由上面几个公式可见,最高储备定额、经常储备量和最低储备定额存在如下关系:

最高储备定额 ＝ 经常储备量＋最低储备定额　　(4-7)

季节性储备定额是指在季节性生产和受季节性运输影响而不能正常供应物资的情况下,为保证生产正常进行所必须建立的物资储备量。审查时主要看其季节性储备天数的计算是否正确。其计算公式如下:

季节性储备定额 ＝ 季节性储备天数×每天平均耗用量　　(4-8)

确定了储备定额,就可用控制实际储存量,使之保持在一个合理的水平,既不至于储备过高而增加储备成本,也不会因储备过低而影响生产正常进行。审查储存控制审查被审计单位提出订货或采购的时间,订货批量;审核订货方式;审查实际库存控制的有效性,有无不合理的库存积压,或出现存货短缺的情况;

审查企业有否根据生产变化及时调整订货或采购等。

（二）物资储备计划完成情况的审查

1. 对物资储备计划完成程度进行审查

审查物资储备计划完成情况可将实际储备量与定额储备量进行比较，如果实际储备量高于最高储备定额，则表明物资储备过多造成积压；如果实际储备量低于最低储备定额，则表明储备不足，存货短缺，会影响生产。同时，确定超额或未完成的数额，并与上年同期物资实际储存数进行比较，分析上升或下降趋势及原因，可以通过编制《物资储备计划执行情况表》进行提示。超额储备或未完成的储备量都是储备计划完成情况不好的表现。

例 4-2：某钢材厂每天平均耗用钢材 5 吨，供应间隔天数 12 天，保险期 5 天，则：

保险储备定额（最低储备定额）＝ 5 吨 × 保险期 5 天 ＝ 25 吨

经常性储备定额 ＝ 5 吨 × 供应间隔天数 12 天 ＝ 60 吨

最高储备定额 ＝ 5 吨 ×（供应间隔期 12 天 ＋ 保险期 5 天）＝ 85 吨

该钢材厂 10 月份由于采购不均衡、不及时，致使 7—10 日不得不动用保险储备，11—15 日实际储备量为零，出现停工待料，到 20 日实际储备达到 100 吨，超过最高储备定额 15 吨，造成材料积压。可以看出，该钢材厂 10 月份物资储备计划的完成情况不佳。

在审查时，如发现超储备积压物资，还要审查被审计单位是否采取了措施，以及措施的有效性，在对积压物资进行降价处理时，还应查明是否存在营私舞弊行为。

2. 审查材料商品储存计划执行的合理性和合法性

审计人员可以根据物资储备计划执行情况表，结合物资库存结构分析和市场预测资料及调查研究的情况，评价物资储存的合理性并分析其形成原因。

（1）查明物资库存中是否存在由于决策失误或销售不力及其他原因造成的积压，并确定积压数额。

（2）结合库存情况调查，确定由于盲目采购造成积压的物资。形成原因可能是采购人员工作失误，或购进人情货，以及其他原因。

（3）查明库存中的假冒伪劣、走私商品物资。假冒伪劣物资不仅会影响生产的正常进行，还会影响到产品的质量。对于物资储存计划的审查，主要审查物资储存业务的真实性和合法性。对于上述不合理、不合法事项的审查，审计人员只能掌握一般情况，要查明原因，还须结合采购、储存业务的审查进行核实取证。

(三) 仓库设置及管理制度的审查

1. 仓库设置的审查

对仓库设置的审查主要审查仓库的位置能否有利于厂内物资流程的经济性和合理性；仓库的建筑材料能否保证储备物资的安全性，防止外部自然因素对物资的影响；仓库内部空间布置是否适合企业物资的存放和便于管理的要求，这也关系到仓库面积的利用程度和仓库作业效率；仓库的设备投资是否达到最低要求。

2. 仓库利用的审查

仓库利用的审查要点有：

(1) 仓库内的规划是否合理，物资在仓库内是否分区段存放，并按不同种类、规格设置柜、架箱等分别存放。

(2) 物资的堆放方法是否科学合理，是否实施了"五五堆放、四号定位"等方法，有无实效，是否真正便于快收快发，便于检验、装运、盘点和计算，使仓库面积得到充分利用。

(3) 仓库是否得到有效利用，可以用仓库面积利用率指标来评价，计算公式为

$$仓库面积利用率 = \frac{已利用的面积}{仓库总面积} \times 100\% \tag{4-9}$$

对仓库利用的审查，一方面可以挖掘仓库利用的潜力，另一方面可以发现是否存在物资堆放混乱，过多占用仓库储存空间的情况，并提出改进建议。

3. 仓库管理制度的审查

仓库管理制度的审查主要是审查出入库制度、定期盘点制度、安全制度等是否得到严格执行。

(1) 对于物资出入库存的审查，应查明是否遵循了一定的程序，手续是否齐全，不相关职务相分离，以保证购入的物资切实转入库存。发出物资也应有相应的审批手续，发出及时有效，并保证物资的安全完整。

(2) 审查物资在保管过程中的账卡档案等是否健全完整，仓库与财务、供应部门是否定期对账，账卡是否相符，是否定期盘点，管理是否有效，能否及时了解和反映供、需、耗、存等情况。

(3) 审查仓库储存物资的安全性。审查仓库保管工作是否做到"十防"，即防锈、防潮、防腐、防震、防尘、防爆、防变质、防漏电、防磨、防火等；有无不正常的损坏变质和损耗。

审查时，还需对仓库管理方式进行审查。库存物资品种繁多，但价值、规格、

重要程度、资金占用量及需用量各异,对物资就分类管理,采用不同的管理方法,做到重点管理又照顾一般。物资分类管理法,又称 ABC 分析法,即把物资按一定的标准分为 ABC 三类,分别采用不同控制措施的管理方法。对该种方法的审查主要审核 ABC 分类的标准是否合理,划分的物资是否适当,能否达到便于管理、节约管理成本的效果。

(四) 物资保证程度的审查

物资的保证程度体现在物资能够及时足量的满足生产的需要。主要审查有否出现停工待料情况,对产量、产值造成怎样的影响,有没有相应的应急补救措施;审查时还要结合采购计划的审查,审核现有的库存量可使用的天数,与供应间隔天数相比较,观察造成停工待料事故的可能性。物资保证程度主要用物资可供使用天数来反映,其计算公式如下:

$$某物资可供使用天数 = \frac{某物资实际库存量}{某物资平均每天耗用量} \qquad (4-10)$$

审计人员审查时如发现被审计单位的物资保证程度不够,可能影响到生产的正常进行,应建议被审计单位采取相应的措施。

第二节 生产业务绩效审计

企业根据市场需求,通过合理组织生产,使企业的人力、物力、财力得到充分利用,以实现创造财富、获取利润、增加积累的目的,因此企业生产是企业业务经营的中心环节,在这个过程中,质量的好坏、产量的高低、消耗的多少,不仅反映企业经济效益的好坏,也影响企业的生存发展。对生产业务绩效审计主要审查投入和产出的绩效情况。

一、生产业务绩效审计的目的和内容

(一) 生产业务绩效审计的目的

(1) 审查企业生产目的是否端正。市场上出现的假冒伪劣商品反映了不少企业唯利是图,生产不合格的商品,单纯追求高指标、高速度,而不考虑经济效果。企业要生存发展,必须以经济效益取胜,因此,企业首要明确其生产目的,这也成为生产业务绩效审计的首要目的,审查企业是否存在片面追求利润而减少社会必需品的生产,是否存在忽视经济效益而片面抓产量的情况,是否依照按需生产、以销定产的生产原则。

(2) 审查生产计划制订的全面性。审查生产计划的制订是否与销售计划、合同相匹配，是否考虑了产值产量与实现利润、上交税利三方面的同步增长，审查价格的变动是否符合物价政策。

(3) 审查企业的生产潜力，及其是否得到充分挖掘。主要审查设备、人力和物力资源是否得到充分利用，其利用的效率如何，并找出原因，提出改进建议，促使生产潜力转为现实的生产能力，以提高企业的经济绩效。

(二) 生产业务绩效审计的内容

(1) 审查生产计划是否符合企业实际的生产能力，计划制订是否全面合理，产品的结构是否适销对路，生产计划与计划销售和合同是否紧密衔接。审查计划的完成情况，生产进度是否均衡、正常。

(2) 审查生产指标，如产量、总产值和净产值等指标的完成情况，及其真实性，计算是否正确。

(3) 审查生产设备能力是否充分发挥，人力和物力资源是否充分利用，利用效果如何。

(4) 审查产值、利润的实现情况，以及上交税利的完成情况。

二、生产计划的审计

生产计划是工业企业为实现预定生产经营目标的而制订的一种行动方案，它规定着企业在计划期的产品生产和取得效益的预期目标，在企业生产经营计划中占首要位置，是工业企业编制其他计划的基础。对生产计划进行审查是生产业务绩效审计的首要环节，主要包括以下两个方面的内容。

(一) 生产计划制订的审计

1. 生产计划制订依据的审计

计划的制订须有充分可靠的依据。在市场经济中，大多数企业都是根据市场情况及企业本身的生产能力和条件来编制生产计划的。审查生产计划的制订依据可以帮助被审计单位提高制订生产计划的科学性、合理性。

对生产计划制订依据的审计，要审查计划是否优先保证了国家指令性计划和上级指令性计划的完成；是否与市场预测情况相符合，能否适应市场变化；是否能够保证合同的履行；是否符合企业的生产能力，如生产计划所需的生产设备、技术水平、员工素质以及物资供应保证。

2. 计划生产能力的审计

生产能力指单位时间内工业企业最大的可能性产量。现有的生产能力是编制生产计划的基础。生产能力的审查主要查明生产能力的构成、资料的可靠性

和数据的正确性。审查内容为:

(1) 生产设备生产能力的审查。主要指对每台机器的生产能力的审查,包括每台机器昼夜生产能力的审查和年度生产能力的审查。对每台机器昼夜生产能力的审计主要审查机器工作时数、机器小时产量和每日工作班数这三个影响因素。对机器年度生产能力的审查,应在审核每台机器昼夜生产能力的基础上,再审查其年工作日数,主要审核有效工作日数,即将年度日历工作日数减去计划期停工修理日数。

(2) 其他生产能力的审查,包括班组、工段、车间、全厂的生产能力的审查。审查时首先对每一班组的昼夜生产能力和年度生产能力进行审核,再依次审核工段、车间、全厂的生产能力。

3. 生产计划综合平衡的审计

企业生产的各个环节是相互联系、相互影响的。上一道工序的生产能力会影响到下一道工序的生产能力;个人的生产能力会影响到班组的生产能力,并进而影响到工段、车间以至整个企业的生产能力,因此,对生产能力的审查,还要综合平衡,从中找出影响整个企业生产能力的薄弱环节,并进行分析,找出原因,提出改进建议,以利于企业生产能力的提高。

(1) 生产能力与生产任务平衡的审计。

在对生产能力进行审查后,对生产能力的薄弱环节,提出改进平衡建议。另外还需审查生产任务,计划产量是生产计划审查的首要内容,计划产量主要是依据计划期产品的需要量、计划年度的最大可能产量及上期产量实际完成数来制定的。对计划产量的审查主要是查明计划需要量的正确性。计划需用量包括国家下达的计划指标、市场需要量、企业计划自用量三个因素。审查是主要审核这三个因素计算的正确性。审查国家下达的计划需要量是否与主管部门下达的指令相符,市场需要量所依据的市场预测资料和供货合同是否正确,以及计划自用量的依据是否恰当。计划产量计算公式为

$$计划产量 = 计划需要量 + 计划期末预计存量 - 计划期初预计存量 \qquad (4-11)$$

分别对生产能力和生产任务进行审查后,将两者的审查结果进行比较,看其是否平衡。如果生产能力小于计划生产任务,说明生产能力不足;如果生产能力大于计划生产任务,则说明生产任务不足。这两种情况都是生产不平衡的表现,这时被审计单位应该修改生产计划或改进生产能力。

(2) 劳动力生产与任务平衡的审查。

劳动力生产水平可以用有效工时数来反映,其计算公式为

有效工时 = 生产工人人数×计划期工作天数×出勤率×每天工作小时数×工时利用率

(4-12)

生产任务量也可用工作量表示,其计算公式为

任务工时数 = 计划产量×单位产品工时定额 （4-13）

审查有效工时和任务工时数,应重点审查两者的计算依据是否可靠,计算结果是否正确。然后将两者进行比较,看其是否平衡,如不平衡,则应建议被审计单位修改生产计划。

(二) 生产计划完成情况的审查

生产计划完成的情况反映了企业生产效果的好坏,生产计划完成情况的审查主要是对产量、品种和质量的审查,以及对生产均衡性和成套性的审查。

1. 产品产量计划完成情况的审计

产品产量计划完成情况可以用实物量、劳动量和价值量反映来反映。审查时首先要审查产量指标是否正确与真实,再审查产量的计划完成情况,以审核产量增长的动态性和评价企业为社会提供生产效果的大小。反映产品产量计划完成情况的指标有产量计划完成率和产值计划完成率。两者的计算公式分别为

$$产量计划完成率 = \frac{报告期实际完成产量}{报告期的计划产量} \times 100\% \quad (4-14)$$

$$产值计划完成率 = \frac{报告期实际完成产值}{报告期的计划产值} \times 100\% \quad (4-15)$$

将计算出的比率数值与上期和去年同期的完成率相比较,查明产量的增长速度及增长途径,产量下降的影响因素和薄弱环节。一般说增长速度越快、效益越好,但须综合分析产品品种的适销程度、产品质量和消耗等指标,才能说明产品生产的真实效益。

2. 产品品种计划完成情况的审查

对品种计划完成情况进行审查检查影响产品品种变动的原因,提出改进建议,有利于促使企业全面完成品种计划。审查时,可以用计划品种完成率和品种计划完成程度指标来衡量。计算公式分别为

$$计划品种完成率 = \frac{完成计划产量的品种数}{计划规定生产的品种数} \times 100\% \quad (4-16)$$

$$品种计划完成程度 = \frac{各品种完成计划产量百分比之和(超额部分不计)}{计划品种数} \quad (4-17)$$

如果上述两个指标小于 1,说明品种计划完成不好,应进一步查明原因,审查企业品种安排是否合理,经营策略是否正确,如存在上述情况,审计人员应建议企业调整。

例 4-3:某企业本年度甲产品的计划产量为 900 千件,实际产量为 850 千件。乙产品的计划产量为 1 000 千件,实际产量为 1 200 千件。丙产品的计划产量为 800 千件,实际产量为 880 千件。则:

$$甲产品计划完成率 = \frac{850}{900} \times 100\% = 94.44\%$$

$$乙产品计划完成率 = \frac{1\ 200}{1\ 000} \times 100\% = 120\%$$

$$丙产品计划完成率 = \frac{880}{800} \times 100\% = 110\%$$

$$计划品种完成率 = \frac{2}{3} \times 100\% = 67.67\%$$

$$品种计划完成程度 = \frac{94.44\% + 100\% + 100\%}{3} = 98.15\%$$

3. 产品质量计划完成情况的审查

反映产品质量计划完成情况的指标,不同的行业有所不同。一般包括:

(1) 产品合格率。它反映合格产品占企业总产量的比率。

$$产品合格率 = \frac{合格产品产量}{合格产品产量 + 不合格产品产量} \tag{4-18}$$

其中的不合格品包括次品和废品。

(2) 产品等级率。它表明某等级的产量占总产量的比重。不同的等级品率反映了产品质量的结构状况。

$$某等级品率 = \frac{某等品产量}{合格品产量} \times 100\% \tag{4-19}$$

(3) 平均等级品率。它是指按等级加权平均计算的综合质量指标,平均等级越低越好,其最低限度为 1。也可按平均等级来计算等级产品质量计划完成率。计算公式分别为

$$平均等级 = \frac{\sum(某产品级别 \times 该等级产量)}{合格品产量} \tag{4-20}$$

$$按平均等级计算的质量计划完成率 = \frac{计划平均等级}{实际平均等级} \times 100\% \tag{4-21}$$

(4) 等级系数。将各等级产品都按一定比例折合成一等品,这个比例就是三等品的折合率,一般按各等级产品的售价进行折算,比如一件三等品可折合成0.7件一等品,0.7就是折合率。再根据各等级产品的折合率,计算出全部产品的平均系数,即为等级系数。也可按等级系数来计算等级产品质量计划完成率。计算公式如下:

$$等级系数 = \frac{\sum(各等级产量 \times 该等级的折合率)}{各等级的产量之和} \quad (4-22)$$

$$各等级的折合率 = \frac{该等级产品的单价}{一等品的单价} \quad (4-23)$$

$$按等级系数计算的质量计划完成率 = \frac{实际等级系数}{计划等级系数} \quad (4-24)$$

等级系数综合地反映了产品质量,它一般小于1,数字越接近1,说明质量越好。

(5) 全部产品的结合质量计划完成率。当企业生产多种产品时,应用全部产品的综合质量计划完成率来反映全部产品的计划完成情况。计算公式为

$$全部产品的综合质量完成率 = \frac{\sum \binom{各种等级产品\times 各该种产品的}{的实际总产量 \quad 实际平均单价}}{\sum \binom{各种等级产品\times 各该种产品的}{的实际总产量 \quad 计划平均单价}}$$

$$(4-25)$$

审查时,应将上述指标的实际数与上期或计划数进行比较,以分析产品质量计划完成情况。如发现质量降低,应进一步查明原因。

例 4-4:某企业各等级品产量和单价如表 4-1,反映该等级产品的质量计划完成情况如表 4-2。

表 4-1 某企业各等级品产量和单价

等级	产量(台)		单价(元)	折合率	产值(元)		
	计划	实际			计划	实际	差异
一	50	30	50	1.0	2 500	1 500	−1 000
二	20	40	40	0.8	800	1 600	+800
三	10	20	30	0.6	300	600	+300
合计	80	90			3 600	3 700	+100

表 4-2 该等级产品的质量计划完成情况

质量指标	计　划	实　际	质量计划完成率
(1) 一等品率	$\dfrac{50}{80} \times 100\% = 62.5\%$	$\dfrac{30}{90} \times 100\% = 33.3\%$	$\dfrac{33.3\%}{62.5\%} \times 100\%$ $= 53.28\%$
(2) 平均等级	$\dfrac{1\times50+2\times20+3\times10}{80}$ $= 1.5$ 级	$\dfrac{1\times30+2\times40+3\times20}{90}$ $= 1.89$ 级	$\dfrac{1.5}{1.89} \times 100\%$ $= 79.37\%$
(3) 等级系数	$\dfrac{50\times1+20\times0.8+10\times0.6}{80}$ $= 0.9$	$\dfrac{30\times1+40\times0.8+20\times0.6}{90}$ $= 0.82$	$\dfrac{0.82}{0.9} \times 100\%$ $= 91.11\%$
(4) 平均单价	$\dfrac{50\times50+20\times40+10\times30}{80}$ $= 45$ 元	$\dfrac{30\times50+40\times40+20\times30}{90}$ $= 41.11$ 元	$\dfrac{41.11}{45} \times 100\%$ $= 91.36\%$

从表 4-2 可以看出,该等级产品未完成质量计划,审计人员审查时还应进一步查明质量计划未完成的原因。

4. 生产均衡性和成套性的审查

(1) 生产均衡性的审查。

生产均衡程度反映了企业生产的稳定性。当企业生产不受季节性或其他偶然因素的影响时,生产均衡程度可以用各时间段的实际产量占审计期实际总产量的比重来表示,如果各个比值相差不大,则表明生产是均衡的。反之,表明均衡性不强。

当企业各时间段的计划产量安排不均衡时,可用均衡率来反映均衡程度,如果均衡率接近 100%,则说明生产是均衡的。

$$均衡率 = \dfrac{审计期各时间段的实际产量总和(扣除超产部分)}{审计期的计划总产量} \tag{4-26}$$

如果企业生产均衡性不好,应查明影响的因素和原因,审查生产技术是否先进、生产作业计划是否衔接、物资供应和生产协作是否协调、各环节工作质量是否有保证等。

(2) 生产成套性比例计划的审查。

成套性比例是指产品的零配件与主件的比例。审查目的主要是审查生产的成套性产品的零部件的生产量是否符合计划零部件的产量,防止过多造成积压、避免过少而影响产量计划的正常完成。

三、生产作业计划的审计

生产作业计划是生产计划的具体执行计划。生产作业计划审计是生产计划审计的细化与深入，因此生产作业计划应与审计后修改过的生产计划相符合。生产作业计划包括车间作业计划和车间内部作业计划，前者指车间之间的任务分配，后者指车间务工段、班组的任务分配。再通过车间内部将生产任务分配至个人，以保证品种按时、按质、按量完成，并能明确相应的责任。

生产作业计划审计的范围涉及计划编制的依据、方法、作用，以及计划的实施与控制等。

1. 生产作业计划编制依据的审查

生产作业计划的制定有无充足的数据作为依据，是该项目审查的主要任务。期量标准，即期限和数量标准是生产作业计划编制的重要依据，其制定合理与否，直接关系到生产作业计划编制的质量，并进而影响到生产过程中的任务分配和资源的有效利用。不同的企业和生产类型，所采用的期量标准也不同。一般包括大量生产期量标准、成批生产期量标准和单件小批量生产期量标准。针对不同的企业，审查时应对这些期量标准的计算依据的可靠性和计算结果的正确性进行查证。

2. 生产作业计划编制方法的审查

在期量标准制定依据的基础上，对计划编制方法的科学性进行审查。根据企业的特点，审查在大量生产条件下，是否运用预先制定的在制品定额，按照反工艺的连锁计算方法，来调节各车间的生产任务，使车间之间协调配合；在多品种成批生产条件下，是否采用了累积编号法，即是否采用将预先制定的将提前期转为提前量的办法来确定各车间在计划月份所应达到的投入和产出累计数，然后减去各车间上月已投入和产出的累计数，以计算当月应完成的投入数和产出数；单件小批量生产条件下，是否运用了生产周期图表法，能否对每个订货项目编制周期进度表和全厂各种产品综合进度表，能否做到按反工艺顺序，确定各车间在计划月内的生产任务。

3. 生产作业计划控制的审查

对生产作业计划进行控制是实现生产作业计划的重要保证。生产作业计划控制主要是对生产过程中出现的情况采取措施，实施管理，使生产活动按照生产计划的规定进行，以保证生产任务的完成情况，促进企业生产管理水平的提高。审查内容主要包括：

(1) 生产进度控制的审查。

① 投入进度控制的审查。主要审查产品投入的时间、数量和品种是否符合生产计划的要求,有无控制不好而发生计划外生产和产品积压的现象。

② 出产进度控制的审查。主要审查不同类型企业出产进度的控制方法,能否保证按时、按质、按量完成计划任务,零部件是否成套性生产,有无出现控制不当影响生产计划的完成,各个生产环节不能衔接等。

③ 工序进度控制的审查。主要对成批和单批生产条件下,每道加工工序是否得以有效进行控制,是否按"工票"或按"加工路线单"与"工票"相结合的办法来控制进度,有无某道工序控制不力而影响整个工序进度的情况发生。

(2) 在制品占用量控制的审查。审查在大量生产条件下,各工序是否正常有序进行,在制品的数量稳定,使在制品的流转和储存量常保持在正常水平上;审查在成批和单件生产条件下,是否采用加工路线单或工票来控制在制品的流转,以及通过台账来了解在制品占用量的变动情况。

四、生产组织和生产技术工艺的审计

(一) 生产组织的审计

科学地组织生产过程,使生产符合生产计划的要求,正常有序地进行,是企业进行高效率生产的必要条件。生产组织的作用在于使生产资源和劳动力得到合理地分配,使生产工序在时间流程上得到衔接,并对生产现场进行管理,为生产活动营造良好的生产环境。对生产组织进行审计可以帮助被审计单位找出生产组织中的薄弱环节,节省生产过程的时间,降低耗费,提高生产效益和企业生产管理水平。审查的要点主要是对生产过程的时间组织和空间组织以及生产作业过程进行审查。

对生产的时间组织的合理性进行审查,是指审查和评价产品在各生产环节上的流转方式、各工序作业所需时间,并找出产品流转的最好方法,以节约每道工序的时间,从而缩短生产周期。当然,产品流转方式的选择应适合企业自身产品加工过程的特点,如加工对象的体积和重量,还有加工劳动量。在批量生产的企业,时间组织可先选择顺序移动、平行移动和平行顺序移动等流转方式。

对生产的空间组织的合理性进行审查。主要审查企业的生产场地和机器设备的布局是否合理,生产所需的各种要素安排是否经济合理,在物流过程中顺畅进行。流程的方式有I型、U型、O型及L型等,不论选择何种方式,都应以组合的布局为基本形式。

审查生产作业过程,挖掘作业方法的改进潜力。可以对作业方法进行"作业研究",即对生产的每一操作进行严密的科学分析,去除不必要的操作,找到改进操作的最佳方法,使生产组织、技术设备、操作方法和工作环境实现标准化,从而使企业的生产资源得到最充分的利用,创造最好的经济效益。对生产作业过程的审查的主要目的在于,审查整个生产过程中作业方法是否有效,包括作业分工方式、物流方式、生产岗位的主动性和创造性,以及有效的工作动作;审查有用的时间标准,以寻求最有效、最经济的生产作业方法。

(二)生产技术工艺的审计

生产技术工艺的审计要审查企业现有的技术工艺是否落后,能否满足生产的需要,所采用的技术工艺是否超出企业生产所需的技术水平,是否得到利用,其利用效果如何;并为技术工艺的采用、应用和推广提出审计建议。

审查的内容包括工艺装备技术合理化的审查和工艺方案的审查。对工艺装备的审查主要看其装备数量的配置、装备结构对生产的影响,对工艺方案的审查技术评价的基础上比较方案的经济性。对生产技术工艺的审查可以采用专家评议法、评分法和技术经济效益指标比较法。

专家评议法,是指由审计人员组织有关专家,对新技术的成果和评价标准进行分析比较,作为审计结论。

评分法,是指按照一定的标准和记分规则对新技术的使用效益给出评定分数,作为评价的依据。

技术经济效益指标比较法,一般包括:新技术对提高产品质量、减少废品所带来的节约额指标;新技术对成本降低额指标;采用新技术对发展品种、扩大产量、增加利润的效益指标等。对其审查不仅要评价被审计单位采用新技术所获得的效益,还要评价其对社会产生的效益,如减少环境污染等。

五、质量效益的审计

(一)产品质量效益审计

产品质量效益是由于改善产品质量而发生的费用与由此而产生的经济效果的比值。产品质量效益审计是指审查企业质量的实现程度不同和审查提高产品质量的途径,是生产业务绩效审计的重要环节。

1. 审查质量成本

质量成本是指为使产品达到一定的质量和使用价值,而耗费的质量预防费、质量保证费,以及质量未达到标准而发生的各项损失性支出,它包括内部故障成本、外部故障成本、鉴定成本、预防成本。

质量成本审计目的是为了使企业、社会和用户获得最大收益。由于质量成本资料较分散,审计人员应搜集整理相关质量成本的资料和数据,检查各成本发生额是否准确可靠,然后进行汇总,计算出总的质量成本。总的质量成本最低反映质量水平最佳(最优产品合格率)。当产品质量提高,故障成本会有所降低,但预防和鉴定成本却会相应的增加。内外故障成本、鉴定成本和预防成本之间的关系如图 4-1 所示。

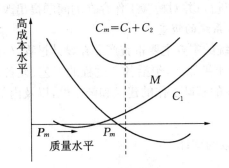

图 4-1 内外故障成本、鉴定成本和预防成本之间的关系

图 4-1 中,C_1 为内外故障成本;C_2 为预防鉴定成本;P_m 为最优产品合格率。

根据各成本间的关系,可列出质量成本数学模型:

$$P_m = \frac{1}{1+\sqrt{\dfrac{R}{F}}} \tag{4-27}$$

式 4-27 中:R 为随合格率变化需要追加的预防成本;F 为每件不合格产品造成的全部损失成本。

2. 审查质量收益

质量收益是指由于提高产品质量使顾客感到满意而相应提高售价或者增加销量,从而给企业带来的收益,以及由于提高质量使返修费用、废品损失和广告费用减少的数额。审查时,收益和费用成本的减少额相加汇总,便可算出质量的总收益。

3. 将质量收益和质量成本相比

如比数大于 1,则说明产品质量效益好;如比数小于 1,则说明没有效益。

(二)审查质量管理工作

产品的质量管理的审查包括产品质量检验工作的审查、产品质量保证系统的审查。

1. 产品质量检验工作的审查

产品质量检验工作的技术性非常强,审计人员要对日常生产的检验工作存在的问题进行有针对性的审查。主要审查企业是否制定了相关产品的质量标准,标准是否合理可靠;审查对检验出的不合格品的处理情况;审查质量检验工作是否按一定的标准进行;并对检验工作存在的问题提出改进建议。

2. 产品质量保证系统的审查

产品质量保证系统的审查主要审查产品在设计过程、生产过程、辅助生产过程和技术服务过程的质量保证,包括各个过程的工艺、设备、配件是否符合质量的要求;并对保证质量的基础工作的建立和健全性,以及内部控制的合理性和执行的有效性进行审查。

六、产品生产绩效的审计

前面已对产品产量和质量的生产计划的完成情况和生产作业计划的执行情况进行了论述,这部分只就产量和质量对企业生产绩效产生影响的审计而言。

(一)审查产品产量、总产值和净产值

产品产量是工业企业生产活动成果的数量表现。产品产量通常有实物量度、价值量度和劳动量度三种计算量度。实物量度能直接具体地反映主要产品产量的完成情况;价值量度,也称为产值,它可综合反映企业不同种类的产品、半成品和在产品等的产量;劳动量对考核企业一定时期完成的工作总量有一定作用,用它可以取得各种产品产量的总和指标,它适用于产品性质、种类繁多的机械加工企业。

1. 审查产品产量

这主要审查产品产量的增长速度。查证核实每一种产品的实际产量,求出每一种产品产量的比率,并与上期和去年同期的产量进行比较,查明产量增长速度的情况。对产品产量的审查主要看其增长速度。通常,速度增长越快,企业效益越好,但如果只取得产量效益,产品并不适销,或质量下降,成本上升等,产品大量积压,这种增长则不利于企业的发展,因而是虚假的增长。

2. 审查产品产值

产品产值包括工业总产值、商品产值和工业净产值。审查时也要对总产值和净产值的增长速度进行查证,在核实数据的基础上,与上期或去年同期比较,计算总产值或净产值的增长速度,分析增减变动的情况,并查明原因。

(1)工作总产值的审查。工业总产值是按"工厂计算法"计算的,即把整个企业看作一个计算单位,同一产品的价值在企业内不允许重复计算,也不包括企业中非工业生产单位生产的产品以及提供的服务所创造的价值。其计算公式如下:

$$总产值增长率 = \left(\frac{报告期工业总产值}{基期工业总产值} - 1\right) \times 100\% \qquad (4-28)$$

对总产值计算的审查应注意:应用的价格与上期的价格是否一致;出厂价格的正确性;半成品和在制品计入工业总产值的是否为期末、期初结存的差额价格;尚未加工的来料价值是否计入了总产值。

(2) 商品产值的审查。主要审查是否属于计划期完工入库的价值;是否构成了企业的货币收入;是否未包含订货者的来料价值。

(3) 净产值的审查。主要审查其计算的正确性,审查时在生产资料费用资料的基础上,用"生产法"和"分配法"对计算净产值并核对其正确性。

(二) 审查产品质量的提高程度

企业生产效果主要反映在产品质量上。企业的产品质量提高了,说明企业生产效果增强了。产品质量提高程度是产品生产绩效的一个主要指标,产品质量涉及材料采购、机器设备、工艺技术和质量检验等管理问题。审查时应对影响产品质量因素的每一个环节情况和原因进行查明。

产品质量的提高程度主要反映在本期产品的质量与上期或去年同期的产品质量的对比上。审查时,根据查证的质量检验资料和产品的实际使用价值,采用一定指标,即可查明产品质量的提高程度。

(1) 将本期的优质品率、合格品率与上期、去年同期的优质品率、合格品率相比较,分析产品质量的变动情况,并查明变动原因。

(2) 将本期产品的平均使用寿命和功率与上期、去年同期的相同指标进行比较,审查其增减变动情况,如果平均寿命和功率高于上期和去年同期,表明本期产品质量得到提高。

(3) 将产品的返修率与上期、去年同期的返修率相对比,如果本期的返修率较上期和去年低,说明其质量变好。

(三) 审查生产设备的利用效率

企业生产某种产品的全部设备包括主要生产设备、辅助生产设备、起重运输设备、动力设备及有关的厂房建筑等,这些设备在原材料、能源供应正常、劳动力配备合理的条件下可能达到的年产量能力即为工业企业生产能力。一般情况下,企业产品的生产能力等于主要设备的能力。审查生产设备的利用效率,是要对设备设计能力利用效率和主要设备时间利用效率进行审查。

对设备设计能力利用效率进行审查的目的在于查明全部设备能力是否配套,以及主要设备对设计能力的实现程度,并找出不能达到设计能力的原因,提出改进建议。主要设备设计能力利用率用公式表示为

$$主要设备设计能力利用率 = \frac{主要设备实际生产量(年)}{主要设备设计生产能力(年)} \times 100\% \quad (4-29)$$

主要设备时间利用率考核指标一般是指主要设备作业率,即实际作业时间与规定作业时间的比例,可以用日历作业率和有效作业率来衡量,其计算公式如下:

$$日历作业率 = \frac{主要设备实际作业小时数}{日历作业小时数 - 实际大修时间} \times 100\% \quad (4-30)$$

$$有效作业率 = \frac{主要设备实际作业小时数}{规定作业小时数} \times 100\% \quad (4-31)$$

审查时,将上述计算出的利用率指标与本企业历史先进水平相比,看其变动情况,分析变动原因;并与同行业先进平均水平进行比较,找出差距,查明原因,以提高企业生产设备的利用效率。

(四)审查产品的适销程度

产品的适销程度反映了企业产品的市场需求状况,畅销的产品表明企业产品物美价廉,其销量较大,企业一般不会存在产品积压的情况;反之,企业就会存有大量积压的产品,影响货物和资金的流转。产品的适销程度可以用销售量来反映,销售量与生产量的比值即是产品适销率,用公式表示为

$$产品适销率 = \frac{产品销售量}{产品生产量} \times 100\% \quad (4-32)$$

产品适销率越大越好,当适销率为100%时,企业生产的产品全部售出。当适销率小于100%时,审查时应具体审查未售出产品的情况,并查明原因。

(五)审查创利水平

创利水平是企业绩效的综合反映,实现创利水平不仅要求生产效率高,效果好,而且要求产品适销对路,以实现生产效益。审查创利水平主要查明生产产品所带来的纯收入。创利水平可以用产值利润率指标来考核,其计算公式如下:

$$产值利润(税利)率 = \frac{实现利润(税利)}{总产值} \times 100\% \quad (4-33)$$

审查时将产值利润率与本企业上期、去年同期相比较,查明增减变动的原因,并与同行业相比,找出差距,分析原因,调整企业的生产销售策略。

七、生产成本绩效的审计

生产成本是指生产某一产品的全部耗费,包括原材料成本、直接人工费用和制造费用,以及各种辅助费用等。它综合反映了企业生产过程中的效率和效益,是衡量企业生产效率和经营管理水平及企业整体素质的一种标准。企业生产成本不仅受企业本身决策的影响,还受外界市场经济环境和国家宏观经济政策的影响。因此,审查生产成本的绩效,要综合考虑企业内外界对生产成本的影响因素,提出恰当的改进措施,降低生产成本,提高经济效益。

(一)生产成本绩效审计的目的和内容

1. 生产成本绩效审计的目的

生产成本绩效审计的目的主要在于查明:成本计划是否全面、合理,是否得到落实;降低成本的真实性、正确性;审查生产过程中降低成本的措施是否有效。

2. 生产成本绩效审计的内容

(1)审查成本计划。主要审查成本计划的制定情况,看其是否与技术生产等计划综合平衡;主要产品单位成本计划的合理性,是否达到历史先进水平,是否达到同行业先进水平;成本计划的完成情况,成本降低率计划是否达到相应的指标,各项成本计划指标是否得到全面落实。

(2)审查价值工程开展情况,其组织是否合理,工程活动是否正常开展,目标成本管理是否健全。

(3)审查主要产品单位成本的节约或超额情况,并分析原因。

(4)审查成本降低指标的完成情况,分析超额完成或未完成的因素,并查明原因;同时,审查有无成本降低而降低产品质量的情况。

(二)产品成本计划完成情况的审查

1. 全部商品产品成本计划完成情况的审查

全部商品产品按可比性可分为可比产品和不可比产品。审查时,主要审查可比产品与不可比产品的划分是否正确;审查共同费用在可比产品与不可比产品之间的分配是否正确;将两类产品的实际成本与计划成本进行比较,审查成本计划成本情况,检查成本超支或节约情况,并进一步查明存在的问题。

2. 可比产品成本降低任务完成情况的审查

可比产品成本降低任务的审查包括审查成本降低额和成本降低率,并用因素分析法进行分析。首先,将本期可比产品的实际单位成本,同上年实际单位成本相比较,可确定可比产品实际单位成本的降低额和降低率,再同计划规定的单位成本降低额和降低率相比较,以审核可比产品成本降低任务完成情况;然后,用因素分析法,分析各因素对成本降低的影响程度。

(三)主要产品单位成本的审查

主要产品单位成本主要由直接材料、直接人工和直接制造费用构成。对主要产品单位成本进行审查,首先对产品的成本构成进行分析,将各成本构成项目与计划和上期进行分析比较,检查各成本要素的完成情况。

1. 原材料(燃料、动力)成本项目的审查

原材料是产品成本的重要组成部分,因而也是产品单位成本审查的重点。原材料成本等于原材料的耗用量与其单价的乘积,审查时,可以从耗用量和单价两个方面进行,将其与计划和上期相比较,查明原材料耗用量差异和单价差异,分析导致差异的因素。

对原材料的审查,可以采用单耗指标,即单位产品平均消耗的原材料的消耗量,也可用来计算燃料与动力的单位产品消耗量。单耗包括实际单耗和计划单耗,计划单耗也称消耗定额。一般而言,企业必须全部完成上级规定的各种单耗指标。单耗的计算公式为

$$单耗 = \frac{原材料(燃料或动力)总消耗量}{合格产品实物产量} \times 100\% \qquad (4-34)$$

审查单耗后,还必须考核消耗定额完成率,也即计划单耗完成率,它反映了计划消耗的完成情况,计算时以消耗指标项数作为计算基数。计算公式为

$$主要产品消耗降低率 = \frac{持平或下降的消耗指标项数}{确定检查的指标消耗项数} \times 100\% \qquad (4-35)$$

如消耗定额完成率小于或等于100%,则说明原材料(燃料、动力)消耗降低或稳定。

对原材料单耗的审查,还要结合原材料利用率来进行,以查明企业原材料在生产过程中的损耗情况。原材料的计算公式为

$$原材料利用率 = \frac{构成各种产品实际的原材料数量}{原材料的实际消耗量} \times 100\% \qquad (4-36)$$

需要注意的是,在计算上述指标时,消耗的主要原材料要折合成标准量,以增强单耗的可比性,比如硫酸、烧碱要折成100%计算单耗。

有些原材料成本总消耗量较计划消耗量是降低的,但其单耗却是超额的,因此,应进一步对原材料成本进行差异分析,找出影响成本差异的因素和原因,以

采取措施降低成本。材料数量差异是在材料耗用过程中形成的,反映了生产部门的成本控制业绩,其形成原因很多,如操作疏忽造成废品和废料增加、操作技术改进而节省材料、机器或工具不适用造成用料增加等,有时多用料也并非生产部门的责任,如购入材料质量低劣、工艺变更等也会导致材料耗用量增加。材料价格差异是在采购过程中形成的,应由采购部门对其作出说明,价格差异形成原因各异,如供应厂家价格变动、未能及时订货造成的紧急订货、不必要的快速运输方式等。数量差异与价格差异的计算公式如下:

$$数量差异 = (实际消耗量 - 计划消耗量) \times 计划单价 \quad (4\text{-}37)$$

$$价格差异 = (实际单价 - 计划单价) \times 实际消耗量 \quad (4\text{-}38)$$

例 4-5:甲企业本月生产 A 产品 400 件,使用材料 2 500 千克,材料单价为 0.45 元/千克,原材料的单位产品标准成本为 3 元,即每件产品耗用 6 千克原材料,每千克原材料的标准价格为 0.5 元。根据上述公式计算:

$$原材料成本差异 = 实际成本 - 标准成本 = 2\,500 \times 0.45 - 400 \times 6 \times 0.5 = -75(元)$$

其中:

$$原材料数量差异 = (2\,500 - 400 \times 6) \times 0.5 = 50(元)$$

$$原材料价格差异 = (0.45 - 0.5) \times 2\,500 = -125(元)$$

例 4-5 计算说明,A 产品原材料成本比计划降低 75 元,其中,原材料价格降低使原材料成本降低 125 元,由于原材料消耗量超过计划消耗量使原材料成本超支 50 元,应进一步查明原材料消耗量超额的情况和原因。

2. 直接人工成本项目的审查

直接人工成本是指生产车间从事产品生产人员的工资费用。直接人工成本的高低反映了生产组织的合理性,工时利用的充分与否,以及劳动生产率的高低等。对直接人工成本的审查,有助于企业完善生产组织,提高劳动效率。

对直接人工成本的审查可以从以下几个方面来进行。

(1) 审查直接人工成本差异,即直接人工实际成本与标准成本之间的差额。它也被分为"量差"和"价差"两部分。量差,也称人工效率差异,是指实际工时脱离标准工时,其差额按标准工资率计算的金额。价差,也称工资率差异,是指实际工资率脱离标准工资率,其差额按实际工时计算的金额。其计算成本公式为

$$人工效率差异 = (实际工时 - 标准工时) \times 标准工资率 \quad (4\text{-}39)$$

$$工资率差异 = 实际工时 \times (实际工资率 - 标准工资率) \quad (4\text{-}40)$$

$$直接人工成本差异 = 人工效率差异 + 工资率差异 \quad (4\text{-}41)$$

直接人工效率差异的形成原因包括工人经验不足、作业计划安排不当、设备故障较多、产量太少无法发挥批量节约优势等。工资率差异形成的原因包括直接生产工人升级或降级使用、工资率调整等。审查时,不仅要计算出人工成本差异,还应找出差异形成的具体原因。

例 4-6: 甲企业本月生产 A 产品 400 件,实际使用工时 850 小时,支付工资 4 335 元,直接人工的标准成本是 10 元/件,即每年产品标准工时为 2 小时,标准工资率为 5 元/小时。按上述公式计算:

$$人工效率差异 = (850 - 400 \times 2) \times 5 = 250(元)$$
$$工资率差异 = 850 \times (4\,335 \div 850 - 5) = 850 \times (5.10 - 5) = 85(元)$$
$$直接人工成本差异 = 实际人工成本 - 标准人工成本 = 4\,335 - 400 \times 10 = 335(元)$$

例 4-6 计算表明,甲企业本月生产 A 产品实际直接人工成本超出计划人工成本 335 元,由于实际工时超过计划工时使人工效率降低,导致成本超出 250 元,由于工资率上升使成本超出 85 元。

3. 制造费用成本项目的审查

制造费用按是否随产品产量变动而变动分为变动制造费用和固定制造费用。这里,我们只对变动制造费用审查进行论述。变动制造费用也可参照直接材料和直接人工的审查方法进行。变动制造费用差异也可分解为"价差"和"量差",价差,也称为耗费差异,是变动制造费用的实际小时分配率脱离标准而形成的差异;量差,也称效率差异,是实际工时脱离标准工时形成的差异。其计算公式分别为

$$变动制造费用耗费差异 = 实际工时 \times (变动制造费用实际分配率 - 变动制造费用标准分配率) \tag{4-42}$$

$$变动制造费用效率差异 = (实际工时 - 标准工时) \times 变动制造费用标准分配率 \tag{4-43}$$

例 4-7: 甲企业本月生产 A 产品 400 件,实际使用工时 850 小时,实际发生变动制造费用 1 870 元;变动制造费用标准成本为 4 元/件,即每件产品标准工时为 2 小时,标准的变动制造费用分配率为 2 元/小时。按上述公式计算:

$$变动制造费用耗费差异 = 850 \times (1\,870 \div 850 - 2) = 170(元)$$
$$变动制造费用效率差异 = (850 - 400 \times 2) \times 2 = 100(元)$$
$$变动制造费用差异 = 实际变动制造费用 - 标准变动制造费用 \tag{4-44}$$
$$= 1\,870 - 400 \times 4 = 270(元)$$

例 4-7 计算表明,270 元的变动制造费用差异中,有 170 元是由于实际分配率超过计划分配率而形成的;100 元是由于实际工时超过计划工时而导致的。审查时,对变动制造费用差异应进一步分析实际分配率和实际工时变动的原因,挖掘生产潜力,提高生产效率。

4. 其他因素对产品成本影响的审查

产品成本除包括直接材料、直接人工和变动制造费用外,还受其他因素的影响,如固定制造费用和技术经济指标。其中主要技术经济指标有产量指标和质量指标,对主要技术经济指标的审查目的在于审查企业是否存在追求单纯的产量指标或质量指标而不顾产品成本变动的情况,以及这些技术经济指标的变动对产品单位成本的影响程度。

(1) 审查产量变动对产品单位成本的影响。主要表现在随着产量的增加,单位产品分摊的固定费用将会相应地减少,反之,则相应地增加。其影响程度可以用下列公式计算得出:

$$成本降低率 = \left(1 - \frac{1}{1+产量增加百分比}\right) \times 固定费用在成本中原来的比重 \qquad (4\text{-}45)$$

产品产量的增加还可表现为劳动生产率的提高、生产设备的有效利用和原材料的充分利用,这些因素影响到产品单位成本的主要构成因素,从而也反映在产品成本中。

(2) 审查质量变动对产品单位成本的影响。产品质量提高,说明企业在生产过程中改进了生产技术,提高劳动效率,增加成品率,减少废品率,降低了返修率,或使用了高质量的原材料。在提高产品质量的过程中,既有降低产品成本的过程,如增加成品率,减少废品率,降低返修率等,也存在使产品成本增加的过程,如改进生产技术,提高原材料的质量等。产品质量对单位成本的影响,可以从以下两方面进行审查:

① 根据产品等级系统的变动来审查产品成本的降低率,一般来说,等级系数越高,产品质量越好,产品的成本水平也相应地降低。计算公式为

$$成本降低率 = \frac{变动后的等级系数 - 原来的等级系数}{变动后的等级系数} \qquad (4\text{-}46)$$

② 产品质量的提高也表现为产品废品率的降低,因此,也可用废品率来反映产品质量对成本的影响。通常情况下,生产的废品越多,产品成本越高,反之就越低。计算公式为

$$废品对成本的影响程度 = \frac{废品率 \times (1-r)}{1-废品率} \tag{4-47}$$

式中：r 代表废品可回收价值占废品原耗费成本的比重。

（四）可比产品成本降低情况的审查

前面介绍了对产品成本构成项目的审查，但有关成本项目的技术经济指标只能从侧面反映企业产品成本变动情况，不能将各项指标进行简单加总。为综合反映全部可比产品成本的变动情况，可以使用以价值为基础的成本指标来进行评价。成本指标是从价值角度综合反映各项技术经济指标水平的总和。审查时，可以运用下列指标来对可比产品的成本变动情况进行审查。

1. 全部可比产品降低额和降低率

它们综合反映了企业生产过程中多种产品生产消耗的超支或节约情况。

可比产品成本降低额＝按上年实际单位成本计算的可比产品总成本－可比产品报告期实际总成本 (4-48)

$$可比产品成本降低率 = \left(1 - \frac{可比产品报告期实际总成本}{按上年实际单位成本计算的可比产品总成本}\right) \times 100\% \tag{4-49}$$

为具体反映可比产品的成本降低情况，需分析产量、品种结构和单位成本三个因素对可比产品成本的影响程度，进一步查明成本上升或降低的原因，挖掘企业降低成本的潜力，以不断降低成本，提高经济效益。

2. 销售成本率

销售成本率反映了企业每一元销售收入所付出的成本代价。审查时，将销售成本率与计划和上年数相比，以考核其计划完成情况和降低情况。

$$销售成本率 = \frac{销售成本}{销售收入} \times 100\% \tag{4-50}$$

审查时，应分析原材料价格和销售价格的变动情况对销售成本率的影响，以客观评价企业的成本管理工作。

第三节 销售业务绩效审计

一、销售业务绩效审计的目的和内容

产品销售是企业经营绩效实现的关键，是实现在生产过程的重要一环。如果一个企业的产品不适销对路,造成积压,即使其他各个环节的计划任务很好地完成,也不能认为这个企业的绩效好。企业的产品只有销售出去,才能实现其使用价值和价值。对产品销售业务绩效进行审计首先应明确审计的目的任务和内容。

(一)产品销售业务绩效审计的目的

产品销售业务绩效的目的,主要包括以下几点:

(1)审查企业生产的产品是否符合社会需要。通过审查,以促进企业认真贯彻国家的方针政策,生产适销对路的产品,实现产品生产中新创造的价值和企业的社会价值。

(2)审查企业产品销售过程中经营活动的合理性和科学性。通过审查,以促进企业重视市场调查和销售预测,使企业的销售活动建立在科学预测的基础上。同时,促进企业以客户的需求为导向,以销定产,按需生产。

(3)审查企业是否以为消费者和客户服务为销售方针。通过审查,以促进企业进一步树立为客户服务的思想。满足消费者和客户的需要,是企业生产经营的根本宗旨和最高目标。企业不仅要做到产品适销对路,还要做好售后服务工作。

(二)产品销售业务绩效审计的内容

产品销售业务绩效审计的内容,主要包括以下几个方面:

(1)审查产品销售计划及其完成情况。主要审查销售计划是否合理,是否与生产能力相适应,是否能够满足市场的需求,是否做到均衡生产和销售;审查产品销售计划的完成情况,找出计划未完成的原因,并提出改进措施。

(2)审查产品销售合同的完成情况。销售合同的完成是实现销售计划的保证,主要审查企业的每种产品合同的完成情况和合同数量的完成情况。

(3)审查销售利润计划完成情况。主要是通过各种利润指标,分析销售利润的增减变化及其影响因素。

二、审查企业销售业务的基本情况

(一)了解企业销售业务内部控制

对企业销售业务内部控制进行了解,主要是看企业是否建立了健全有效的销售内部控制,关注企业销售管理部门的设置、销售计划的制定、销售费用的控制、促销制度的制定、坏账损失的核销等销售业务的关键内部控制。在对销售业务内部控制了解时,审计人员应注意:

审查企业销售内部控制是怎样设计的,其完整性、科学性、可靠性和严密性如何。主要审查所制定的各项内部控制是否衔接,能否起到相互制约、相互促进的作用,责任是否明确,不相容职务是否分离。

审查企业销售内部控制的贯彻执行情况,是否得到有效执行,执行人员是否严格照章办事。企业是否对内部控制进行经常性的考核评价,并根据实际情况的变化,及时修改和完善内部控制制度。

(二)了解企业的销售环境

对企业的销售环境进行了解的目的在于了解企业的经营特性,预测市场变化对企业的影响,为综合评价企业的经营策略及经营绩效提供依据。审查的内容主要包括:

(1)审查企业产品的市场需求和销售趋势。主要审查市场对企业产品的需求情况,以及市场的潜在购买力和同行的竞争态势。并分析企业历年的销售数量、销售价格等资料,结合目前市场需求状况,明确企业的销售趋势。根据国家的产业政策、投资政策以及有关行业指标,预测企业的发展前景以及应采取的销售策略。

(2)了解市场构成和竞争关系。通过审查市场构成和分析细分市场特点,掌握企业各细分市场中所处的地位和产品的市场占有率,为评价企业市场目标、制定的销售模式和制定的销售决策提供科学依据。审查时,还要通过对同行业企业进行调查,分析竞争对手的营销方式和销售策略,并发现潜在的竞争对手,了解其对企业的威胁,以采取适当的竞争策略。

(3)评价企业形象。对企业形象的审查,主要是了解消费者对企业产品的质量、性能、价格、销售服务等的意见和要求,了解企业及其产品在消费者心目中的影响,分析企业形象对企业产品销售带来的影响,促进企业改进销售策略,扩大销售,提高竞争力,增强盈利能力。

三、销售计划及销售计划完成情况的审查

(一)销售计划的审查

1. 销售计划制定的审查

(1)审查企业销售计划制定的依据是否合理可靠。企业在制定销售计划前,是否进行了充分的市场调查,获取了可靠的市场资料;审查企业是否在获取的市场调查资料的基础上,运用科学的预测方法进行市场预测,并结合企业历史销售情况和生产能力的实际状况,制定出销售计划。

(2)审查企业销售计划制定程序是否科学。主要审查销售计划的制定过程的控制情况,查明销售量计划和销售价格计划是否经过审批,相关人员的职责分

第四章 企业经营业务绩效审计

工是否合理,以防发生漏洞和失误,避免造成严重后果。

2. 计划销售量的审查

(1) 审查产品销售量指标确定的方法。产品的目标销售量与产品的出产量紧密关联,因此,在确定产品销售量指标时,必须考虑企业计划期内产品目标销售量与出产量之间的关系,依据它们之间的关系,计划销售量可用下列公式表示:

计划期产品销售量 = 计划期初库存量 + 计划期产品出产量 − 计划期末库存量
(4-51)

式 4-51 是确定产品销售计划的传统方法,它的做法是依产量定销量。

计划销售量的确定也可用公式表示为

计划期产品销售量 = 计划期市场容量 × 计划期市场占有率 (4-52)

式 4-52 中,计划期市场容量和计划期市场占有率指标可从市场预测资料数据中计算得出。依据该公式,企业可以先确定目标销售量,再考虑产品库存量的变化,计算出计划期的出产量。因此,计划销售量与计划出产量之间的关系也可表示为

计划期产品出产量 = 计划期产品销售量 − 计划期初库存量 + 计划期末库存量
(4-53)

依据销售量确定出产量符合以市场需求为导向的原则,是现代企业制定销售计划所采用的方法。利用这种方法确定企业计划销售量,在审计时应注意:首先,计划期初产品数量的确定依据是否正确。计划期初产品数量应根据上年度的实际数确定。如编制计划时间在上年度第三季度末,则在第三季度末的产品库存量的实际数的基础上,加上第四季度预计出产量减去预计销售量,依此确定计划期初产品数量。其次,审查计划期末产品库存量时,应根据企业的历史资料,结合计划期生产和销售的变化情况来进行审查、判断。最后,在审核了上述资料后,对计划期目标销售量进行复核。

(2) 确定产品计划销售量时,应考虑企业的经济效益。企业确定销售量应在满足社会需求的情况下,尽可能实现企业的最大利益。如果确定的计划销售量并不能为企业带来利润,那么企业的生产和销售就没效益可言。因此,在确定计划销售量时,应计算企业的盈亏临界点,即企业处于不盈利又不亏损状态。用销售量表示的盈亏临界点的计算公式为

$$\text{盈亏临界点销售量} = \frac{\text{固定成本}}{\text{单价} - \text{单位变动成本}} \qquad (4\text{-}54)$$

企业在确定了目标利润以后,则企业实现目标利润的销售量可用以下公式计算得出:

$$\text{目标销售量} = \frac{\text{固定成本} + \text{利润}}{\text{单价} - \text{单位变动成本}} \qquad (4\text{-}55)$$

企业通过不同的方法计算出不同的销售量以后,应根据企业的实际情况,确定一个最佳的销售量,既能达到一定的销售规模,满足社会的需求,又能使企业的利润最大化。

3. 计划销售价格的审查

计划销售价格的审查主要查明价格的制定是否遵循了物价政策,计划价格是否处于最佳水平,是否有利于扩大销售量,增强企业竞争力,是否考虑了价格波动因素等。同时,与产品计划销售量指标的确定结合起来进行审查,因为在计算盈亏临界点和目标利润下的销售量都需利用销售价格。

在审查了每种产品的计划销售量和计划销售价格以后,则可以对计划销售收入进行审查,以验证其是否正确。企业产品销售计划的销售收入取决于销售额,销售额则等于计划期产品销售量和销售价格的乘积。计划销售收入的计算公式如下:

$$\text{某种产品的计划销售收入} = \text{该产品的计划销售量} \times \text{该产品的计划单位销售价格} \qquad (4\text{-}56)$$

$$\text{计划销售收入} = \sum(\text{某种产品计划期销售量} \times \text{该种产品的单位销售价格}) \qquad (4\text{-}57)$$

在对销售计划进行审查时,审计人员还应重点关注与销售计划相关的风险领域,包括价格标准失控、价格审查形式化、价格组成内容单一化、会计核算信息系统无效和低效、销售效率降低、计量不实、票据失真以及收款不实等。

(二) 产品销售计划完成情况的审计

销售计划完成情况的审查主要包括计划的总体完成情况(完成百分比)和完成情况的因素分析。

1. 审查企业销售计划的总体完成情况

主要是利用销售计划完成百分比指标来进行审核,它是实际的销售收入与计划销售收入进行比较,检查计划完成好坏。计算公式如下:

$$产品销售量计划完成百分比 = \frac{实际销售收入}{计划销售收入} \quad (4-58)$$

另外也可用实际销售量与计划销售量相比得出产品销售量计划完成百分比,可以排除价格的波动对销售收入的影响。

2. 审查影响产品销售计划完成的因素

对于销售计划未完成的情况,应进一步查明原因,找出影响销售计划未完成的因素,并进行分析。一般而言,影响产品销售计划完成的因素主要有:

(1) 生产方面的因素。这些因素可能包括:生产计划未按时、按量完成;生产的产品规格、品种、质量等不符合消费者和客户的要求,从而影响销售的正常进行。

(2) 销售方面的因素。在生产计划全面完成的情况下,如果销售合同出现漏洞、销售计划不符合企业和市场的实际情况、客户的信用度不好以及销售环节中包装、运输、成品管理、发货等,其中任一因素都会影响到销售计划的完成。

(3) 财务结算方面的因素。如果企业采用分期收款发出商品或委托代销商品及托收承付结算方式销售商品的情况下,产品已经发出,但如在当期未能收回货款或代销清单,财务部门则不确认该部分产品的销售收入,因而也会影响当期实际销售收入的计量。

(4) 定量因素。直接影响销售计划完成百分比包括销售数量和销售单价两种,审查时,可运用因素分析法对它们进行分析。

$$销售数量变动的影响 = \sum[(实际销售数量 - 计划销售数量) \times 计划单位售价] \quad (4-59)$$

$$销售单价变动的影响 = \sum[(实际单位售价 - 计划单位售价) \times 实际销售数量] \quad (4-60)$$

进行因素分析时,还要结合生产、销售及财务等方面的因素对影响销售数量和销售单价的具体因素进行分析,以找出问题的根源。

四、产品销售合同执行情况的审计

(一) 销售合同数量完成情况的审查

销售合同数量完成情况的审查,是通过销售合同完成率指标来进行的,用以审查已签订的合同的完成情况,考核企业销售工作业绩,以及检查企业执行合同的严肃性和由于违约造成的经济责任,从而加强经营销售管理,提高企业的经营

效益。销售合同完成率是指实际完成合同数量占签订合同的百分比,用公式表示如下:

$$销售合同数量完成率 = \frac{实际完成合同数量}{签订合同数量} \times 100\% \qquad (4\text{-}61)$$

(二)每种产品合同任务执行情况的审查

审计人员在对销售合同数量完成率进行审查了解后,针对企业实际已完成的合同,应进一步查明企业是否按照合同规定的产品数量、规格、单价执行合同,有没有修改合同条款,以及审查修改后的合同条款对企业销售的影响。对于未完成合同的情况,审计人员应进一步查明原因,是客户的原因还是企业自身的原因,并查明企业对未完成的合同的处理措施。

对于未完成的合同,审查时,对照一定时期内应交货及实际交货的品种、规格、数量和价格,以查明合同的实际完成程度不同,以及履行部分的原因。每种产品合同履行情况可用供货合同完成率来反映,计算公式为

$$产品供货合同完成率 = \frac{实际供货量}{合同规定供货量} \times 100\% \qquad (4\text{-}62)$$

要审查销售合同时,要着重审查国家合同、出口合同及重点合同,以及补交上期合同的欠交数量等情况。审查时,也可结合产品的产、销、存动态变化情况,检查企业的产销计划是否衔接。对于企业发生的重大退货事件要重点审查,同时要重点关注长期积压的滞销产品及积压原因,从而促进企业改善管理,提高经营绩效。

五、产品销售利润计划完成情况的审计

对销售利润完成情况的审查,一般与销售计划完成情况一并进行,以便于综合反映被审计单位销售计划完成情况,评价销售业务活动及其结果的效益,分析销售计划对企业销售利润的保证程度。企业的销售利润是企业利润的主要来源,又是一个综合性指标,它受多方面因素的影响。因此,对销售利润审查时,首先,对销售利润计划的总体完成情况进行审查;然后,分析影响销售利润的原因和因素。

(一)对销售利润计划的总体完成情况的审查

销售利润计划的总体完成情况,可以用销售利润总额和销售利润率来反映,审查时,分别将实际数与计划数相比,分析其变动趋势。

1. 销售利润额的审查

审查销售利润时,首先将销售利润实际数与销售利润计划数相比,用来反映销售利润计划的完成程度,再将其与上年同期比较,以反映销售利润的增减变动

情况。计算公式如下:

$$销售利润计划完成率 = \frac{本期实际销售利润}{本期销售利润计划数} \times 100\% \quad (4-63)$$

$$销售利润比上年增长率 = \frac{本期实际销售利润 - 上年实际销售利润}{上年实际销售利润} \times 100\%$$

$$(4-64)$$

2. 销售利润率的审查

销售利润率指标反映了企业每单位销售收入所能获得的销售利润。销售利润率指标不仅反映了企业自身的获利能力以及成本降低的水平,也可以用来反映企业在同行业中的经营能力和竞争水平。计算公式如下:

$$销售利润率 = \frac{销售利润}{销售收入} \times 100\% \quad (4-65)$$

销售利润率指标说明了企业在扩大销售量,增加销售收入的同时,还需降低销售成本,增加销售利润。

(二)对影响企业销售利润变动因素的审查

在对销售利润总额和销售利润率的变动情况进行审查后,还应对其变动原因进行具体分析,从而对企业的销售利润计划完成情况进行完整的评价。影响销售利润变动因素反映在销售利润的计算公式中,它说明了各因素之间的基本关系。

$$销售利润 = \sum 销售量 \times [单价 \times (1-税率) - 单位成本] \quad (4-66)$$

从销售利润的基本关系式,我们可以看出,影响销售利润的因素包括:销售量、销售单价、税率、单位成本和品种结构。所以在分析销售利润增减变动的原因时,需要分别计算每个因素对销售利润的影响额。

审查因素变动对销售利润影响的基本思路是将实际发生额和计划发生额进行比较。凡是影响销售收入的因素,如产品销售数量、产品销售单价,应该以实际发生额减去计划发生额代表对利润的影响额;凡是影响成本的因素,如销售成本、销售费用,应以计划发生额减去实际发生额来考量对利润的影响额。有些因素,如销售费用,可以直接与实际发生额比较;更多的其他因素需要进行相应的折算才可以比较。

1. 产品销售量变动的审查

销售量和销售单价是影响企业销售利润的两个主要因素。在企业产品的市场价格波动不大的情况下,企业销售利润的变动主要受产品销售量的影响。因此,对产品销售量变动的审查,主要查明在其他因素不变的情况下,产品销售数量变动引起企业销售利润同比例增减的幅度。

$$销售数量变动对利润的影响额 = 计划产品销售利润总额 \times (销售数量完成率 - 1)$$
(4-67)

$$销售数量完成率 = \frac{\sum(实际产品销售数量 \times 计划销售单价)}{\sum(计划产品销售数量 \times 计划销售单价)} \times 100\%$$
(4-68)

销售数量完成率实际上是以计划价格计算的实际销售额与计划销售额的比值,用于比较实际和计划相比的销售数量变化情况。因为产品数量不能简单相加,这里使用"计划单价"将数量折成金额来比较。

2. 产品销售单价变动的审查

产品销售价格变动是影响销售利润的又一主要因素。审查时,首先将实际单位销售与计划单位销售进行比较,计算出价格变动数,然后与实际产品销售数量相乘,再进行汇总,即可得出产品销售价格变动对销售利润的影响数。计算公式为

$$价格变动对利润的影响额$$
$$= \sum[实际产品销售数量 \times (实际产品单位售价 - 计划产品单位售价)]$$
(4-69)

对产品销售单价的审查,要审查等级产品销售单价的变动情况,并查明变动的原因。同时要审查其是否符合国家有关的价格政策、是否充分考虑了市场需求,有无擅自提价和变相抬价等违纪行为。当价格变动是由于等级品价格调整引起的,应按下列公式计算:

$$价格变动对利润的影响额$$
$$= 等级品销售数量 \times (实际等级的实际平均单价 - 实际等级的计划平均单价)$$
(4-70)

$$实际等级的实际平均单价 = \frac{\sum(各等级销售数量 \times 该等级实际单价)}{\sum 各等级销售数量}$$
(4-71)

$$\text{实际等级的计划平均单价} = \frac{\sum(\text{各等级销售数量} \times \text{该等级计划单价})}{\sum \text{各等级销售数量}}$$

(4-72)

3. 产品销售成本变动的审查

企业产品销售利润的增减还直接受产品销售成本高低的影响。销售成本降低,利润增加,反之,利润减少。销售成本由产品生产成本和销售费用两个因素组成。产品生产成本是销售成本的主要部分,是在生产过程中形成的。销售费用则包括在销售过程中发生的运输、包装、装卸等费用,以及各种经营费用和广告费等。销售成本变动对利润影响数的计算公式为

销售成本变动对利润的影响额
$= \sum[\text{实际产品销售数量} \times (\text{计划产品单位生产成本} - \text{实际产品单位生产成本})]$

(4-73)

销售费用变动对利润的影响
$= \sum[\text{实际产品销售数量} \times (\text{计划产品单位销售费用} - \text{实际产品单位销售费用})]$

(4-74)

随着市场竞争日益激烈,企业在产品销售过程中的费用也愈益增加,对企业的经营绩效产生重要影响。企业投入的销售费用是否产生一定的销售成果,可以用销售费用弹性系数来表示:

$$\varepsilon_C = \frac{\Delta Q/Q}{\Delta C/C}$$

(4-75)

式中:ε_C 为销售费用弹性系数,Q 为销售量或销售额,C 为销售费用或商品的流通费用。

当弹性系数大于或等于1时,说明投入的销售费用取得积极的效果;如果弹性系数小于1,则说明企业投入的销售费用并没有给企业带来经营效果,反而会使企业的销售利润降低,这种情况下,需进一步分析销售费用中存在的问题,提出改进建议。

4. 税率变动对利润的影响额

对于经营性质不变、经营相对稳定的企业来说,税率也是相对稳定的。企业产品销售税率变动对销售利润的影响,一般有两种情况:(1)销售产品的品种结构变动导致税率变动,对于不同的产品销售,我国制定了不同的税率。如,当企业生产的是应交消费税的产品时,消费税率或单位税额的变动将影响销售利润;

(2)税率变动。如,国家进行了税率调整,实行新的税率政策。如果税率降低,产品销售利润就增加;反之,销售利润就减少。

对税率变动进行审查时,首先要查明企业适用的计税方法。计算公式分别为:

(1)当企业适用从价定率办法计算消费税时,公式为

消费税率变动对利润的影响额

$$= \sum[实际产品销售收入 \times (计划消费税率 - 实际消费税率)] \quad (4-76)$$

(2)当企业适用从量定额的办法计算消费税时,公式为

单位消费税额变动对利润的影响额

$$= \sum[实际产品销售数量 \times (计划单位消费税额 - 实际单位消费税额)] \quad (4-77)$$

5. 销售产品品种结构变动的审查

销售产品的品种结构,是指各种产品的销售收入在全部产品销售收入中所占的比重,包括不同等级的产品销售收入。因此,审查时,审计人员不仅要审查不同产品的销售收入对利润的影响,还要审查不同等级产品对利润的影响。审查的目的在于检查对销售利润影响最大的产品品种,并检查有无低利产品的销售比重下降的情况,是否存在片面追求利润而减少市场急需的低利产品的情况。审计人员在审查时,同时还要进一步检查品种结构变动的具体原因。

(1)产品销售结构变动对销售利润的影响。现代企业一般进行多品种生产,如果利润率高的产品销售收入占全部销售收入的比重增大,则产品的销售利润就会增加;反之,销售利润就会减少。产品销售结构变动对销售利润的影响可通过下列公式计算得出:

销售结构变动对利润的影响额

$$= \sum(实际产品销售数量 \times 计划产品单位利润) - 计划产品销售利润 \times 销售数量完成率$$
$$(4-78)$$

(2)产品等级构成变动对销售利润的影响。产品等级构成是指在等级产品的总产销量中,各等级产品产销量的比重,是反映等级产品质量的重要指标。等级高的产品质量比较好,销售单价较等级低的产品单价高,并且有利于减少销售成本,因而,等级高的产品销售量占全部销售产品的比重大,有助于增加企业的销售利润。产品等级构成变动对销售利润影响的计算公式如下:

等级构成变动对利润的影响额
＝实际等级品销售数量×(实际等级构成的计划平均单价－计划等级构成的计划平均单价)
(4-79)

实际等级构成的计划平均单价即为实际等级的计划平均单价

$$\text{计划等级构成的计划平均单价} = \frac{\sum(\text{各等级计划销售数量} \times \text{该等级计划单价})}{\sum \text{各等级计划销售数量}} \quad (4\text{-}80)$$

例 4-8：南海企业生产甲、乙、丙种产品，10月份销售利润情况如表4-3所示，明细资料如表4-4、4-5所示。

表4-3　10月份产品销售利润计划完成情况　　　　　　　　　　单位：元

行次	项目	计划	实际	计划完成(%)	实际比计划(±)数	实际比计划(±)%
1	产品销售收入	860 000	1 035 000	120.35	+175 000	+20.35
2	销售税金	45 500	58 400	128.35	+12 900	+28.35
3	销售成本	589 500	704 500	119.51	+115 000	+19.51
4	销售费用	21 500	21 900	101.86	+400	+1.86
5	产品销售利润	203 500	250 200	122.95	+46 700	+22.95
6	销售利润率(%)	23.66	24.17		+0.51	+2.16

表4-4　计划产品销售利润明细资料　　　　　　　　　　单位：元

产品名称	销售数量(台)	销售单价	单位税金	单位成本	单位销售费用	单位销售利润
甲	800	400	25	300	10	65
乙	1 500	120	5	65	5	45
丙	1 200	300	15	210	5	70

表4-5　实际产品销售利润明细资料　　　　　　　　　　单位：元

产品名称	销售数量(台)	销售单价	单位税金	单位成本	单位销售费用	单位销售利润
甲	850	420	26	310	12	72
乙	1 800	110	6	70	4	30
丙	1 500	320	17	210	3	90

根据上述资料，南海企业实际利润比计划利润增加46 700元，增加的原因

如下：

1. 产品销售数量变动对利润的影响

    销售数量变动对利润的影响额

    = 计划产品销售利润总额×(销售数量完成率－1)

    = 计划产品销售利润总额×$\left[\dfrac{\sum(\text{实际产品销售数量}\times\text{计划销售单价})}{\sum(\text{计划产品销售数量}\times\text{计划销售单价})}\times 100\%-1\right]$

    = $203\,500\times\left(\dfrac{850\times 400+1\,800\times 120+1\,500\times 300}{800\times 400+1\,500\times 120+1\,200\times 300}-1\right)$

    = 34 554(元)

2. 销售单价变动对利润的影响

    销售单价变动对利润的影响额

    = $\sum[\text{实际产品销售数量}\times(\text{实际产品单位售价}-\text{计划产品单位售价})]$

    = $850\times(420-400)+1\,800\times(110-120)+1\,500\times(320-300)$

    = 29 000(元)

3. 产品销售成本变动对利润的影响

    销售成本变动对利润的影响额

    = $\sum[\text{实际产品销售数量}\times(\text{计划产品单位生产成本}-\text{实际产品单位生产成本})]$

    = $850\times(300-310)+1\,800\times(65-70)+1\,500\times(210-210)$

    = －17 500(元)

4. 销售费用变动对利润的影响

    销售费用变动对利润的影响

    = $\sum[\text{实际产品销售数量}\times(\text{计划产品单位销售费用}-\text{实际产品单位销售费用})]$

    = $850\times(10-12)+1\,800\times(5-4)+1\,500\times(5-3)$

    = 3 100(元)

5. 销售税额变动对利润的影响

    消费税额变动对利润的影响额

    = $\sum[\text{实际产品销售数量}\times(\text{计划单位税额}-\text{实际单位税额})]$

$= 850 \times (25 - 26) + 1\,800 \times (5 - 6) + 1\,500 \times (15 - 17)$

$= -5\,650(元)$

6. 销售品种结构变动对利润的影响

销售结构变动对利润的影响额

$= \sum (实际产品销售数量 \times 计划产品单位利润) - 计划产品销售利润 \times 销售数量完成率$

$= (850 \times 65 + 1\,800 \times 45 + 1\,500 \times 70) - 203\,500 \times 116.98\%$

$= 3\,196(元)$

注：本例中销售数量完成率为 116.98%。

本例中，以上各因素对利润的影响合计如下：

1. 产品销售数量变动对利润的影响　　　+34 554 元
2. 销售单价变动对利润的影响　　　　　+29 000 元
3. 产品销售成本变动对利润的影响　　　−17 500 元
4. 销售费用变动对利润的影响　　　　　+3 100 元
5. 销售税额变动对利润的影响　　　　　−5 650 元
6. 销售品种结构变动对利润的影响　　　+3 196 元

合计：　　　　　　　　　　　　　　　　+46 700 元

对上述各因素的变动，应进一步查明变动原因。特别是对利润影响较大的销售数量、销售单价和销售成本的变动，分析它们变动的原因，并评价其合理性，以进一步挖掘增加企业利润的潜力。

六、产品销售均衡情况的审计

销售均衡情况反映了企业生产是否正常和产品的市场动态。除了受季节性影响较大的行业和大型单件产品生产周期较长的行业外，可以从产销是否均衡来考评企业的生产经营管理水平，一般通过销售均衡率来审查。销售均衡率在一定程度上受生产均衡情况的制约，在以销定产的情况下，销售量要与生产的均衡性相适应。对产品销售均衡情况的审查，目的在于加速资金流转，合理运用资金，节约费用。销售均衡率的计算方法有简单法和均方差法。

（一）简单法

简单法下销售均衡率的计算公式为

$$销售均衡率 = \frac{全年销售金额 - 超过月平均部分的销售金额}{全年销售金额} \times 100\% \quad (4-81)$$

例 4-9：某企业各月份销售资料如表 4-6。

表 4-6　某企业各月份销售资料　　　　　　　　　单位：万元

月份	1月	2月	3月	4月	5月	6月	7月	8月	9月	10月	11月	12月	合计
销售金额	110	110	115	120	105	120	115	130	125	125	135	130	1 440

简单法即参照不抵补原则将超过月平均销售额 120 万元（1 440 万元÷12）的部分剔除后计算均衡率。该例中有五个月的销售额超过了月平均销售额，将其超过部分应减除 45 万元 [(130+125+125+135+130)-120×5]，该企业的销售均衡率为

$$销售均衡率 = \frac{1\,440 - 45}{1\,440} \times 100\% = 96.88\%$$

例 4-9 说明该企业的销售均衡率还未达到最优化标准，主要原因在于该年中有五个月的销售额未达到全年月平均数。对此，审计人员应了解情况并查明原因。

（二）均方差法

运用均方差法计算销售均衡率的公式为

$$销售均衡率 = 1 - \frac{\partial(标准差)}{x(平均月销售)} \quad (4-82)$$

表 4-7　计算销售均衡率信息表　　　　　　　　　单位：万元

月份	1月	2月	3月	4月	5月	6月	7月	8月	9月	10月	11月	12月	合计
X	110	110	115	120	105	120	115	130	125	125	135	130	1 440
$X-\overline{X}$	-10	-10	-5	0	-15	0	-5	10	5	5	15	10	0
$(X-\overline{X})^2$	100	100	25	0	225	0	25	100	25	25	225	100	950

$$\partial = \sqrt{\frac{950}{12}} = \sqrt{79.17} = 8.9$$

$$销售均衡率 = 1 - \frac{8.9}{120} = 1 - 7.42\% = 92.58\%$$

通过对销售均衡率的审查,可以找出企业销售不均衡的程度,为查明不均衡情况和原因提供数据。

七、经营安全程度的审查和评价

对企业销售情况的审查,在审查了销售计划、销售合同和销售利润情况下,还需对企业经营安全程度进行审查,用来评价企业经营风险和经营利润的稳定性。评价企业的经营安全程度一般包括三项指标:保本作业率、安全边际率、经营杠杆率。

(一) 保本作业率

也可称危险率,是指保本点业务量占实际或预计销售量(额)的百分比。它是一个逆指标,数值越小,企业的经营越安全,反之,则不安全。保本点作业率还可以说明企业在保本状态下的生产经营能力的利用程度。计算公式如下:

$$保本点作业率 = \frac{保本点的销售量(额)}{实际或预计的销售量(额)} \times 100\% \quad (4-83)$$

式 4-82 中:保本点销售量(额)即为盈亏临界点销售量(额)。

(二) 安全边际率

安全边际率是指安全边际量与实际或预计的销售量的比例,也可以指安全边际额与实际或预计的销售额的比例,它是一相对量,用来评价不同企业的经营安全程度。其公式为

$$安全边际率 = \frac{安全边际量(额)}{实际或预计的销售量(额)} \times 100\% \quad (4-84)$$

式中:安全边际量 = 实际或预计的销售量 - 保本量
　　　安全边际额 = 实际或预计的销售额 - 保本额
　　　　　　　 = 单价×实际或预计的销售量 - 单价×保本量
　　　　　　　 = 单价×安全边际量

安全边际率是一个正指标,只有超过保本点以上的销售量(额)才能给企业带来利润,因为这时全部固定成本已被保本点所弥补,所以安全边际所提供的边际贡献就是企业的利润,安全边际越大,利润越大,企业经营安全程度越高,亏损的可能性越小。

保本作业率与安全边际率之间存在以下关系:

$$保本作业率 + 安全边际率 = 1 \quad (4-85)$$

（三）经营杠杆率

经营杠杆是指在某一固定成本比重的作用下，销售量的变动对利润的作用。经营杠杆的大小一般用经营杠杆率表示，经营杠杆率即经营杠杆系数，它是企业息税前利润的变动率与销售量变动率之间的比率。公式为

$$经营杠杆系数 = \frac{\Delta EBIT/EBIT}{\Delta Q/Q} \tag{4-86}$$

式中：$\Delta EBIT$——息税前利润变动额；

$EBIT$——变动前息税前利润；

ΔQ——销售变动量

Q——变动前销售量

假定企业的成本—销量—利润保持线性关系，可变成本在销售收入中所占的比例不变，固定成本也保持稳定，经营杠杆系数便可通过销售额和成本来表示。可用公式表示为

$$经营杠杆系数 = \frac{S-VC}{S-VC-F} \tag{4-87}$$

式中：S—销售额

VC—变动成本总额

F—总固定成本

在固定成本不变的情况下，经营杠杆系数说明了销售额增长（减少）所引起利润的增长（减少）的幅度。销售额越大，经营杠杆系数越小，经营风险也就越小；反之，销售额越小，经营杠杆系数越大，经营风险也就越大。

八、销售活动的审计

销售活动的审计主要是指对营销目标和策略、价格定价、销售方式和促销活动、销售组织和渠道、市场营销控制情况以及销售服务的审查，评价这些活动的合理性、健全性和有效性。

（一）营销目标和策略的审查

审查企业的营销目标主要在于查明营销目标是否合理、完整；目标市场和目标客户的选择是否恰当；营销目标是否具体化；企业是否确立了长期和短期的营销目标，是否与企业经济效益目标相协调等。

对营销策略的审查，主要审查企业市场选择战略、市场发展战略和市场结构战略等的合理性、可行性。审查企业的战略设想是否明确，是否与企业的实际销

售情况相适应,能否保证销售和经济效益目标的实现。

（二）销售价格定价的审查

对销售价格定价的审查,首先应审查企业执行国家物价政策的情况,是否充分考虑了市场需求、销售成本、市场竞争状况,是否考虑了替代品和互补品之间比价关系的影响;其次,审查企业的价格定价对销售量的影响,是否能使企业经济效益最大化。审查企业定价策略是否恰当,有助于促进销售和绩效目标的实现。审查时,可以通过市场调查和统计的方法及量本利分析的方法来确定价格与销售量的关系是否合理。

（三）销售方式和促销活动的审查

销售方式的审查主要审查企业是否已经选择了最优的销售方式。销售方式可以是多种多样的,必须从企业与市场竞争的实际出发,选择恰当的销售方式。企业的销售方式可以是按国家计划任务与用户签订合同,或统购、包销,也可以是企业根据市场需求自行销售,从销售渠道环节和销售的组织形式来看,销售方式有直销、代销、经销、经纪销售与联营销售等方式。企业应在完成国家任务的前提下,选择最优的销售方式,加速资金流转,提高企业绩效。审计人员在审查时,应注意销售方式是否符合国家政策,注意不同的销售方式对销售量、销售单价及销售费用的影响。

促销活动的审查,主要审查企业所采用的各种促销方式的优劣;评价各种促销方式的效果及有效性。企业的促销方式多种多样,包括人员推销、宣传推广、广告推销、订货会和参加展销会等。促销活动审查的主要内容包括:

（1）了解企业采取了哪些促销方式,是否科学合理,是否符合企业的经营目标和经营策略;

（2）企业是否选择了恰当的促销方式,比较各种促销方式,评价各种方式的优劣;

（3）分析各种促销方式的效果,企业的销售量和销售收入有无明显提高,对未达到预期效果的促销活动,找出原因所在,并提出改进建议;

（4）审查企业的促销费用的合理性,以查明企业的促销活动是否符合成本效益原则。

对促销活动的评价,审计人员还要分析比较促销活动给企业带来的直接效果和潜在效果,以及比较给企业带来的眼前收益和对企业生产销售的长远影响,从而对企业的促销活动进行综合评价。

（四）销售组织和渠道的审查

销售组织的审查主要是审查评价销售组织机构的设置是否合理、运行是否有效；审核销售人员素质，评价销售人员挖掘新渠道、开发新市场的能力；以及审查评价销售组织管理效果。销售渠道的审查主要在于审查企业已建立了哪些销售渠道，评价企业所选的销售渠道是否线路最短、费用最低，是否贯彻了多渠道、少环节的原则，是否有挖掘新渠道的必要性。

（五）市场营销控制情况的审查

市场营销控制包括计划控制、战略控制、盈利控制和效率控制。审计人员在审查时，要针对市场营销控制的有效性进行审查，以查明市场营销活动的结果是否达到了年度计划的要求，对未达到要求的，是否采取了相应的措施。对效率控制的审查，应分析评价销售队伍、销售方式的效率情况。对战略控制的审查，应分析评价企业的战略、计划是否有效，是否同市场营销环境相适应。同时，审计人员还应通过销售对象、销售额增长率和市场占有率的分析评价，对市场占有情况进行审查。

（六）销售服务的审查

销售服务是目前企业提高市场占有率，增强企业竞争力和提高企业信誉的重要手段。销售服务的审查主要审查售前、售中、售后的服务情况。

售前服务是指为引导消费，向消费者介绍产品性能、使用方法和质量情况。审查时，主要看企业的售前服务是否恰当，所介绍的产品内容是否真实可靠。

售中服务是指在产品销售过程中为使客户正常使用产品所提供的方便和劳务，包括送货上门、代办托运、安装调试指导操作等。审查时，要查明企业是否为客户提供了相应的服务，以及客户对该服务的满意情况。

售后服务是指为了保持或者提高产品价值有关的活动，如培训、修理、零部件的供应和产品的调试等。审查时，应查明企业提供的售后服务是否及时，质量是否符合要求，是否定期或不定期地走访客户，对产品的使用情况和客户对产品的意见进行了解。

第五章　企业资金筹集与利用绩效审计

资金是企业必不可少的重要资源。随着市场竞争的日趋激烈、经营机制的转换，企业资金管理也随之变革，必须建立一套适合市场经济发展的资金管理方法，做到拓宽筹资渠道，优化资金结构，盘活沉淀资金，提高资金使用效益。从资金来源和资金运用中找出最佳经济效益，提高资金管理的科学性，使企业财务管理工作迈上新的台阶。工业企业的资金主要包括固定资金和流动资金。固定资金和流动资金是企业全部资金最主要的组成部分。对企业资金进行绩效审计对于被审计单位改善资金管理，提高经营绩效具有重要意义。

资金绩效审计的目的在于，对企业的一切经济活动所需的各项资金的筹集、使用、分配和积累情况进行审查，促进企业在国家方针政策下，处理好国家与企业、企业之间、企业与职工之间的经济关系，并促进企业正确使用各项资金，充分发挥企业资金的效能。

第一节　资金筹集情况的审计

筹集资金是企业资金运作的起点，是决定资金运动规格和生产经营发展程度的重要环节。企业资金来源途径有：所有者投资投入、向金融机构借款、内部积累、发行债券等。根据企业资金的来源，可以将资金分为四类：(1)自有资金，包括国家固定基金、企业固定基金、国家流动基金、企业流动基金、待转固定基金和其他单位投入资金。(2)借入资金，包括向银行借入的基本建设借款、专用借款、应付引进设备借款和流动资金借款，有的企业通过发行债券筹资。(3)发行股票，我国股份有限公司采用发起设立方式或以不向社会公开募集的方式发行新股。但企业发行股票需具备上市的条件，并不是所有的企业都能通过发行股票筹集资金。(4)结算中形成的资金，如应付账款、预收货款、其他应付款、未交税金和未交利润等，企业可以暂时运用这些结算资金，一般不需支付利息。

一、资金筹集审计的目的和内容

(一)资金筹集审计的目的

对资金筹集审计,其目的主要在于查明企业资金筹集方式、费用和资金成本的经济性、效率性和效果性,查明企业是否以恰当的筹集方式用最少的筹资费用及时取得企业所需资金。

(二)资金筹集审计的内容

资金筹集审计的内容主要包括以下几个方面:

(1)审查企业资金筹集方案是否合理,筹资方式是否合理有效,是否合法;

(2)审查企业资金来源和构成情况,查明企业资金来源渠道是否合法,查明企业的负债结构,并对其作出评价;

(3)审查企业筹资费用及资金成本的高低;

(4)筹资金额是否满足要求,审查资金配置是否合理,能否保证企业生产经营的正常进行,实现资金的最大使用效益;

(5)审查评价资金的筹资计划的完成情况和资金保证程度。

二、审计企业资金来源

对企业资金来源的审计,主要从以下几个方面来进行:

(一)审查资金来源组成

即分别审核上述四种来源资金占资金来源总额的比重。考察各来源所占的比重可以看出企业的经济实力和营运风险,一般说自有资金所占的比重越大,该企业的经济实力越雄厚;借入资金的比重越大则企业的利息负担越重,财务风险也就高。通过发行股票筹集的资金不需偿还,但筹资成本较借入资金高。上述各类资金来源的比重还应同上年的比重比较,并联系生产业务发展情况及企业的经营成果进行分析,看比重的变化是否正常。

(二)审查资金的各项目

审计人员审查时,应分别就企业资金的各项目进行审查,查明企业各项资金的落实情况和使用效益。

固定基金和流动基金各项目审计,主要审计各项目本年的增减变化情况。重点审计其他单位投入资金。审查时应联系本单位同其他单位签订的联营合同或其他有关协议进行审计。

借入资金各项目审计,主要审计借款是否按期归还,有无因偿还逾期支付罚息的情况,借款用途有无改变。

发行股票筹集资金的审计，主要审查企业发行是否符合发行新股的条件，发行方式和发行数额是否符合相关规定，是否在规定的时间里募集到所需的资本。

专项资金各项目审计，主要审查各项目形成是否符合有关政策的规定。对专项未交款、应付款及暂收款的内容进行审查，并审查未交、未付的合理性。

结算资金各项目审计，主要审计"三角债"的清理情况，有无长期拖延不支付其他单位欠款的情况，同时对企业的信誉进行评价。

三、审计资金构成

资金筹集来源反映了企业资金结构。资金构成，或称资金结构，即企业不同资金来源占全部资金的比重。资金构成审计主要从资金运用方面审查资金构成是否合理。审计时主要计算各项目占全部资金的百分数，并和上年度的比重比较，审计其增减变化是否合理。

对企业资金构成的审查，主要关注负债在全部资金中的比重，因为当企业负债比例和流动负债比例较高时，承担的债务风险就高。审查时，可以通过负债比率和流动负债比率以及产权比率指标来审查，计算公式分别为

$$负债比率 = \frac{负债总额}{资产总额} \times 100\% \tag{5-1}$$

$$流动负债比率 = \frac{流动负债}{负债总额} \times 100\% \tag{5-2}$$

$$产权比率 = \frac{负债总额}{股东权益} \times 100\% \tag{5-3}$$

对企业资金构成进行审核后，应对其合理性进行评价。由于企业的资金来源结构及其变动要受到诸多因素的影响，包括生产经营规模和经营成果及其稳定程度、企业的资产结构、股东及经营管理者对企业的控制权和风险的态度等内部因素，以及行业竞争程度、市场环境、债权人所持态度、政策限制、信用等级评定机构的意见等外部因素。评价资金来源结构的合理性是一个复杂的问题。以负债比例为例，合理的负债比率会因企业的性质、经营状况和企业的不同发展时期而异。企业在举债时，应权衡全部资本回报率和借款利率，并充分估计预期的利润和增加的风险。换句话说，企业应在不发生偿债危机和不会降低股东利益的前提下，尽可能选择较高的负债比率。这样，不仅可以保护债权人利益，稳定市场秩序，而且能使企业和所有者的风险较小而利益较大。

四、评价筹集费用和资金成本的经济性

资金的筹集需要花费一定的成本，通过不同途径筹集资金的成本也各不相

同。对筹集费用审查的目的,在于审查企业筹集资金的经济效益性。审计人员在了解企业有哪些筹资途径的基础上,分析、评价不同资金来源的筹资费用、资金成本和综合资金成本,确定最佳筹资渠道。审查时,先计算确定个别资金的资金成本,再计算确定企业全部资金的总成本,也称加权平均资金成本。

$$个别资金的资金成本 = \frac{资金占用成本}{筹资金额 \times (1 - 筹资费率)} \times 100\% \qquad (5\text{-}4)$$

$$加权平均资金成本 = \sum(个别资金的资金成本 \times 该项资金占全部资金的百分比) \qquad (5\text{-}5)$$

对资金筹集费用的评价应以加权平均资金成本最低的资金结构最合理。审计时可以此为依据,与被审计单位现行筹资方案相比较,评价其筹资方案的合理性。

五、审查筹资计划的完成情况和评价资金保证程度

企业生产经营离不开资金的运动,如工资、利息、税金、水电费、购买材料、设备、管理费用、销售费等,都需要资金支付。没有充分的资金保证,企业就无法正常经营。实际中,企业对所需要的资金不一定能如期如数筹足。对资金筹集计划的完成和资金保证程度的审查,主要查明企业是否在规定时间里筹集到拟筹的资金,能否保证生产经营的正常运转,并进而评价企业的融资能力。

衡量筹资计划完成程度的指标可以用筹资计划完成率来表示,反映实际筹集到的资金占计划筹资额的比率。可用公式表示为

$$筹资计划完成率 = \frac{实际筹资额}{计划筹资额} \times 100\% \qquad (5\text{-}6)$$

如果企业筹资计划完成率小于 100%,说明企业实际没有筹集到所需的全部资金。审查时,审计人员应进一步查明没有完成计划筹资方式,分析原因,并审查企业是否采取相应措施,措施是否合理。

衡量资金保证程度的指标有最低货币资金余额、流动比率、速动比率、支付能力系数。最低货币资金余额因企业不同而异,可通过分析预测确定,编制现金计划。有关评价指标如下:

$$流动比率 = \frac{流动资产}{流动负债} \qquad (5\text{-}7)$$

$$速动比率 = \frac{流动资产 - 存货}{流动负债} \qquad (5\text{-}8)$$

$$即期支付能力系数 = \frac{货币资金}{急需支付款项金额} \qquad (5-9)$$

$$近期支付能力系数 = \frac{可支付的货币资金}{近期支付款项金额} \qquad (5-10)$$

支付能力系数式中,急需支付款项金额包括逾期税金、逾期银行借款和逾期未付款等;近期支付款项金额包括支付工资、税金、到期借款、应付账款等;可支付的资金包括货币资金、近期收取收入和收回的应收款项等。

即期支付能力系数和近期支付能力系数大于1,表明资金保证程度高;低于1表明支付能力较差。在这种情况下,应提请企业管理当局采取措施,确保收支平衡,防止因资金收支不平衡影响生产经营正常进行。

六、外部筹资活动的绩效审计

筹资是企业实施其战略性、战术性经营决策,保障企业持续经营和实现企业发展目标的必要前提。

现代企业的外部筹资主要包括直接筹资(如发行债券、股票等)和间接融资(如向各种金融机构借款,企业间的商业信贷等)。其决策则在很大程度上直接考虑了企业整体财务结构的改变,因此从这个意义说,外部筹资活动也是企业资产经营的重要环节。

(一)审查外部筹资活动决策

审查筹资是否与企业发展规划相一致,并且还要对照企业内部关于重大项目决策的规定,审核具体筹资的决策程序是否符合此规定。

审查筹资方案选择的可行性研究,即在筹资的可行性研究阶段,向决策者提供有关不同筹资方案的资金边际成本的比较分析,各种筹资途径获得的资金量和实现筹资的可能性等信息。由于筹资活动常与投资活动相联系,因此,审查时还应分析不同筹资方案给企业所带来的每元净资产收益期望值和净资产收益率的风险值。因此,对可行性研究的审核主要包括:对各种筹资方案的收益期望值和风险的计算是否正确,计算和比较的依据是否可靠。

(二)审查债券发行的经济效益

发行债券的经济效益体现在两个方面,一是将发行债券所取得的资金增量投入后增加的收益,另一方面是发行债券所获得的资金成本节约效益。发行债券的新增效益可以用以下公式表示:

$$发行债券新增效益 = (新增营业收入 - 新增可变营业成本 - 债券利息) \times (1 - 所得税率) \qquad (5-11)$$

发行债券的新增效益一般以一个会计期为计算周期,也可以用债券发行的资金形成的专项投资活动的整个寿命期为计算周期。

资金成本节约率用公式表示为

资金成本节约率 = 发行前总负债年平均利息率 － (债券年净利息 ÷ 发行所得资金)
(5-12)

资金成本节约额 = 资金成本节约率 × 债券发行所得资金额　　(5-13)

此外,债券发行的经济效益审计,还应考虑债券发行价格确定的合理性。审查债券发行价格的合理性,主要是比较发行时债券价值与价格的一致。

(三) 审查股本筹资和其他外部筹资活动的经济效益

企业向外界发行股票或增加股本筹集资金,以及以其他方式进行外部筹资,其目的主要也是为了追求新增收益和降低资金运营成本。审查时,可参照债券发行的经济效益审计方法,计算时将普通股现金红利分配支出作为股本筹集的资金成本。

第二节　资金配置情况的审计

合理地配置资金是企业提高资金管理和利用效益的关键。对资金配置绩效的审查是对资金投向和使用合理性的审查和评价,判断和评价资金配置对企业经营活动和财务活动的影响,以及对企业经营绩效的影响。审查的目的在于促进企业优化资金配置,加速资金周转,有效地运用资金,提高资金利用效益。

对资金配置的审查可按资金的流动性,分别对流动资金配置和长期资金配置进行审查。

一、审查评价流动资金配置

流动资金既要保证需要又要节约使用,在保证按批准计划供应营业活动正常需要的前提下,以较少的占用资金,取得较大的经济效果。因此,必须对流动资金进行很好地配置。流动资金配置是指企业流动资金在现金、银行存款、短期投资、应收及预付款项、存货等流动资金方面的分布、占用,以及用于管理、销售等方面的开支。

(一) 审查流动资金定额的核定

流动资金定额是编制流动资金计划的依据,也是控制、考核和评价流动资金利用情况的重要标准。对流动资金的审查主要包括审查并确定是否科学、合理。

根据企业的生产环节，可将流动资金的定额核定分为储备资金定额核定、生产资金定额核定、产成品资金定额核定。

1. 审查储备资金定额

储备资金定额是指原材料、辅助材料等在储备中占用的资金定额。对其进行审查，主要是对储备资金定额本身的正确性和合理性进行审计。原料及主要材料、主要辅助材料和燃料一般用定额日数计算法（也称周转期计算法），其他辅助材料则采用分析计算法和比例计算法；修理用备件及单价高的大型备件或主要设备备件采用日定额法，其他备件可按类别采用分析计算法或比例计算法。

这里我们主要介绍定额日数法，以原料及主要材料为例，定额日数法的计算公式如下：

$$\text{原料及主要材料资金定额} = \frac{\text{计划期材料耗用总量}}{\text{计划期天数}} \times \text{计划单价} \times \text{材料资金定额日数} \tag{5-14}$$

审查原料及主要材料的计算的正确与否，应对影响因素逐项加以分析。特别是对材料资金定额日数的审核，应审查供应间隔天数、验收入库天数、保险天数、在途天数等计算的正确性、合理性。同时，审查计划单价，注意审核计划价格与实际成本是否接近。

2. 审查生产资金定额

生产资金是指整个生产过程所占用的资金，包括在产品、自制半成品和待摊费用等。在产品资金定额应按各种产品分别采用定额日数计算法进行核定，待摊费用采用余额计算资金定额。这里只对在产品资金定额的审查加以介绍，其计算公式为

$$\text{某在产品资金定额} = \left(\frac{\text{某产品计划期}}{\text{每日平均产量}} \times \text{计划单位成本}\right) \times \left(\frac{\text{该产品}}{\text{生产周期}} \times \frac{\text{该在产品}}{\text{成本系数}}\right) \tag{5-15}$$

$$= \frac{\text{计划期该产品}}{\text{平均每日成本额}} \times \frac{\text{该在产品资}}{\text{金定额日数}} \tag{5-16}$$

其中：

$$\text{某产品生产周期} = \frac{\text{上期在产品平均结存量}}{\text{上期产品平均日产量}} \tag{5-17}$$

对于生产过程比较简单，逐日发生的成本有核算资料可以利用或可以进行

估计时,在产品成本系数可用下式计算:

$$某产品成本系数 = \frac{在产品平均成本}{在产品单位成本} \tag{5-18}$$

对于材料在投产过程中一次投入,以及工资和其他费用在生产过程中耗费的无法比较的产品,在产品成本系数可用下式计算:

$$在产品成本系数 = \left(\frac{单位产品成本中的材料成本} + \frac{单位产品成本 - 材料成本}{2}\right) \div 单位产品成本 \tag{5-19}$$

审查在产品资金定额核定是否准确、合理时,也应对影响生产资金定额的各因素进行审查,注意审查计算资金定额前,是否发动职工对缩短生产周期的可能性进行了讨论,是否可在不考虑在产品成本系数的情况根据产品成本递增的实际情况选用合理的计算方法。

3. 审查产成品资金定额

产成品资金是指从产品完工验收入库,直至发出、销售为止的整个过程中所占用的资金。其计算方法一般采用定额日数计算法,计算公式为

$$产成品资金定额 = 每日平均产量 \times 计划单位成本 \times 产成品资金定额日数 \tag{5-20}$$

$$= 每日平均产品成本 \times 产成品资金定额日数 \tag{5-21}$$

审查时,注意对产成品资金定额日数的审核,它包括产成品在库日数、发运日数和结算日数,应查明产成品定额日数,是否以产品适销对路、产销平衡,以及正常的运输条件加以确定。

对于存在外购商品的企业,或商业企业,外购商品资金定额的核定方法为:

(1) 在外购数量不多的情况下,可用余额计算法,计算公式为

$$某外购商品资金定额 = 期初实际余额 + 计划期采购数额 - 计划期销售额 \tag{5-22}$$

(2) 在外购数量较多的情况下,可以采用定额日数计算法,计算公式为

$$某外购商品资金定额 = \frac{计划期某外购商品量 \times 计划单价}{计划期天数和} \times 定额日数 \tag{5-23}$$

式 5-23 中,外购商品数量按销售产品的配套要求计算,定额日数按购入至发运、结算各个环节的天数计算。

对外购商品资金定额的审核,审查时,审计人员应注意审查:选用的计算方

法的合理性;采取计算法时,期末余额的计算是否正确;采用定额日数法时,各因素的确定是否合理正确。

(二)审查评价流动资金配置计划及其实施情况

流动资金配置计划包括流动资金需用量计划和货币资金收支计划等。审查时,将本期各项资金占用计划数与上期计划、上期实际状况相比较,结合生产经营状况来分析变动的差异和原因,评价其合理性。

对流动资金配置计划实施情况的审查,主要查明各项资金的配置是否落实到位,有无因某个环节的资金不到位而影响生产正常进行,或对某个项目流动资金配置过多而使资金闲置浪费,从而降低资金使用效益。

(三)审查流动资金占用、分布的合理性

1. 审查流动资金比率的合理性

流动资金比率是流动资金占企业资金总额的比例。该比率越高,说明企业资产的流动性和变现能力越强,企业承担风险的能力也较强,但另一方面,流动资金比率高,也会增加管理成本、机会成本和资金占用的利息费用,增加持有资金的成本,降低资金利润率。审计人员在审查时,应结合企业的实际情况,审核评价企业流动资金比率,并与上期数进行比较,分析变动趋势和原因;同时,与同行业平均水平比较,评价其合理性,并提出相应的管理建议。

2. 审查流动资金构成的合理性

货币资金是流动性最强的资金,企业货币资金持有量大,说明企业资产的流动性大,风险小,但增加了企业的机会成本,丧失其他获利的机会。审查时,可以通过计算企业的最佳货币资金持有量,将其与企业实际的资金持有量相比较,以评价企业货币资金持有量的合理性。审查的目的在于,促进企业提高货币资金的管理水平,不会因货币资金持有过多而增加机会成本和管理成本,也不会因货币资金不足而增加短缺成本,使企业的货币资金保持一个合理水平,提高资金使用效益。如果企业货币资金持有量过高,应建议企业将暂时闲置的资金用于短期投资,既保证资产的流动性,又能增加企业的投资收益。

短期投资的合理性影响到企业资产的流动性和风险性。审查短期投资的比率,可将其与货币资金的比率相比较,以判断短期投资的合理性。一般情况下,短期投资比率的变动方向与货币资金的变动方向相反,而变动幅度相当。

应收账款是企业流动资金的重要组成部分。应收账款发生后,企业应采取各种措施,尽量争取按期收回款项,否则会因拖欠时间过长而发生坏账,使企业蒙受损失。如果应收账款占主营业务收入的比率较低,说明企业以现销为主,企业的收账能力较强。审计人员在审查时,一方面要审查应收账款的额度及账龄;

另一方面审查企业是否对应收账款实施严密的监督,随时掌握收回的情况;再一方面审查企业是否制定了相关的收账政策,以及其成本的高低和可行性。可结合应收账款周转率来进行评价。

对于存货,一般情况下,企业为保证生产经营的正常进行,总需要储存一定的存货,并因此占用或多或少的资金。但过多的存货要占用较多的资金,并会增加包括仓储费、保险费、管理人员工资在内的各项开支,并且占用资金过多会使利息支出增加并导致利润的损失。对存货占用资金的审查,一方面,审计人员要结合企业生产经营的特点和规模,确定企业存货数量的合理性;另一方面,对存货的管理进行审查,审查存货管理是否实现了存货成本和存货效益的最佳结合。对存货占用资金的评价,可结合存货周转率来进行。

(四)审查评价长期资金配置

长期资金配置主要是指企业将资金分配用于长期投资、固定资产、无形资产等方面。通常情况下,长期流动资金流动性较差,风险较高,但收益性较好。因此,要求企业合理确定流动资金和长期资金的比例,既能保证资金的流动性,又能提高获利能力。对长期资金配置的审查,首先,要了解企业长期资金配置方案的可行性和合理性,然后评价长期资金在各个项目的具体落实和实施情况。

1. 审查评价长期资金配置的可行性、合理性

对长期资金配置的审查,应获取被审计单位相关的文件资料,了解被审计单位长期资金的配置方案,对各个投资项目的具体配置金额。评价被审计单位长期资金配置方案的依据。对于企业把资金用于固定资产和无形资产,应审查企业是否对产品市场进行了充分的调查和预测,是否对投资规模和工艺技术进行了充分论证,是否存在盲目购置固定资产和无形资产的情况;对于企业将资金用于长期投资,应审查企业是否对长期投资对象的风险性和收益性进行了充分的评价。另外,还需对企业是否进行了充分的财务预测进行审查,以评价投资支出预测的安全性和准确性。

审计人员审查时,要审查可行性研究报告中经济效益分析的合理性、科学性。审核企业投资利润率、投资回收期、净现值、现值指数、内含报酬率等财务指标,评价指标计算的准确性及相关资料的可靠性,对长期资金配置进行综合评价。

2. 审查长期资金配置的实施情况

对长期资金配置的审查,主要是看企业对长期投资、固定资产投资、无形资产投资实施过程中的管理和控制情况,审查企业长期资金管理方式的合理性和有效性,实施的控制是否能实现控制效果,能否有效地防止资金浪费、业务失控和财产流失。长期投资的收益较高,但风险大,对长期投资进行管理控制,能够

提高资金的安全性,在其他方面需要资金时,能够有效地变现资金和回笼资金。对固定资产配置资金,应在结合企业生产经营实际情况和生产规模的基础上,审查企业固定资产的购置计划,以及固定资产更新改造计划。投资无形资产,应审查无形资产对企业生产经营的适用性,特别应关注无形资产的作价是否正确。

第三节　流动资金使用效益的审查

一、流动资金使用效益审计目的和内容

合理组织流动资金运用,是保证企业生产顺利进行的必要条件。流动资金周转不同于固定资金,它的周转速度快,流动性强,不断地从货币资金形态开始,依次转化成储备资金、生产资金及产成品形态资金,再转化成货币资金形态,从而完成资金的循环和周转。加速流动资金流转,可为企业带来更多的利润,也是企业管理人员的重要的管理目标。流动资金使用效益审计是对企业资金使用效益审计的重要环节。流动资金使用效益审计,就是对企业流动资金运用于各生产环节和各项目的效果和程序进行审计,并找出流动资金使用中存在的问题,提出改进流动资金利用情况的途径,以不断地提高流动资金的使用效益。

1. 流动资金使用效益审计的目的

(1) 促进企业建立健全资金管理制度。对流动资金使用效益的审查,也是对企业资金管理活动的审查,对财会等部门能否在职权范围内认真执行各项财务管理制度,能否与各部门配合默契,对供产销各环节及人财物各方面的资金占用情况进行有效控制,并对资金管理的内部控制进行评价,对内部控制中存在的缺陷提出改进建议,促使企业建立健全资金管理内部控制。

(2) 促进企业提高资金使用效率。审计人员通过对资金管理内部控制的审查,评价财会等部门的职责履行情况,将资金投入与产出比较,审查评价企业资金使用效益,最终目的在于促进企业提高投资效益,加速资金周转,增强企业盈利能力。

2. 流动资金使用效益审计的内容

企业流动资金按资金在企业各个阶段的分布可分为生产领域中的流动资金和流通领域中的流动资金,按占用形态可分为定额流动资金和非定额流动资金,其中定额流动资金包括储备资金、生产资金和产成品资金,非定额资金可分为发出商品占用的资金、货币资金和结算资金。流动资金使用效益审计的内容主要有:

(1) 审查流动资金的使用是否合理合法,是否按生产规律和实际需要配置流动资金,是否严格遵守财经纪律。

(2) 审查定额流动资金核定的合理性,其核定数额能否满足企业生产的需要,是否存在配额过多,是否存在资金闲置浪费的情况。

(3) 审查流动资金的内部控制制度是否健全,会计核算形式是否适应流动资金管理的需要,流动资金的账务处理是否正确。审查流动资金的使用权、管理权及相应利益分配权是否协调一致,能否很好地起到监督控制作用。

(4) 审核企业流动资金使用指标,将之与企业历史水平和同行水平相比,分析变化趋势和差距,找出原因,提出改进建议,提高资金的运用效益。

3. 流动资金使用效益审计的特点

流动资金使用贯穿于企业生产经营的各个环节,在企业的生产经营中起着不可或缺的作用。因此,对流动资金使用效益进行审计有其自身特点:流动资金使用效益审计是一项综合性的审计内容,它受到经营过程中各个环节的影响。因此,对流动资金效益审计会涉及企业经营活动的各个环节,对在审计过程中发现的问题,也应结合其他环节来找原因,这就要求审计人员应具备较强的执业能力,保持高度的职业谨慎。

二、流动资金运用情况的审计

审查流动资金运用情况目的在于评价流动资金在各环节的实际利用情况,以及各阶段的资金保证情况。

(一) 审查流动资金的保证程度情况

流动资金的保证程度反映了企业流动资金占用计划的执行情况,流动资金具体落实到生产的各个环节和各个项目上,是企业生产经营正常进行的必要保证。可以从以下几个方面进行审查。

1. 审查自有流动资金率

通过核算自有流动资金率指标,看其是否符合国家有关规定,能否满足生产经营的要求。将实际自有流动资金率与计划数相比,便能查明流动资金的保证程度,其计算公式为

$$自有流动资金率 = \frac{自有流动资金}{流动资金定额数} \times 100\% \qquad (5-24)$$

2. 审查流动资金借款的偿还有无物资保证

对借款进行了担保的物资,应审查这些物资是否属于企业实际拥有并能加以控制的物资,并对物资的实际价值进行审核。流动资金借款是否有物资保证是企业能否及时、足额取得贷款的条件。

3. 审查企业的财务收支状况及调度资金的灵活性

即能否掌握财务收支活动的规律,实现财务收支平衡。审查企业的支出是否进行了预算,预算制定是否合理性,是否得到有效的执行,对超预算的支出是否经过审批。审查企业收入与支出的会计处理是否及时正确,并定期进行核对,为此,应建议被审计单位对产品销售收入和材料采购支出等主要项目建立收支进度表,及时记录每笔业务的收入和支出金额,加强收支的日常控制。这样,企业就能很好地掌握财务收支规律和收支状况。

(二)审查各阶段流动资金的运用情况

由于流动资金由储备资金、生产资金、产成品资金构成,因此,可对各阶段占用的资金分别进行审计。

审查储备资金的运用,就是对储备物资包括原材料、辅助材料、燃料和包装物等的采购、收发,保管和使用情况进行审查,促使企业节约降低材料消耗,节约使用储备资金,加速资金周转。

审查生产资金的运用。生产过程中占用资金的多少,取决于生产周期的长短、在产品的数量及生产成本的高低,生产资金具体运用的效果则取决于生产过程中管理控制的情况。

审查产成品资金的运用,其目的在于促使企业严格履行销售合同,加速产成品资金的周转,减少资金占用。主要审查产成品、外购商品、对外发出商品及结算中在途资金。减少产成品资金的占用,主要在于促进销售、减少产品积压,对此,主要审查:

(1)库存产成品的管理和储存情况;

(2)销售计划和销售合同的执行情况;

(3)销售结算工作和销售货款的回收情况。有关这方面的审查已在经营业务绩效审计中作了详述,这里不再涉及。

三、流动资金周转速度的审查

流动资金周转率指标是审查企业流动资金使用效率的重要指标。流动资金周转快说明企业用较少的资金完成了较多的生产任务和盈利,流动资金周转慢则说明企业流动资金占用过多,或产品积压、呆账过多,从而影响企业绩效水平。审查时,不仅审查全部流动资金的周转速度,还需对生产环节各阶段的流动资金周转情况进行审查,以便进一步查明影响全部流动资金周转的原因。

(一)审查全部流动资金周转的情况

流动资金周转速率可以用周转次数和周转天数两个指标来反映。

1. 流动资金周转次数

流动资金周转次数是指企业在一个生产周期内流动资金的周转次数。流动资金周转次数越多,说明企业生产经营周转快,企业创造的盈利也多。

其计算公式为

$$流动资金周转次数 = \frac{产品销售收入}{流动资金平均余额} \quad (5-25)$$

流动资金平均余额是计算期期初余额与期末余额的算术平均数。如果以月作为计算期,则相应的计算公式为

$$月份内流动资金周转次数 = \frac{全月产品销售收入}{(流动资金月初余额 + 流动资金月末余额) \div 2} \quad (5-26)$$

对于工业企业,还需考核定额流动资金的周转次数。其计算公式为

$$定额流动资金周转次数 = \frac{计算期产品销售收入}{年度定额流动资金平均占用额} \quad (5-27)$$

2. 流动资金周转天数

流动资金周转天数表示企业流动资金周转一次所需的天数,它是周转次数的逆向指标。所需的天数少,周转次数越多,出效益的速度也就越快。计算公式为

$$流动资金周转天数 = \frac{计算期流动资金平均余额 \times 计算期天数}{计算期产品销售收入} \quad (5-28)$$

对于实行流动资金定额管理的工业企业,全部流动资金周转天数可以通过下列公式计算:

$$\frac{全部流动资}{金周转天数} = \frac{定额流动资}{金周转天数} \times \left(1 + \frac{非定额流动资金平均余额}{定额流动资金平均余额}\right) \quad (5-29)$$

式 5-29 中:

$$定额流动资金周转天数 = \frac{计算期定额流动资金平均余额 \times 计算期天数}{计算期产品销售收入} \quad (5-30)$$

为简化计算,计算期天数一年按 360 天计算,一季按 90 天计算,一月按 30 天计算。通过对全部流动资金周转速度的审查,将其同上期或历史先进水平相

比,就能判断企业全部流动资金的使用效益。

(二)审计各阶段流动资金的周转速度

企业的流动资金是分别配置到供应、生产和销售等各个阶段的。因此,对流动资金周转的审查,应分别审查各阶段流动资金的周转情况,进一步找出影响全部流动资金周转速度的环节和原因,以便找出相应对策,提高企业资金的周转速度。

1. 审查供应阶段流动资金周转情况

供应阶段的流动资金主要指用来采购原材料等的流动资金,即储备资金,它是供生产耗用的,其周转额即为材料的消耗量。储备资金周转速度的计算公式为

$$储备资金周转次数 = \frac{计算期储备资金发出总额}{计算期储备资金平均余额} \tag{5-31}$$

$$储备资金周转天数 = \frac{储备资金平均余额 \times 计算期天数}{计算期材料耗用总额} \tag{5-32}$$

对储备资金周转速度的审查,目的在于审查企业的物资供应是否符合企业的生产计划,能否满足企业的生产的需要。审查时,可结合供应业务绩效审计进行。由于储备资金在流动资金中所占比重较大,品种较多,涉及不同的部门,审计人员还可分别不同的责任部门对储备资金周转进行审查;对于重要的原材料,还应单独进行审核。通过对储备流动资金的审查,可以发现储备资金管理制度是否健全有效,有无盲目采购和储备的情况。

2. 审查生产阶段生产资金周转情况

生产资金主要是在产品占用的流动资金数额,它的周转速度受生产周期和生产批量、投料方式和生产流程的安排、生产费用的控制及生产的配件供应等因素的影响。它的审查方法与储备资金周转率相同,如果生产资金周转缓慢,应进一步查明上述因素的影响。审查指标也包括周转次数和周转天数,计算公式为

$$生产资金周转次数 = \frac{计算期生产资金发出总额}{计算期生产资金平均余额} \tag{5-33}$$

$$生产资金周转天数 = \frac{生产资金平均余额 \times 计算期天数}{计算期完工产品成本} \tag{5-34}$$

3. 审查销售阶段产成品资金周转指标

产成品资金是企业产成品所占用的流动资金数额,它的周转额是企业销售产品的成本。在商业企业中,产成品资金表现为库存外购商品所占用的资金,其周转额则为销售商品的采购成本。产成品资金的周转速度的计算公式为

$$产成品资金周转次数 = \frac{计算期产成品资金发出总额}{计算期产成品资金平均余额} \qquad (5-35)$$

$$产成品资金周转天数 = \frac{产成品资金平均余额 \times 计算期天数}{计算期销售产品的成本} \qquad (5-36)$$

影响产成品资金周转速度的因素包括产品品种、数量、质量、生产的均衡程度、产销的协调性及销售组织管理工作的水平等。因此,对产成品资金周转速度的审查,实质上是对企业产供销管理和控制的综合审查。通过审查,促使企业内部各职能部门更好地协作配合,促进销售,提高产成品周转天数。

存货在企业全部资金占有比重较大,它是储备资金、生产资金和成品资金的实物形态,因此,在对企业供产销三个阶段的流动资金周转速度进行审查时,还应结合存货周转率进行综合审查。对该指标进行审查评价的目的在于从不同角度和环节找出存货管理中存在的问题,使存货管理在保证生产经营的同时,尽可能少占用经营资金,提高资金的使用效率。存货周转率综合反映了流动资金的周转速度。其计算公式为

$$存货周转率 = \frac{销货成本}{存货平均余额} \qquad (5-37)$$

一般来讲,存货周转速度越快,存货的占用水平越低,流动性越强,存货转换为现金、应收账款等的速度越快,提高存货周转率可以提高企业的变现能力。存货周转率指标的好坏反映了存货的管理水平,它不仅影响企业的短期偿债能力,也是整个企业管理的重要内容。在评价存货周转率时应注意:

(1) 不同行业的存货周转率不一样,不能用统一标准来衡量不同行业存货周转率的合理性;

(2) 该指标不是越高越好,因为该指标高可能意味着存货不足,将影响生产经营的正常进行;

(3) 该指标还受存货内部结构的影响,审查时还应分别对材料、半成品和产成品计算周转率,以进一步查明周转率变动的原因。

4. 审查结算阶段结算资金的周转速度

结算资金主要指应收账款,是由于企业赊销产品而占用的资金。应收账款这部分资金被购买单位所占用,从而不能参加企业正常资金周转,会导致资金的短缺,影响正常生产,增加财务费用,降低利润水平。结算资金的周转速度反映了结算资金转化为货币资金能力,同时也说明了销售产品所占用的资金,因而也是反映销售阶段资金周转速度的一个指标。如果结算资金周转速度快,销售产品所占用的资金就相对减少。结算资金的周转额主要为产品销售收入。结算资

金的周转速度可以用应收账款周转速度来表示,计算公式为

$$应收账款周转率 = \frac{销售收入}{平均应收账款} \qquad (5\text{-}38)$$

$$应收账款周转天数 = \frac{平均应收账款 \times 360}{销售收入} \qquad (5\text{-}39)$$

式 5-38、5-39 中的"平均应收账款"是指企业资产负债表中"应收账款"和"应收票据"的期初、期末金额的平均数之和。一般来说,应收账款周转率越高,平均收现期越短,说明应收账款的收回越快。否则,企业的营运资金会过多地呆滞在应收账款上,影响资金的正常周转。应收账款周转情况是审计人员在审查时应特别关注的对象。在审查时,应查明影响该指标正确计算的因素,这些因素包括:

(1) 对于季节性经营的企业使用该指标时不能反映实际情况;

(2) 大量地使用现金结算;

(3) 大量使用分期收款结算方式;

(4) 年末销售大量增加或年末销售大幅度下降。

审计人员可将计算出的指标与该企业前期指标、与行业平均水平或其他类似企业的指标相比较,对该指标的高低进行评价,同时据以对销售部门或结算部门的工作进行评价。

四、审查流动资金的运用效果

对各阶段流动资金周转速度的审查,主要审查的是流动资金的使用效率。对流动资金的审查不仅要审查其周转速度如何,还要审查其给企业带来的实际经济效果。审计时,首先计算资金运用效果的指标,一般指全部流动资金的运用效果指标。对某些由其他单位占用的流动资金,如应收账款,也可用本单位主要占用的流动资金运用效果指标;然后,将实际指标与计划指标或上期实际指标或同类企业的指标相对比,找出差距;最后,找出产生差距的原因,作出评价,提出改进建议。

反映企业流动资金运用效果的指标主要有产值流动资金率、销售收入资金率及流动资金利润率等。

1. **审查产值流动资金率**

产值流动资金率指完成一定数量的产值所占用的流动资金。产值资金率越低,说明流动资金利用的效果越好,可用来考核企业占用资金的增长是否超过生产规模的增长。对产销不平衡的企业,产品价格不稳定的企业,运用该指标衡量

流动资金利用情况具有一定的作用。产值流动资金率的计算公式为

$$产值流动资金率 = \frac{流动资金平均占用额}{年工业总产值} \times 100\% \qquad (5\text{-}40)$$

产值流动资金率也可用每元产值所占用的流动资金额来表示。计算公式为：

$$百元产值占用流动资金额 = \frac{流动资金平均占用额}{年工业总产值} \times 100 \qquad (5\text{-}41)$$

对上述指标进行核算后,将其与计划指标、上年同期的实际指标和同行业指标相比,找出差距,分析原因所在。

2. 审查销售收入资金率

销售收入资金率反映了每百元销售收入所占用的流动资金额,可用来评价销售产品所占用的流动资金运用的效果,同时用来评价销售部门的工作效率和效果。其计算公式为

$$销售收入资金率 = \frac{流动资金年平均占用额}{产品销售收入} \times 100\% \qquad (5\text{-}42)$$

3. 审查流动资金利润率

流动资金利润率是从价值角度综合反映企业占用资金与企业新增价值的比例,它表示每单位流动资金运用所能获得的利润,其计算公式为

$$流动资金利润率 = \frac{年利润总额}{流动资金全年平均余额} \qquad (5\text{-}43)$$

审查资金利润率的完成情况,主要将其与计划和上年实际相比,考核其完成计划情况和比上年实际增长情况。计算公式分别为

$$资金利润率完成计划情况 = \frac{实际完成资金利润率}{计划资金利润率} \times 100\% \qquad (5\text{-}44)$$

$$资金利润率比上年增长情况 = \frac{本年完成资金利润率}{上年完成资金利润率} - 1 \qquad (5\text{-}45)$$

流动资金利润率虽然反映了流动资金与利润之间的关系,但实际上企业利润并不只受流动资金的影响,利润的大小还受固定资金投入的影响,利润与流动资金不存在直接的关系,而取决于流动资金的周转速度,因此,在实际工作中,审查、评价企业流动资金的利用效益,应以审查流动资金的周转率为主。

4. 审查流动资金相对节约的效果

流动资金的相对节约是指企业由于加速流动资金周转,以原有的流动资金数量来完成更多的生产和销售任务,做到多增产少增资,甚至增产不增资。这时虽然未从周转中腾出流动资金,但是减少了需要增加的流动资金数量。流动资金相对节约额主要受流动资金周转速度和流动资金利用效率两个因素的影响。

(1) 审查资金周转速度对流动资金相对节约的影响

将经过审核的流动资金周转速度与计划、上年的周转速度相比,审核出资金周转速度的变化情况,并分析其对流动资金相对节约的影响,可以通过下列公式计算得出:

$$\text{流动资金周转速度变化相对节约资金占用额} = \left(\text{上年或计划流动资金周转天数} - \text{本期流动资金周转天数}\right) \times \frac{\text{本期产品销售收入}}{360}$$

(5-46)

(2) 审查流动资金利用效率对流动资金相对节约的影响

如果资金的利用效率较上年或计划得到提高,却没有占用更多的流动资金,说明形成了流动资金的相对节约。以销售收入资金率为例,每百元销售收入占用的流动资金减少,就可以相对节约流动资金。可用下列公式计算:

$$\text{销售收入资金率变化相对节约的流动资金额} = \left(\text{本年每百元销售收入资金率} - \text{上年或计划每百元销售收入资金率}\right) \times \frac{\text{本年产品销售收入}}{100}$$

(5-47)

五、挖掘加速流动资金周转的潜力

对流动资金审计的最终目的在于,通过对流动资金的利用效率和效果进行审查,评价企业流动资金的运用情况,找出存在的问题和原因,提出改进措施,加速流动资金的周转,提高流动资金利用效益。加速流动资金的周转速度是提高流动资金利用效益的关键。前面我们对企业各阶段的资金周转和运用效果进行了审查,也可以从这几个阶段来挖掘加速流动资金周转的潜力。

加速流动资金的周转,要在降低某一阶段成本费用的同时,缩短某一阶段占用流动资金的时间。

(一) 缩短供产销阶段的时间

企业采购、生产、销售等阶段是相互关联、相互影响的,采购时间会影响生产和销售的时间,生产时间影响销售时间,同时销售时间也会影响采购时间。

1. 缩短采购时间

结合购进业务绩效审计,考查研究企业大宗物资和主要物资的供应商、采购地点、运输方式,以寻找距离最近、运输便捷且费用较小的供应地点和供应厂商;了解企业采购组织和采购批量,是否采用经济批量采购办法。审计人员应建议企业采购部门在充分进行市场调查研究的基础上,减少选择供应商的时间,并选用最佳运输方式,加速采购运输时间。

2. 缩短储备时间

企业的储备资金一般占流动资金的比重较大,因此,在保证生产正常进行的条件下,压缩材料物资的库存量,缩短物资的储备时间,对于加速资金周转具有重要意义。审计人员应了解企业存货的管理方法是否实行 ABC 分类管理法,对 A 类贵重、主要材料是否制订了最高存量和最低存量;审查了解保险储备量设置是否合理;实地检查库存情况,观察存货在企业内部的流转情况,对超储积压物资提出处理建议,对物资转移效率慢的方式提出改进措施。

3. 缩短生产时间

针对企业的生产经营特点,了解同类企业和国内外采用新技术和新工艺的情况,了解企业的先进经验和存在的问题,研究技术革新,建议采用适合本企业的新技术、新工艺,及时更新生产设备。

加速供产销阶段的流动资金的周转速度,缩短这三个阶段的时间,除采取上述措施外,重要的一点是,在这三个阶段,企业要合理组织劳动,减少劳动准备时间,尽量减少非生产时间,提高劳动生产率。

4. 缩短销售时间

主要是要改进企业的销售策略,提高销售量,使产品尽快销售出去。研究产品积压滞销的原因,提出开辟新市场、疏通销售渠道以提升企业销售力量的建议。

(二) 缩短结算时间

企业流动资金的结算主要指应收账款的收回,在采取赊销方式企业,应对购货方的信用进行调查和评估,确定是否对其赊销及赊销额度。分析企业的应收账款账龄,审核对于大额的及超过收款期的应收账款,被审计单位是否采取了相应的催收政策。尽快收回应收账款,缩短结算时间,有利于减少坏账损失和财务费用,有利于加快流动资金的周转。

第四节　长期资金利用效益的审查

长期资金是相对流动资金而言的,它的周转较慢,其周转周期一般在一年以上。企业长期资金的物质形态主要是固定资产、无形资产、长期投资和长期递延资产。其中,固定资产占用的资金称为固定资金,长期投资占用的资金称为投资资金。固定资金和投资资金占用金额较大,对企业的生产能力和经营效益影响较大。因此,长期资金利用效益的审计重点应放在固定资金和长期投资资金的使用效益上。

一、审查固定资金利用效益

对固定资金的审计,要审查固定资金组成,固定资产的配置是否合理、优化,是否能保证生产经营活动的正常开展,特别要重视是否符合经济增长方式转变的要求,是否重视了科技和知识的投入产出。这主要通过固定资金组成的合理性和固定资金利用效果两方面进行。

(一)审查固定资金的组成

1.审查固定资金来源的构成

主要审查固定资金来源各项目占固定资金比重。固定资金的来源有国家固定基金、企业固定基金、基本建设借款中的固定资金部分和其他单位投入的固定资金等。审查时,可审查各项固定资金占固定资金总额的比重,并与以前年度或同类企业相比较,评价固定资金来源的稳定性和保证程度,同时对企业经济实力进行评价。

2.审查固定资金运用项目的组成

主要审查固定资金的具体运用情况,审查其是否符合生产经营决策,固定资金是否得到优化配置。可以从以下方面进行审计:

(1)计算固定资金各项目的比重。审查时可根据会计报表、账簿记录及其他相关资料,分别计算各项目占固定资金的比重,包括:固定资金占固定资金总额的比重、固定资金占资金总额的比重、固定资产净值占固定资产原值的比重,以及待核销基建支出、待处理固定资产损失、向其他单位投资等占固定资产总额的比重。

(2)将固定资金各项目所占固定资金的比重与以前年度或计划数相比较,审查各比重的变动趋势,并和同类型企业的比重比较,评价其合理性。

(3)分析变动原因及其影响。审计人员在对固定资金各项目的变化进行比较后,应审查各项目的具体内容,找出变化的原因,客观地分析对企业经营活动所产生的影响。例如,待处理固定资产损失是什么项目,是由什么原因造成的。审查时,还应根据企业的具体情况,分析变动的合理性,例如,固定资金组成结构未发生变动未必合理,可能是企业生产能力停滞的反映。

(4) 评价固定资金各项目组成的合理性。审查时应结合企业的生产规模、经营特性、固定资产的利用情况及固定基金的效果来进行。对审查中发现的不合理情况提出改进建议,促使被审计单位改进固定资产管理,改善固定资金结构。

(二) 审查固定资金运用效果

固定资金的使用效果反映的是固定资金的占用给企业带来的生产经营成果。审查时可以从产值、销售收入和利润率等经营成果方面来审查固定资金的运用效果。

1. 审查固定资金产值量

固定资金产值率也即固定资产产值率,通常以固定资产原值为计算依据,反映了每百元固定资金或固定资产原值生产的产值量。每百元固定资金生产的产值越多,说明固定资金利用的效果越好。其计算公式为

$$百元固定资金产值量 = \frac{全年总产值}{固定资产原值年平均余额} \times 100 \quad (5-48)$$

2. 审查产值固定资金占用量

产值固定资金占用量,即每百元产值占用的固定资金额,它与固定资金产值率互为倒数关系。每百元产值占用的固定资金越少,固定资金利用的效果越好。其计算公式为

$$产值固定资金占用量 = \frac{固定资产原值年平均余额}{全年总产值} \times 100 \quad (5-49)$$

3. 审查销售收入固定资金占用量

销售收入作为企业经营绩效的主要表现形式,也可用来反映固定资金使用的效果,通过计算每百元销售收入所占用的固定资金额来进行,其计算公式为

$$百元销售收入固定资金占用额 = \frac{固定资金年平均余额}{年产品销售收入} \times 100 \quad (5-50)$$

审查时,也可用其倒数来反映,即每百元固定资金所带来的销售收入,可用下列公式计算:

$$百元固定资金销售收入额 = \frac{年产品销售收入}{固定资金年平均余额} \times 100 \qquad (5\text{-}51)$$

4. 审查固定资金利润率

固定资金利润率也称固定资产利润率,通常以固定资产原值为计算依据,反映每元固定资产获利能力。其计算公式为

$$固定资金利润率 = \frac{利润总额}{固定资产原值年平均余额} \times 100\% \qquad (5\text{-}52)$$

(三)挖掘提高固定资金利用效果的潜力

对固定资金利用情况的审查评价的目的在于,提高固定资金的利用效果,对挖掘提高固定资金利用效果的潜力提出积极的建议。在挖掘潜力时,研究影响固定资金利用的因素,结合固定资金的实物形态,可以从以下三方面进行。

1. 提升固定资产的质量

固定资产的性能好、质量高,不仅生产效率高,还能节约生产费用。固定资产的质量应由固定资产采购部门把关,采购时要深入了解固定资产的厂家、商标、型号,以及固定资产的性能。在这一环节,企业应建立严格的控制制度,以实现固定资产购置的经济效益。

2. 固定资产的购置、使用、维修工作

固定资产购置时的安装、调试工作如不符合要求,将影响固定资产的性能,以至生产性能达不到设计要求,还会影响生产的正常进行。如果企业生产人员对固定资产的操作技术不娴熟,不仅影响固定资金使用性能的发挥,影响生产效率及产品质量,而且还可能使新固定资产遭到损坏,影响其使用寿命。此外,固定资产的日常维护、修理也会影响到固定资产的性能和效率。

3. 提高生产组织管理水平

各生产上下道工序的配合,各流程的有序进行,作业设计的安排合理,燃料及物料的供应及时,都是提高固定资产效用的影响因素。

二、审查投资资金利用效益

企业的投资包括短期投资和长期投资两个方面。企业的短期投资是企业平衡资金的一种手段,目的在于提高货币资金的使用效率,它对企业经济效益产生的影响是短期的。与短期投资不同的是,长期投资占用的资金多,占用资金的时间长,投资风险大,对企业的绩效影响则是长期的。因此,审查投资资金的利用效益重点审查长期投资资金的利用效果。

企业的长期投资项目主要包括长期债券投资、长期股权投资、固定资产投资和在建工程投资等。企业进行长期投资的目的在于扩大生产规模,并取得规模效益,增加投资收益,提高企业盈利能力。因此,审查企业长期投资资金使用效益可以从资金投入和投资产出的比例关系角度来进行,审查的内容包括投资资金使用的合理性和投资资金使用的效率和效果。对长期投资资金的审查,首先通过对项目可行性研究报告的分析,审查投资资金使用的合理性,是否符合国家产业、事业发展方向,确保项目在经济上合理,技术上先进,方案上最优,以最少的资金投入,达到最大的资金回报。其次,审查、分析、评价资金使用效果,这是经济效益审计的主要任务。

(一)审查长期投资资金使用的合理性

1. 审查投资项目的合理性

企业要使投资资金使用合理有效,首要是要正确确定投资项目,制定合理的投资决策,才能提高投资资金使用的安全性和收益性。因此,审查投资资金使用的合理性,应从资金的角度对投资项目的合理性进行审查。

(1)审查投资项目资金投入的依据。审查企业投资决策制定的依据是否可靠,对投资项目的选定是否进行了充分的调研。审查时应查明:是否进行了周密的市场预测,预测方法是否科学、合理;投资项目是否符合国家的产业政策和环保要求;投资项目所涉及的燃料、原材料及相关设施、条件是否优良,并能得到保证;投资项目所涉及的设备的优越性、工艺和技术的先进性能否得到保证等。

(2)审查投资项目资金投入的规模。在确定了企业投资项目合理性的基础上,应进一步审查企业对每个投资项目的资金投入规模,应查明以下情况。

① 资金投入的规模是否与投资决策的依据相符,有无脱离市场、技术能力和产业政策的实际情况。

② 企业确定投资规模时,是否设计了多个可行投资方案,并从中选择最佳方案。

③ 投资资金的估算是否合理,是否有事实依据。投资资金的支出包括了设备购置、土建工程和贷款利息等,应审查企业在确定投入资金估算时,是否考虑到了其他投资项目资金投入的保证程度。

④ 企业投入规模资金时是否遵循了节约的原则。审查企业机器设备的采用是否合理,有无超过企业实际需用水平的先进设备的采购情况,从而造成不必要的资金投入。

2. 审查投资资金投入计划及其完成情况

在审查了投资资金的投资规模后,还应对各项目的投资资金投入计划及完成情况进行审查。投资资金投入计划是对各投资项目的资金投入进行的具体安排,它在总额上受到投资规模的制约。审计人员在审查时,应注意以下问题:

(1) 审查投资资金投入计划制定的合理性。合理的计划有助于投资项目的正常进行。审查时,对计划制定的资金投入时间和投入金额进行审核,看其是否符合投资项目的实际情况。

(2) 审查投资资金筹资计划的可靠性。投资项目所占用的资金一般较大,为确保投资资金的落实到位,必须结合资金筹资审计,对投资资金的筹资情况进行专门审查。

(3) 审查投资资金投入计划的完成情况。通过查阅被审计单位管理当局的会议记录、财务部门的会计记录及其他投资的相关资料,结合在建工程的完工程度,审查被审计单位投资资金的实际投入情况,是否依计划进行,审查未按照计划进行资金投资情况对投资项目带来的影响,以及被审计单位采取的措施。

3. 审查预期投资资金的利用效果

一般而言,企业进行投资的目的在于获取一定的投资收益。预期的投资资金利用效果是企业进行投资决策和确定资金投入量的依据。审查时,不仅要审查预测的投资收益,还应评价预期的投资资金利用效果指标。

(1) 审查评价预期收益。对固定资产进行投资,应审查销售收入的预测是否可靠,是否建立在充分的市场调研基础上,对市场进行了科学预测,并充分考虑增加固定资产给企业带来的销售成本和财务费用的增加。对于长期债券投资和长期股权投资,审查企业是否对被投资单位进行了充分的了解,是否对投资风险进行了合理的评估,是否在充分权衡了投资收益和风险的基础上确定投资决策。

(2) 审查评价预期的投资资金利用效果指标。预期投资收益是制定投资决策与否的依据,而预期的投资资金利用效果指标则是计算预期投资收益的方法。这些计算方法的科学性和计算结果的可靠性影响到预期投资收益的测算。审查时,审计人员应对这些计算方法和计算结果进行比较,以评价企业进行投资决策的合理性和预期的投资资金利用效果。

评价预期投资资金使用效果的指标可以采用贴现指标法和非贴现指标法。非贴现指标,即没有考虑时间价值因素的指标,主要包括投资回收期、会计收益率等。贴现指标法考虑了货币的时间价值,主要包括净现值、现值指数、内含报酬率等。现代企业一般采用贴现指标法。

净现值是指特定方案未来现金流入的现值与未来现金流出的现值的差额。如净现值为正数,说明该投资项目的报酬率大于预定的贴现率,投资该项目是可行的。计算公式为

$$净现值 = \sum_{k=0}^{n} \frac{第k年的现金流入量}{(1+预定的贴现率)^k} - \sum_{k=0}^{n} \frac{第k年的现金流出量}{(1+预定的贴现率)^k} \qquad (5\text{-}53)$$

现值指数是未来现金流入现值与现金流出现值的比率,也称现值比率、获利指数。其主要优点是,可以进行独立投资机会获利能力的比较。如果投资项目的现值指数大于1,说明其收益超过成本,即投资报酬率超过预定的贴现率,则投资可行。现值指数是一个相对指标,反映投资的效率;而净现值是绝对数指标,反映投资的收益。计算公式为

$$现值指数 = \sum_{k=0}^{n} \frac{第k年的现金流入量}{(1+预定的贴现率)^k} \div \sum_{k=0}^{n} \frac{第k年的现金流出量}{(1+预定的贴现率)^k} \qquad (5\text{-}54)$$

内含报酬率法是根据方案本身内含报酬率来评价方案优劣的一种方法。所谓内含报酬率,是指能够使未来现金流入量现值等于未来现金流出量现值的贴现率,即使投资方案净现值为零的贴现率。内含报酬率如果大于贴现率,投资资金效果越好,反之,则不好。内含报酬率越高,资金使用效果越好。内含报酬率的计算,通常需要用"逐步测试法",代入多个贴现率,寻找出使净现值接近零的贴现率,即为投资方案本身的内含报酬率。

(二)审查长期资金利用的效果

对投资资金使用效果审查,通常可审查投资回收期和投资回报率。首先,通过净现值法和内部报酬率法,确定投资项目是否获利,获利能力究竟多少,投资回收期有多长,来分析投资资金的使用效果。此外,对现代企业还应考察长期资金报告风险,一般来讲投资收益率=无风险投资收益率+风险补偿收益率。投资风险价值的大小即风险程度的测定通常可采用概率论的方法予以估算。最后还要考察投资的实际效果,审查其是否达到了预期的目标。

1. 审查评价长期债券投资和长期股权投资利用效果

审查时,取得长期投资的有关资料,检查债券投资、股票投资等长期投资获得的收益。计算投资收益率,审核达到预期投资目的的程度。并对投资收益收回情况进行审查,查明实现的投资收益能否收回,有无虚假投资收益或根本无法收回的投资收益。

2. 审查评价固定资产投资经济效益

固定资产投资经济效益,是固定资产投资活动中投入与产出之间的比率。在固定资产投资活动中,投入表现为在固定资产建造和购置过程中消耗的人工、建筑材料及有关的费用,购置的设备、工具、器具;产出则表现为固定资产投资形

成的新增固定资产、新增生产能力（或工程效益）以及通过固定资产投资新增加的产值、利润和税金等。

审查固定资产投资经济效益是指对投资项目的建设速度、质量、成本、效益等因素对投资资金的有效性的影响。通过对投资效果进行审查评价，有助于明确经济责任，促进投资项目有关指标的完成。

(1) 审查投资项目建设速度。投资资金的利用效率直接受投资项目建设速度的影响，投资项目不能及时投产使用，投资资金的效用就难以发挥。主要评价指标有：

① 建设工期。审查时可将实际工期与计划工期进行比较，评价计划工期完成率，并评价由于实际工期比计划工期缩短所带来的效益。

$$\text{某项工程计划工期完成率} = \frac{\text{某项工程竣工实际日历时间}}{\text{某项工程竣工计划日历时间}} \times 100\% \qquad (5-55)$$

$$\text{缩短建设工期带来的经济效益} = \text{项目投产后年盈利} \times (\text{计划工期} - \text{实际工期}) \qquad (5-56)$$

投资项目建设工期短，说明建设速度越快，投资效果就越好，可以减少资金占用，提高资金利用效益。

② 生产能力建成率，是指一定时期内新增生产能力占同期施工规模的比率。它是以实物形态反映建设速度和投资效果的指标，适用于分行业、按产品种类进行分析。其计算公式为

$$\text{生产能力建成率} = \frac{\text{本期新增生产能力}}{\text{本期施工规模}} \times 100\% \qquad (5-57)$$

③ 投资项目交付使用率。该指标也反映了项目的建设速度，指投资项目中交付使用的比率。计算公式为

$$\text{投资项目交付使用率} = \frac{\text{审定的交付使用资产价值}}{\text{本期投资总额}} \times 100\% \qquad (5-58)$$

④ 房屋建筑物的竣工率。该指标审查房屋建筑物的完工程度，除可用计划工期完成任务率来评价外，还可用实物的完成程度来评价。计算公式为

$$\text{房屋建筑物竣工率} = \frac{\text{审定的房屋建筑物竣工面积}}{\text{房屋建筑物施工总面积}} \times 100\% \qquad (5-59)$$

⑤ 建设项目投产率。它是建设周期的逆指标，是指一定时期内全部建成投产项目个数与同期正式施工项目个数的比率。它是从建设项目建设速度的角度

反映投资效果的指标。其计算公式为

$$建设项目投产率 = \frac{本期全部建成投产项目个数}{本期全部正式施工项目个数} \times 100\% \qquad (5\text{-}60)$$

这一指标易受大中小型项目结构变化的影响，因此，应按不同规模分组的项目进行分别计算。该比率越大，表明建设周期越短，建设速度快，投资资金使用效率高。

⑥ 未完工程占用率。它是指年末未完工程累计完成投资额占全年实际完成投资额的比率，是从资金占用的角度反映固定资产投资效果的指标。其计算公式为

$$未完工程占用率 = \frac{年末未完工程累计完成投资额}{全年实际完成投资额} \times 100\% \qquad (5\text{-}61)$$

⑦ 达到设计生产能力年限。它是指建设项目或单项工程从建成投入生产（或交付使用）时起，到实际年产量达到设计能力时止所经历的时间。它是反映生产能力利用程度的指标。

达到设计能力年限的长短，同时受建设过程和生产过程的影响。建设过程从资源勘探、厂址选择、生产工艺的确定、设备选型与质量、施工质量、建设项目内部配套和外部协作条件等诸多因素，都会影响达到设计能力的年限。项目投产以后，生产技术水平、设备利用状况、管理水平以及原材料供应情况等，也会影响达到设计生产能力的年限。

(2) 审查投资项目建设的质量。项目建设质量也是评价投资资金使用效果的一个标准。审查时可以通过建设工程等级品率和工程返工损失率指标来评价。

① 工程等级品率。工程等级品率直接反映了工程质量的好坏。优良等级品率越高，表明投资资金使用效果越好。工程等级品率用公式表示为

$$工程等级品率 = \frac{本期各等级的工程项目个数}{本期验收鉴定的工程项目个数} \times 100\% \qquad (5\text{-}62)$$

② 返工损失率。反映工程不合格项目进行返工所造成的损失。该指标越高，表明资金的使用效率越不好。可用公式表示为

$$返工损失率 = \frac{投资项目返工损失金额}{投资项目累计完成金额} \times 100\% \qquad (5\text{-}63)$$

(3) 审查投资项目的建设成本。评价投资项目的建设成本的指标有：

① 投资资金降低(超支)率。该指标反映实际投资资金总额相对计划投资资金总额的节约或浪费情况。计算公式为

$$\text{投资资金降低(超支)率} = \frac{\text{计划投入投资资金总额} - \text{实际投入投资资金总额}}{\text{计划投入投资资金总额}} \times 100\% \tag{5-64}$$

② 工程成本降低(超支)率。该指标反映投资项目总成本的超支或节约情况,计算公式为

$$\text{工程成本节约(超支)率} = \frac{\text{投资建设工程总预算} - \text{实际建设成本}}{\text{投资建设工程总预算}} \times 100\% \tag{5-65}$$

③ 单位生产能力投资,也称为单位生产能力工程造价。它是指投产项目或单项工程平均新增每一单位生产能力(或工程效益)所耗用的投资。其计算公式为

$$\text{单位生产能力投资} = \frac{\text{投产项目(或单项工程)全部投资完成额}}{\text{该项目(或单项工程)新增生产能力}} \times 100\% \tag{5-66}$$

该指标计算时,要遵循分子分母口径一致的原则。分母是新增生产能力,一般按设计能力计算;分子一般可能有几个数字需要选择,一个是建设项目的全部投资完成额,一个是主体工程加配套工程的投资,另一个是主体工程投资等。该指标越低,说明投资项目耗用的资金越少,投资资金使用效率越高。

(4)审查投资资金使用的效果。投资资金使用效果审计是投资资金绩效审计的最重要的内容,审查时通常将实际数与目标数或计划数相比较,来评价投资资金使用效果的实现程度。主要评价指标有:

① 投资回收率。也称投资利税率,是投资回收年限的逆指标,是建设项目(或单项工程)建成投产后年平均利税额与建设项目(或单项工程)全部固定资产投资额的比率。计算公式为

$$\text{投资回收率} = \frac{\text{建设项目投产后年平均利税额}}{\text{建设项目全部固定资产投资额}} \times 100\% \tag{5-67}$$

如果将固定资产折旧作为固定资产投资回收的一部分,则投资回收率的计算公式为

$$\text{投资回收率} = \frac{\text{建设项目投产后年平均利税额} + \text{平均折旧额}}{\text{建设项目全部固定资产投资额}} \times 100\% \tag{5-68}$$

上述投资回收年限和投资回收率指标是以静态形式反映投资效果的指标,没有考虑资金占用的时间价值和价格变动的因素,在使用时应加以注意。

② 投资回收年限。它与投资回收率互为倒数,是指建设项目(或单项工程)从建成投入生产(或交付使用)时起,到累计实现的利税总额达到建设该项目(或单项工程)全部固定资产投资额时所经历的时间,通常以年数表示。计算公式为

$$投资回收年限 = \frac{建设项目全部固定资产投资额}{建设项目投产后平均年利税额} \tag{5-69}$$

如果将固定资产折旧作为固定资产投资回收的一部分,则投资回收年限的计算公式为

$$投资回收年限 = \frac{建设项目全部固定资产投资额}{建设项目投产后平均年利税额 + 平均折旧额} \tag{5-70}$$

③ 投资生产率。该指标反映每单位投资资金所带来的产量的增长额。计算公式为

$$投资生产率 = \frac{年平均产量增长数}{投资资金总额} \tag{5-71}$$

④ 新增固定资产产值率。是指建成投产的工业项目或单项工程每百万元新增固定资产所增加的产值。它是从增产的角度反映投资资金利用效果的指标。同行业的项目不同时期对比,单位新增固定资产的年值愈大,表明投资的利用程度愈高。其计算公式为

$$\frac{新增固定}{资产产值率} = \frac{本期生产的工业项目或单项工程本期生产的工业总产值}{同一工业项目或单项工程在建设中的全部新增固定资产} \times 100\%$$

$$\tag{5-72}$$

用这项指标分析投资效果时,要注意两方面的不可比因素,一是工业总产值(工厂法计算)本身的缺陷,厂内各工序之间有重复计算,并且受转移价值大小的影响;二是由投资形成的固定资产构成比例有差异,如生产性固定资产与非生产性固定资产的比例,设备价值与建筑安装工作量的比例等,都会对新增固定资产产值率产生影响。因此,不能把不同部门、不同行业的建设项目或单项工程的新增固定资产产值率简单地进行对比。

⑤ 投资占用率。该指标与投资生产率互为倒数,反映每增加一单位产品或单位产值所占用的投资资金额。该指标数越小,说明投资资金使用效果越好。

计算公式如下：

$$投资占用率 = \frac{投资资金总额}{年平均产量增长率} \times 100\% \tag{5-73}$$

3. 审查评价无形资产的投资效果

无形资产的投资效果是企业购入、开发和接受无形资产投资所取得的经济收益。它不仅反映在提高产品质量、增加销量、改善产品结构等方面，还表现为提高企业竞争力、增强企业发展潜力、获得转让收入等方面。对无形资产投资效果的评价可以用现金流量指标，包括现金流入量和现金流出量。审计人员在审查时，应取得与无形资产相关的现金流量资料，将现金流入量与现金流出量进行对比。与取得无形资产有关的现金流出量包括：

（1）开发、设计、研制或购置无形资产的全部支出；
（2）追加成本（在使用中进行改进、创新等投资）；
（3）取得和使用无形资产过程中的有关法律费用；
（4）其他有关的各项支出。

与取得无形资产有关的现金流入量包括：

（1）取得和使用该项无形资产而增加的收入；
（2）取得和使用该项无形资产而节约的成本；
（3）无形资产转让所得；
（4）使用无形资产过程中其他有关的收入。

以现金流量为评价标准决定了评价无形资产投资效果的方法应采用动态分析法。常用的分析方法包括净现值法、内含报酬率法和动态回收期法等。在上述方法中应注意的问题与固定资产投资基本一致，这里不再重复。

第五节 专用基金使用效益的审计

企业专用基金包括：更新改造基金、大修理基金、新产品试制基金、生产发展基金、后备基金、职工福利基金、职工奖励基金、承包风险基金、企业基金、设备更新基金、生物制品重大技术改造基金、城市专业影院维修改造专款等。对企业专用基金利用效益的审查，对于正确处理国家、企业、个人三者的利益，正确处理积累与消费的比例关系，加强企业基金管理具有重要意义。审查时，审计人员要结合财务审计，对专用基金的管理、利用情况进行审查，并评价其利用效益。

一、审查专用基金的管理情况

对专用基金管理情况的审查,主要审查以下方面内容:

(1) 审查企业是否严格按国家财政核定的比例或数额提取,有无擅自提高提取比例或数额的情况;

(2) 审查专用基金是否专户存储、专款专用,有无随意挤占或挪用;是否存在将生产性基金擅自用于非生产性支出或基本建设支出和擅自用于职工集体福利和职工奖励性支出的情况;

(3) 审查专用基金的使用,是否贯彻"量入为出,先提后用,专款专用,计划安排,不得超支"的原则,是否精打细算并合理、节约使用;

(4) 审查更新改造基金和大修理基金的管理和使用情况,这两项基金直接关联到企业生产活动。企业对重大更新改造项目是否建立了统一的工程指挥中心,对工程的计划、施工、财务、物资等方面进行协调衔接。

(5) 职工奖励基金的管理和使用情况,审查评价企业对职工奖励的依据是否真实合理,是否真正起到了激励作用。

(6) 审查职工福利基金的提取和使用范围是否符合有关规定,有无随意提高福利标准,滥用福利政策的情况。

二、审查更新改造基金使用效益

对重大项目更新改造基金使用效益的审查,可以通过以下指标来评价:

$$劳动生产率提高比例 = \left(\frac{更新改造后的产量定额}{原有的产量定额} - 1\right) \times 100\% \tag{5-74}$$

$$单位产品原材料燃料节约金额 = (原有消耗定额 - 更新改造后消耗定额) \times 单价 \tag{5-75}$$

$$产品质量提高的直接效益 = (更新改造后的合格率 - 原有产品合格率) \times 产品产量 \times 合格品的售价 \tag{5-76}$$

$$设备完好率的提高比例 = 更新改造或大修理后的设备完好率 - 原有设备完好率 \tag{5-77}$$

$$更新改造资金投资回收期 = \frac{更新改造资金投入总额}{更新改造后每年的现金流入量} \tag{5-78}$$

三、审查职工奖励基金和福利基金的使用效益

对职工奖励基金的审查,主要审查奖励基金的使用是否贯彻奖勤罚懒、奖励

先进的原则,是否起到了调动职工积极性的作用。审查时,可对比奖励前后的产量额定完成情况,技术革新情况,生产效率的提高情况来进行评价。

职工福利基金的审查内容主要是,审查职工福利基金的具体用途,支出数额的合理性和合法性,对于支出金额较大的项目,应分别情况进行审查评价其使用效果。

第六节 企业全部资金整体效益的审计

前面我们从企业的经营各阶段和占用资金的各项目分别对企业资金的使用情况和使用效果进行了审查评价。另外,审计人员还有必要对企业全部资金的使用效益从全体角度进行审查评价。审查企业资金计划的合理性、资金的结构是否达到最佳,通过分析流动比率、速动比率、资金利润率,审查企业的偿债能力,评价企业资金的综合平衡能力以及资金的使用效果,促使企业资金结构趋于合理,提高资金的利用效益。

一、审查资金计划

资金计划制定情况直接影响到资金的筹集、投入和使用的情况,从而进一步影响到资金的使用效益和企业的经营绩效。主要审查以下几个方面内容:

(1) 审核资金计划的合理性。审查时,获取资金计划表,根据企业的生产规模和经营特点,评价企业的资金计划是否是基于生产经营的实际情况制定的。

(2) 审查资金计划的完成情况。分别审查筹资计划和资金投入计划的实施情况,评价企业是否能够及时、足额筹资到计划所需的资金,资金的投入是否按计划进行,有没有因资金投入滞后或投入不足而影响生产或工程实施的情况。

二、审查资金的内部控制制度和管理情况

涉及资金的内部控制,包括筹资控制和资金使用时物资采购储备量控制、生产配套和均衡性控制、在产品和自制半成品控制、固定资产投资控制、设备更新和改造控制等。主要审查以下方面:

(一) 审查评价资金内部控制的合理性

审查企业是否建立健全了资金的内部控制制度,能否做到资金收支与记账的岗位分离;资金业务的会计处理及时准确;定期对资金进行盘点核对。

(二) 审查评价资金内部控制的有效性

能否确保企业及其内部机构和人员全面落实及实现财务预算的过程,主要

审查：

（1）企业是否围绕资金控制建立了有效的组织保证。是否建立了相应的监督、协调、仲裁、考评机构，并将这些机构的职能合并到企业的常设机构中。是否建立了各种执行预算的责任中心，分别对分解的预算指标进行控制。

（2）企业是否建立了有效的内部控制制度作保证。资金内部控制制度必须与其他内部控制制度协调配合运作，才能发挥其有效性。

（3）企业是否有有效的信息反馈保证。资金控制是一个动态的控制过程，要确保资金预算的实施，必须对各责任中心执行预算的情况进行跟踪，获取反馈信息，不断调整偏差，使资金预算更加合理，执行更加有效。

（三）审核资金的管理情况

资金管理是保证资金安全性和使用的有效性的控制方式。审查时，可着重检查以下方面：

审查企业对资金是否建立结算中心制度，实行资金集中管理办法，严格控制多头开户和资金账外循环，保证资金管理的集中统一。审查企业是否在对资金进行集中管理的前提下，对各项资金进行归口管理，比如，对银行存款、应收账款、存货资金和固定资金分别设定相应的管理部门，并制定各归口部门资金占用的控制定额。

审查资金管理部门对资金的控制方式和措施，评价这些方式和措施能否加强资金的筹资管理和投资管理，资金管理部门是否对资金的使用进行了事前、事中和事后控制，并定期对资金使用情况进行分析。

三、审查企业资金的综合平衡能力

评价资金的综合平衡能力主要依据审查资金的构成情况、资金的增减情况和企业的偿债能力。资金构成情况的审查在前面已经介绍了，这里不再涉及。审查时，主要考虑以下方面：

（一）审查资金的增减变动情况

将本期计划的资金流量与上期计划的资金流量进行比较，分析本期计划资金流量发生增减变动的具体项目，及增加资金的具体筹资方案的可行性。将实际资金流量与计划资金流量比较，评价资金增减变动的合理性，同时评价企业的资金平衡能力。

（二）审查企业的偿债能力

从企业资金的筹资渠道和资金结构来看，有一部分资金是借入资金，形成企业的负债，这部分负债需要企业在一定期间内偿还本金并支付利息。如果企业不能到期偿债,一方面反映了企业的财务状况;另一方面会影响到企业日后的举债能力,并对经营和资金平衡能力产生影响。审查企业的偿债能力可以从短期偿债能力和长期偿债能力两方面来评价。

1. 审查企业的短期偿债能力

企业的短期债务需要用企业的流动资产来偿还,同样,企业到期的长期债务,一般也要用流动资产来偿还。如果企业的短期偿债能力不佳,也意味着偿还长期债务会存在问题,股东应分派的利润和利润的支付也会成问题。评价企业短期偿债能力的财务指标有流动比率、速动比率、流动资产构成比率等。

(1) 流动比率。又叫营运资金比率,即企业流动资产与流动负债之间的比率,是衡量企业短期偿债能力最通用的指标。流动比率值越大,表明企业的短期偿债能力越强,并表明企业具有充足的营运资金。一般情况下,财务状况正常的企业,其流动资产应远高于流动负债,最少不得低于1∶1,一般以大于2∶1较为合适。其计算公式在前面已介绍了,这里不再赘述。

(2) 速动比率。又叫酸性测验比率,是企业的速动资产与流动负债的比率。速动比率删除了流动比率中存货变动能力相对较差的影响。因此,速动比率比流动比率更能准确地反映企业的短期偿债能力。一般认为,正常的速动比率为1,即速动资产刚好能抵付债务就行。

(3) 流动资产构成比率。这是计算资产负债表上每一项流动资产在流动资产总额中的比率,其计算公式为

$$\frac{每项流动资产在流动}{资产总额中的比率} = \frac{每一项流动资产}{流动资产总额} \qquad (5-79)$$

这个比率的作用在于,一是了解每一项流动资产所占用的投资额;二是弥补流动比率的不足,达到检测流动资产构成内容的目的。

(4) 现金流动比。也称现金流动负债比,它反映经营活动产生的现金对流动负债的保障程度。用公式表示为

$$现金流动负债比 = \frac{年经营活动现金净流量}{期末流动负债} \qquad (5-80)$$

2. 审查企业长期偿债能力

对企业的长期偿债能力,主要评价企业偿还本金和支付利息的能力。企业长期偿债能力的强弱,不仅关系到投资者资金的安全,而且关系到公司扩展经营能力的强弱。评价企业长期偿债能力的指标主要有:

(1) 资产负债率。资产负债率是企业负债总额与资产总额的比率,资产负债

率反映企业全部资产中有多大比重是通过借贷获取的,可以衡量债权的保障程度。其计算公式为

$$资产负债率 = \frac{负债总额}{资产总额} \times 100\% \quad (5-81)$$

从长期偿债能力的角度看,该比率越低,债权人所得到的保障程度就越高。对该指标的评价还要根据企业的环境、企业的经营状况和盈利能力等来综合评价。

(2) 产权比率。即负债总额与股东权益之间的比率,它表明企业每一元资本吸收了多少元负债,其计算公式为

$$产权比率 = \frac{负债总额}{股东权益} \times 100\% \quad (5-82)$$

产权比率越小,表明股东所投资的资产越多,债权人的债权越有保障,并表明企业对外负债和利息负担相对减少,财务危机发生的可能性越小,反之则表明一个企业负债越来越多,自有资本越来越少,从而财务不健全,一般认为负债比率的最高限为 3∶1。

(3) 固定资产对长期负债比率。即固定资产与长期负债之间的比率,这一比率可显示公司尚有多少固定资产可供长期借贷的抵押担保,也可显示长期债权人权益安全保障的程度。一般认为,这个比率得超过 100%,越大则越能保障长期债权人的权益。计算公式为

$$固定资产对长期负债比率 = \frac{固定资产}{长期负债} \times 100\% \quad (5-83)$$

(4) 利息保障倍数。利息保障倍数是指企业息税前利润与利息费用的比率。该指标反映企业息税前利润为所需支付的债务利息的多少倍,它可用于测试企业偿付利息的能力。其计算公式为

$$利息保障倍数 = \frac{息税前利润}{利息费用} \quad (5-84)$$

利息保障倍数越高,表明债权人按期收到利息的保障系数越大。因此,这个比率为长期债权人所常用,以评价长期债务的安全程度。从长远看,利息保障倍数一般至少要大于 1。审计人员评价时,须将其与其他企业,特别是本行业平均水平进行比较;同时从稳健性角度出发,比较企业连续几年的该项指标,并选择最低指标年度的数据作来标准,与企业最低的偿债能力比较,分析评价企业本年

度的偿债能力。

四、审查资金使用的综合效益

审查资金使用的综合效益主要利用利润指标,审查时也可运用资金的周转率和利用率指标,也可从借入资金的成本效益角度来评价。

(一)审查全部资金的周转率

全部资金周转率指标也包括资金周转次数和资金周转天数,计算公式分别为

$$资金周转次数 = \frac{全年资金周转额}{全年资金平均余额} \tag{5-85}$$

$$资金周转天数 = \frac{报告期天数}{资金周转次数} = \frac{全年资金平均余额 \times 360}{全年资金周转额} \tag{5-86}$$

式 5-85、5-86 中,全年资金周转额以全年的销售收入、销售成本来计算。全部资金周转次数越多或周转天数越少,表明全部资金的周转速度越快,资金的使用效率越高。

(二)审查借入资金的成本效益

企业借入资金是需付出一定的成本代价的。企业借入资金时需要考虑成本效益原则,权衡资金成本率与资金给企业带来的利润率的高低,进而进行筹资和投资决策。审查借入资金的成本效益是从资金成本的角度来分析评价企业资金使用的效果。其计算公式为

$$借入资金使用效益 = 借入资金额 \times 平均年资金利润率 \times \frac{借入资金占用天数}{360} - 借入资金支付的利息 \tag{5-87}$$

(三)审查资金的利用率

资金利用率指标主要反映资金利用所带来的生产经营成果。计算公式为

$$资金利用率 = \frac{生产经营成果}{企业资金平均余额} \times 100\% \tag{5-88}$$

式 5-88 中,生产经营成果可分别用产值、投资收益和利润等来计算。该指标越高,表明资金的利用率越高。

(四)审查资金利润(率)完成情况

1. 审查企业资金实现利润额的情况

企业进行资金投资的目的在于追求实现企业价值的最大化或利润的增长。审查实现的利润额是从利润的绝对额角度来考核企业利润的计划完成情况,并

与上年度比较,分析其增减变动情况。

对企业实现利润额的增长也可从上交所得税和税后利润来反映。上交所得税和税后利润也有实际数和计划数。将实际数与计划数相比,审查其计划完成情况;与上年同期相比,审查企业是否实现上交所得税和税后利润的增长。

2. 审查企业资金利润率完成情况

资金利润率是从价值角度综合反映企业占用物资与提供新增价值的比例。该指标从整体上反映了资金的运用效果。资金利润率数值越高,反映新增价值越大。它们的计算公式为

$$资金利润率 = \frac{利润}{资金平均余额} \qquad (5\text{-}89)$$

$$= \frac{销售收入}{资金平均余额} \times \frac{利润}{销售收入} \qquad (5\text{-}90)$$

$$= 资金周转率 \times 销售利润率 \qquad (5\text{-}91)$$

对资金利润率完成情况的审查,主要将其与计划数和上年实际数相比较,考核其计划完成情况及比上年的实际增减变动情况。对未完成计划或较上年实际数减少的情况,应分析产生差异的原因,对影响资金利润率的因素进行因素分析,提出改进措施,挖掘提高资金利润率的潜力,全部提高资金的使用效益。

影响企业资金利润率的因素是多方面的,因此,在对资金利润率进行审查时,审计人员还应结合宏观经济效益、长远经济效益、市场环境对企业中某些不能用价值反映的经济效益进行客观评价。

第六章 行政事业单位绩效审计

第一节 行政事业单位绩效审计概述

一、行政事业单位绩效审计的意义

绩效审计的主要目标就是检查评价被审计单位上述经济性、效率性、效果性的实现程度,发现问题,提出改进建议。同其他审计种类一样,绩效审计产生和发展的理论基础是受托经济责任关系。绩效审计起源于这样一种经济责任关系:政府作为受托方对公共资源进行管理和经营,在资源越来越少的情况下,对公共资源的所有者——公众负有不断提高公共资源的使用效率和效果的责任。行政事业单位进行绩效审计具有其独特的意义。

(一)改变了行政事业单位管理职能,促进其提高管理水平,推动其提高工作效率

绩效审计使政府审计由经济警察变成了被审计单位的智囊团、顾问团,颇具建设性。传统的审计着力点是"向后看",而绩效审计的着眼点是"向前看"。向后看,即审计着眼于发现被审计单位既往存在的问题和错弊,最多也只是当前存在的问题,然后依照国家的法规、规章、有关规定以及会计准则、审计准则来加以纠正,更多的是关注已经发生事情。向前看,即审计的着力点放在如何改进被审计单位的经营管理,提高效率上来。绩效审计行为,尤其是审计意见和建议客观上已经成为政府部门、单位改进管理、提高效率的原动力和助推器。绩效审计更多的是关注被审计单位的未来,通过对目前状况的评估以及风险分析,提出适合被审计单位特点的审计意见和建议,从而堵塞漏洞。

从国外政府绩效审计开展情况来看,政府绩效审计对政府管理来说具有三个重要的作用:(1)政府绩效审计有利于促进政府部门适应社会的需要,促成它们达成各自的管理目标,节约政府支出,提高行政效率,改善公共管理绩效;(2)政府绩效审计有利于政府部门加强内部控制。有效地使用各种公共资源,从

而建设起一个廉政的取信于民的政府；(3)政府绩效审计活动能够促进国家财政收支计划以及政府项目目标的实现；(4)政府绩效审计活动能够促使政府更加重视公共责任,切实维护人民的根本利益。

(二)从公共资源所有者的角度来说,它是一种重要的制约和监督机制

我们知道,传统的财务审计只能对有关公共资源的财务信息的真实性和公允性发表意见,而对于财务报表使用者,也就是公共资源的所有者,所需要的更多的有关公共资源使用和管理的有效性方面的信息,却没有涉及和反映。绩效审计弥补了传统财务审计的这一局限。审计机关通过开展绩效审计,对有关公共资源使用和管理的有效性进行客观独立的审查和评价,向公共资源的所有者提供有关公共资源使用和管理有效性方面的信息。另外,审计机关通过开展绩效审计,及时发现公共资源的使用和管理过程中的不合规、不经济、缺乏有效性的行为,客观上起到了检查、制约和督促公共资源使用和管理者的作用。因此,对于公共资源的所有者来说,审计机关开展绩效审计是一种重要的监督制约机制。

(三)对于公共资源的使用和管理者来说,绩效审计发挥了重要的建议和帮助的作用

审计机关通过开展绩效审计,从第三者的角度,对公共资源使用和管理的有效性及存在的问题进行客观的、专业的分析,同时确认问题的原因,提出现实的、可操作的解决办法,可以帮助公共资源的使用和管理者认识并提高管理水平和服务质量,寻求消除浪费和提高效率的途径,同时加强其管理和使用公共资源的责任感,提高公共资源利用的经济性、效率性和效果性。确认问题的程度和原因及解决办法,改进公共资源的使用和管理,增强责任感,这是绩效审计的核心价值所在。换句话说,绩效审计的价值不仅在于那些可衡量的有形利益,更重要的在于它创造了有助于公共部门管理者及项目的竞争气氛,增强了管理者的责任意识和追求完美的意识,从而推动了资源利用的有效性。因此,对于公共资源的使用和管理者来说,绩效审计具有建议和帮助的作用,是富于建设性的。

二、行政事业单位绩效审计实务操作的内容与重点

行政事业单位绩效审计,应从以下三个方面进行。

(一)部门(或单位)预算编制与执行情况

随着公共财政框架的构建,我国初步建成了部门预算的基本框架和制度体系。通常公共支出体系由政权建设领域、事业发展领域、公共投资领域、收入分配调节领域等四个方面组成。由于这些领域的政权机关和公益性事业单位无法

通过市场交换方式补偿其消耗的成本,因此,必须以公共预算拨款的形式来保障其正常运转的资金需要。绩效审计就是要注重审查行政事业单位执行这些改革制度的情况;审查其在履行职责过程中使用和管理公共资源的经济性、效率性和效果性;着重审查公共资源配置是否体现了"一个适应"和"三个要求"。即部门预算编制是否与经济发展水平相适应,合理地保证"事业运转"(吃饭)与"事业发展"(建设)的需要;支出结构安排上是否体现公共财政的要求,有效地解决公共支出"越位"与"缺位"的问题;分配中是否按照构建和谐社会的要求,注重支出的结构调整和优化,是否按照提高公共资源利用效率的要求,体现"成本—效益"的原则。通过审计部门(或单位)预算的编制情况,揭示改革过程中存在的制度不落实、改革不到位、运作不规范等因素导致公共资源使用不合理问题,进而推动部门预算编制体系的不断完善,合理配置公共资金,从根本上规范行政事业单位资金支出管理,提高公共资源的使用效率和效果。

审查行政事业单位预算执行情况。主要包括:

(1) 经批准的预算是否严格执行,预算调整是否按规定的程序报批,支出是否存在超预算问题;

(2) 主管部门是否依法及时向所属单位批复经费预算,是否及时、足额拨付预算资金,有无截留、拖欠和越级拨款问题;

(3) 人员经费支出是否按照规定的范围和标准执行,有无超标准发放奖金、津贴和福利;

(4) 公用经费是否统筹安排、计划开支、合理使用;

(5) 审查房屋、车辆等固定资产拥有量及维护、管理、利用情况,其他办公资源配置是否合理有效,行业或部门是否建立闲置资产存量资产调剂使用等财产管理和处置制度,有无资产闲置浪费现象;

(6) 部门单位工作目标(经济目标、事业目标)完成情况,各项经费开支是否取得较好的经济效益和社会效益,有无损失浪费问题。

(二) 专项资(基)金的管理与使用情况

主要指政府部门管理的专项资(基)金,如社会保险、社会救济、社会福利、优抚安置等社会保障资(基)金、农业专项资金等的管理与使用情况。通过对这些资(基)金的审计,发现资金管理和使用过程中存在的问题,揭示资金管理单位因截留、挪用等管理不善造成的损失浪费现象,规范其资(基)金管理,最大限度地发挥公共资金使用效益。

(三) 行政事业单位国有资产管理与运作效益情况

主要结合现行的国有资产经营管理、收益收缴管理等办法,通过检查国有资产投资、调配、拍卖、转让、出租等的运作情况、收益核算情况和使用管理情况，找出行政事业单位在国有资产运作中存在的诸如管理不规范、效益不明显或资产资金损失浪费等方面的问题，揭示在深化产权制度改革中存在的问题，促进行政事业单位国有资产运作与经营行为的规范化，加强行政事业单位国有资产运营风险控制，提高行政事业单位国有资产运作效益，实现行政事业单位国有资产保值增值。

三、开展行政事业单位绩效审计实务操作的关键点

在传统的真实性、合法性审计的基础上，如何有效开展绩效审计，既保证审计质量，又能体现审计成果，已成为一个摆在行政事业审计面前的新课题。笔者认为，当前开展行政事业单位绩效审计，进行实务操作时应当注重以下五个方面。

（一）坚持与财政财务收支审计有机结合

《审计署2003—2007年审计工作发展规划》指出，"在审计内容和审计方式上坚持'两个并重'"，"实行财政财务收支的真实合法审计与绩效审计并重，逐年加大绩效审计份量……绩效审计以揭露管理不善、决策失误造成的严重损失浪费和国有资产流失为重点，促进提高财政资金管理水平和使用效益……"绩效审计离不开财政财务收支真实性、合法性审计，尤其在我国目前虚假会计信息还大量存在的情况下，还必须把绩效审计与真实性、合法性审计有机结合起来，以财政财务收支审计为基础，保证绩效审计在真实信息资料的基础上开展。

（二）找准切入点，强化行政事业单位资金的全过程审计

现阶段，应着重搞好试点，积累经验。在行政管理、科技教育、环境保护、公共卫生、社会保障、民政等重点领域、重点部门和资金投入大、政策性强、社会关注焦点中，选择一些典型行业、单位或项目进行试点绩效审计，作为开展绩效审计的突破口，监督公共支出和公共资源配置使用的经济性，揭露严重影响资金效益的问题。因为现阶段这些方面存在的问题不少，由此入手开展行政事业单位绩效审计，易操作，好突破，可以直观地反映资金损失浪费和效益低下等问题，容易取得成果。通过对这些资金经济性的监督，能够为效率性、效果性审计探索积累经验，为今后开展绩效审计打好基础。如对全国农村中小学危房改造资金的专项审计，可从危房质检、审批立项、投资估算、预算编制、项目决算以及固定资产管理（包括移交、建账）等环节进行审计，着重审计立项的科学性、项目资金管理及建设成本的效益性等，可根据不同的需要，开展事前、事中及事后审计。检查危改专项资金安排是否合理，有无违背国家"集中投入，建一所成一所"的要求，项目资金安排过于分散，随

意性较大,"撒胡椒面",造成资金使用效益低下及损失浪费情况。

(三)转变审计思路,灵活运用各种取证方法,保证证据的充分性和可靠性

传统的财务审计主要从资金入手进行详细审计,从账册、凭证中取得审计证据。绩效审计则需灵活地根据不同项目的审计目标选择不同的切入点,沿着项目的整个业务流程开展审计工作,因此,要学会科学运用抽样审计技术方法,审计证据的采集要大量采用询问、观察、分析和调查表等审计方法,有些则需要结合审计经验判断来进行审查,取证时特别要注重事物的实质而非表象。因此,审计人员必须努力选择切题的方法和技术的同时,提高样本的代表性和增大调查的样本量,遵循谨慎性原则,积极利用专家意见,提高证据的专业水平,自始至终都要对证据的充分性和可靠性给予特别的关注,以增强对总体推断的准确性,最大限度地规避不必要的风险。

(四)灵活运用审计调查手段

从某种程度上来说,常规审计,在对象、范围、内容等方面存在一定的局限性;而审计调查则具有范围广、覆盖面大、针对性强、方式灵活等优势,审计调查是审计的有效补充。如对再就业资金的专项审计时,通常情况下,审计对象主要是财政部门、劳动和社会保障部门。但从资金流向和资金使用角度看,再就业资金从上级财政部门拨付至区级财政部门,区财政部门再拨付至劳动再就业部门,劳动再就业部门再将资金拨付至各街道办事处,街道办事处将该项资金支付给个人。作为审计人员,就要通过审计调查了解该项资金的流向,清楚该项资金拨付全过程,然后,沿着资金拨付渠道延伸审计至街道办事处,再通过审计调查核实此项资金是否落实到个人(具体对象),具体对象是否符合该资金的救助范围,以此来核实财政部门、劳动部门以及街道办事处落实政策是否到位。所以,审计机关监督社会保障体系是否有效运转,只有结合常规审计,灵活运用审计调查手段,才能更有效地履行审计监督职能。

(五)探索、设计科学的绩效审计评价体系

绩效审计必须要通过一定数量、质量、效益指标等,将非量化转化为可量化的效益。如前文所述,绩效审计面临着评价体系缺失的尴尬,而审计作为一门严谨的学科,科学性强,可操作性要以严密的逻辑和准确的定性为基础。近年来,我国在开展行政事业单位财务审计中虽然不断地渗透绩效审计理念,但在作审计结论和审计评价时,却常常无"标尺"可衡量。比如,对某校某年度财务收支进行审计,从账面上看,支出绝对数字较大,且超出预算较多,但通过审计,并结合审计调查发现,支出基本真实、合法,并且该校负债规模不大,支出之所以大是因为该校正处在快速发展阶段,教学成果和社会效应显著。审计人员在对该校进

行审计评价时,却难以找到合适的评价体系做出客观、公允的评价。因此,探索建立行政事业单位绩效审计评价标准体系,应该立足于公共支出管理目标现实和发展前景,参照国家人事部《中国政府绩效评估研究》课题组所提出的"注重效果为本、强化客观评价、操作性强、先易后难"等原则,通过一定的量化指标或描述性的表达方式,设计出一套客观的、现实的评价指标体系。如总体评价类指标,包括审计的项目资金、有关国家方针政策规定、财政法规规定、预期任务目标、社会评议反映以及内部控制评价等;又如资金投入类指标,包括部门资金的预决算、资金投入率、资金节约率等。如此等等,最终要兼顾客观与现实,寻求并建立一种公认的、不存在异议的效益评价指标体系。

第二节 行政单位绩效审计

行政单位又叫行政机关,是指根据宪法、法律和国家立法机关授权,行使国家行政职能,执行法律,组织和管理国家行政事务的组织机构。在法律上和实践中通称为政府,指统治者运用国家权力,通过强制和非强制手段对国家经济、政治、教育、科技、文化、卫生、国防等事务进行组织和管理的机关。行政机关包括最高国家行政机关和地方国家行政机关,其中,最高国家行政机关即中央政府是国家行政机关的核心。我国的最高国家行政机关是国务院,地方国家行政机关分为省(自治区、直辖市)、州或县(市、区)和乡镇三级人民政府。国家行政机关是国家权力机关的执行机关,各级国家行政机关都由本级人民代表大会产生,对本级人民代表大会及其常委会负责并报告工作,受其监督。下级国家行政机关受上级国家行政机关的领导,地方各级国家行政机关服从国务院的统一领导。

行政机关具有如下特点:

(1)行政机关是国家机关,是由国家依宪法和相关组织法设置并授予职权、代表国家进行管理活动的机关。因此它区别于政党、社会组织、团体。

(2)行政机关的各项活动经费主要依赖国家预算拨款。

这些单位经济活动和管理的有效性直接地决定了我国其他企业单位经济活动的效率和效果,因此加强对行政机关的绩效审计,对提高我国各级政府管理部门工作的效率和水平更具有重要的意义。

一、行政单位绩效审计的意义

(一)开展政府绩效审计是我国行政体制改革的需要

当前我国行政管理中,存在着突出的问题:机构臃肿,人浮于事,效率低下,浪费严重。对于这些问题的解决,开展政府绩效审计是一个很好的管理办法。政府审计机关开展绩效审计,致力于公共财产效益的提高和社会整体福利的改善,实现政府审计由纯粹监督机制向完善的公共财产激励约束机制的转变。加入WTO后,客观上要求进一步完善我国的民主和法制建设。随着法制的逐步完善,民主意识逐渐深入人心,公众对政府行为的民主监督意识得到增强,对政府工作效能提出了更高的期望和要求。其中包括要求政府管理使用公共资源必须经济、合理、有效率,并能取得预期的效果。为此,只有开展绩效审计,建立完善有效的政府绩效审计制度,对政府部门的管理投资项目的经济性、效率性和效果性进行审查监督,并适当地进行审计公告,才能便于公众对公共收支的经济性、效率性、效果性进行有效的了解与监督,提高人民参与监督的积极性,从而更好地发扬社会主义民主,推动社会主义民主政治体制的完善和发展。更好地促进政府提高整体诚信水平和工作成效。

(二)开展政府绩效审计有利于提高政府的责任性,建立廉洁、勤政、高效的政府机构

我国是社会主义国家,一切权力属于人民,政府作为受托人,对公共资源进行配置、管理和利用,在资源既定或越来越少的情况下,作为受托人的政府对人民负有不断提高配置、保护和利用效率和效果的公共责任。这种责任是否得以履行,需要通过政府绩效审计来判定。另外,政府在公共管理的过程中,形成了政府自身以及政府管理人员的利益,出现了政府自利性现象。对于政府的自利行为,开展政府绩效审计,以绩效为导向,矫正政府的自利行为,是一种切实有效的管理手段。

在经济发展的过程中,由于某些不正常因素的诱惑,尤其是拜金主义的渗透,使得一些政府职能部门的官员把国家和人民赋予的管理权视为个人特权,使政府部门非但不能正常发挥、行使其职权,反而对社会上的腐败现象起着火上浇油的作用。实施政府绩效审计可以在财务审计的基础上,从政府开支的成本—效益,成本—效果角度来衡量其物质资源、人力资源配置与消耗的合理性、有效性。而这些内容直接反映了政府机构设置是否合理,政府公务员是否负责,能力与责任是否匹配,是否存在贪污、浪费问题,从而可以从源头上发现和揭露腐败现象,促进党风和政风好转,维护社会稳定,巩固政权,这是无法用数字估算的重要作用。

(三)开展政府绩效审计有利于促进政府职能有效转变的需要

随着计划经济向市场经济的转变,经济增长方式从粗放型向集约型转变,客观要求政府转变职能,从直接控制或参与市场转换到宏观调控、社会管理和公共

服务上来。为了促进我国政府职能顺应 WTO 的要求而进行有效转变,作为具有政府审计监督权的国家审计机关的审计职能也必须发生相应变化,它要求国家审计机关必须彻底改变过去那种只重视审计监督职能,以查处违法违纪为主,忽视全面发挥审计监督、鉴证、评价三大职能作用的全方位监督;事后监督、重复检查多,防范性、事前事中监控少的状况,必须采取包括绩效审计在内的一系列监督措施,促进政府职能的真正到位。通过开展绩效审计,一是查处并报告政府组织的行为、项目、活动中存在的重大的违法违规现象;二是查处并报告政府组织在管理方面存在的重大缺陷和可挖掘的重大潜力;三是对政府组织提出纠正错误、改善管理的建设性建议;四是评价、鉴证政府组织的管理绩效,从而促使政府部门真正实现勤政、高效、廉洁。

(四)开展政府绩效审计有利于提高公共财政支出绩效

随着市场经济体制的建立,我国政府的财政支出的主要导向应该是弥补市场的失效,并倾向于高绩效的行政活动。这就要求,政府在财政收入既定的前提下,对财政支出的绩效进行经常地持续性地检查和监督,加强财政支出控制,改善财政支出绩效。然而,我国财政支出存在一些问题:比如我国财政连续几年来都出现赤字,财政状况比较困难;我国目前财政支出的结构还很不合理,财政支出的绩效不高。许多政府部门事业单位还存在着重收入轻支出、重开源轻节流的理财观念,财政支出缺乏有力的控制,存在着大量的浪费现象;另外,目前我国对财政支出的效益性重视不够,扶贫基金拨付人情化,项目基金转移、截留、挤占、挪用、不按法定程序办事,以及损失浪费等问题比比皆是,重大建设项目规划短视等造成的经济和社会效益损失难以估计。在我国财力有限,对财政收入缺乏系统有力的监督机制,财政收支社会效益分析整体机制也尚未形成的情况下,迫切需要政府绩效审计充分发挥经济监督职能和管理职能,促进政府部门正确决策,有效履行职责,不断提高管理绩效,充分发挥财政对国民经济和社会发展的促进作用。

(五)维护自然资源和生态环境平衡的需要

在前工业经济时代,经济发展和社会进步主要依靠的是加大对自然资源的利用强度,但从人类发展的长远来看,资源匮乏、生态失衡都对人类社会生存和发展造成了威胁,使人们不得不重新审视现有的经济发展模式,从而使社会可持续发展的集约型增长方式成为必然。在国际潮流和我国国情共同影响下,我国政府制定了经济增长方式由粗放型向集约型转变的战略。这一战略要求重视科学技术和先进管理对经济发展和社会进步的贡献,要求政府审计作为一种推进资源平衡高效利用的机制,增强对财政收支及公共事业效益的审查和评价,并形成微观与宏观相结合的治理评价体系。

二、行政单位绩效审计在我国的现状

我国自1983年恢复政府审计制度伊始，就意识到了政府绩效审计的重要性，明确提出了开展绩效审计，并在开展绩效审计的同时，着手于理论建设，取得了很大成就。政府绩效审计随着经济效益理论与实践的发展而逐步发展、成熟起来。

首先，在理论上，我国政府绩效审计理论（即我国的绩效审计理论）研究正式始于1982年新《宪法》颁布和我国正式实行审计监督制度之初。我国的绩效审计理论经过二十年的发展与实践，吸收了西方绩效审计理论的精华，借助相关学科理论方法，初步形成了绩效审计理论体系。但其研究领域狭小，结构和内容尚不完备，绩效审计尚未脱离财务审计而成为真正独立的学科，未能充分体现绩效审计的特点，特别是涉及社会、政治、经济和审计体制等深层问题的理论探讨，总的来说仍处于尝试探索阶段。

其次，在实务上，目前我国的政府审计从总体上看，仍处于传统的合法性和合规性审计（财务审计）阶段，并没有开展真正的绩效审计。我国财政并不是真正意义上的公共财政，还大量并存着以盈利为目的的国有资产财政。绩效审计正是在改革开放之后国有企业每况愈下的客观压力中提出和实施的。因此，可以说，绩效审计主要是为了国有资产财政部分的效益；而公共财政部分所开展的审计，仅限于会计纪录的真实、完整及财政收支的合理合法，与真正意义上的绩效审计相距甚远。1991年全国审计工作会议提出既要继续进行财务审计，又要逐步向检查有关内部控制制度和绩效审计方面延伸，并做出适当的审计评价，推动经济效益的提高。但总的来看，我国政府绩效审计理论研究还很滞后，绩效审计实务的开展几近空白。财务审计仍是目前我国审计工作的主导方面，绩效审计仍处于试点阶段，我国近年来开展的绩效审计在范围上主要以单个企业为对象，以微观经济领域为主。在过程上，主要以事后审计为主，对经济决策及其执行的绩效审计较少；在重点上，重视经济活动的经济后果分析，对社会效益、管理控制和效益相关分析不足。

我国实施绩效审计仍面临很多问题，比如：审计机关独立性不足、绩效审计评价体系尚不完善、未建立相应的审计责任追究制度、由于被审计单位内部控制制度不健全或不执行造成审计人员需要花费较多的时间进行详细审计等等。

三、行政单位绩效审计的原则

行政单位的业务活动具有非物质生产性的特点,同时又在很大范围内和较长时期内产生很大的影响,因此其效益有其本身的特征,所以在进行绩效审计时应采取相应的审计原则。

(一)全面性原则

行政单位效益体现在社会效益、管理效益以及对公共资源的使用效益等方面,因此对行政单位的绩效审计要从多方面入手,遵循全面性原则。

(二)宏观效益、间接效益、社会效益为主原则

行政单位行使管理国家事务的权利,其绩效主要体现党和国家的方针政策,其工作主要是为社会服务,而且行政单位的绩效要通过其他个人、单位或社会来体现,具有间接性和社会性,因此,衡量其绩效就不能从微观效益出发,要充分考虑宏观因素,并注意间接效益和社会效益的审查。

(三)成本效益原则

开展绩效审计,要充分考虑成本效益原则。行政单位经费的使用要贯彻勤俭节约、少花钱、多办事、把事办好的方针,在保证社会效益的前提下,尽可能提高经费和资源的使用效益。同时,随着市场经济的发展和大力发展第三产业方针的贯彻执行,行政单位也兴办了各种经济实体,因此,应该对各种预算外资金的事业效益、内部承包单位的经济效益进行审查。

(四)工作效率与管理效率并重原则

行政单位工作效率和管理效率的状况,既影响行政单位形象,又影响行政单位经济效益和社会效率的实现。通过审查,促进行政单位提高工作效率和管理效率是行政单位绩效审计的主要内容之一。

四、行政单位绩效审计评价指标

政府绩效既要对政府绩效的投入进行审计,也必须对政府的产出效益进行考核,既涵盖经济效益,又涵盖社会效益和生态环境等几方面。这样政府的公共管理和服务行为就会对经济、社会和生态环境等产生不同程度的定性或定量的影响。因此正确衡量政府绩效,就必须选择多种绩效指标,形成一个完整的指标体系。

(一)基本指标

政府绩效审计对象是综合、复杂的公共支出及其相关的社会和经济活动。一方面,公共资源的支出和耗费是一项政府施政成本,必须对政府绩效的投入进行审计；另一方面，政府的公共管理和服务行为会对经济、社会和环境产生不同程度的定性或定量影响。此外，还应该考虑政府提供服务的潜能因素。对政府产出效益的考核还应该分解到涵盖经济、社会和环境等方面的各具体单项指标。

1. 经济指标

(1) 综合经济指标。

① 国内生产总值（GDP）和国民生产总值（GNP）。GDP 或 GNP 是绝对数，比较时会受一定的限制，因此，还可以通过计算 GDP 或 GNP 占全国的份额、GDP 或 GNP 增长率、人均 GDP 或 GNP 等相对数指标。GDP 或 GNP 可能包含了重复劳动、过量甚至滥用自然资源等情况，因此使用该指标进行评价时，需要与其他指标结合起来进行综合考察。

② 产业总产值，即工业总产值、农业总产值、第三产业总产值。工业总产值是以货币表示的工业企业在一定时期内生产的已出售或可供出售工业产品总量，它反映一定时间内工业生产的总规模和总水平；农业总产值指以货币表示的农、林、牧、渔业全部产品的总量，它反映一定时期内农业生产总规模和总成果；第三产业总产值是指以货币表示的除工业、农业外的其他产业全部产品的总量，它反映一定时间内第三产业生产总规模和总水平。

③ 工业经济效益综合指数。工业经济效益综合指数，是综合衡量工业经济效益各方面在数量上的总体水平的一种特殊相对数，是反映工业经济运行质量的总量指标，如工业增加值率、利税占有率、市场占有率等。

④ 财政收入。财政收入指国家财政参与社会产品分配所取得的收入，是实现国家职能的财力保证，包括预算内收入和预算外收入两个部分，能够非常直观地反映一个地区的经济实力，是衡量经济发展和政府绩效的重要指标。由财政收入延伸出来的指标有：财政收入增长率、财政收入占 GDP 或 GNP 比例、人均财政收入。财政收入占 GDP 或 GNP 比例是财政收入与 GDP 或 GNP 的比值，可以反映被审计单位对经济的调控绩效。人均财政收入是某地区财政收入与该地区人口总数的比值。

⑤ 税收。税收是国家按照法律规定向纳税义务人无偿征收实物或货币的一种强制性手段，是依靠国家政治权力，参与国民收入分配和再分配，取得财政收入的一种形式。税收作为财政收入的重要组成部分，也能直观地反映一个地区的经济实力。这一指标还可以进一步划分为不同行业、不同经济成分的税收指标，如公有制企业税收及其所占比重、民营企业税收及其所占比重、工业税收及其所占比重、服务业税收及其所占比重，反映不同行业、不同经济成分经营业绩和对国家财政的贡献。

(2) 基础设施建设指标。

① 固定资产投资额。固定资产投资额是以货币表现的建造和购置固定资产活动的工作量,是反映固定资产投资的规模、速度、比例关系和使用方向的综合性指标,也是评价政府在发展经济、改变城乡面貌、改善人民生活环境方面绩效的重要指标,还可以衡量发展潜力的大小。固定资产投资额可细分为基本建设投资、更新改造投资、房地产开发投资和其他固定资产投资四个指标,也可分为水利设施投资、电力设施投资、交通设施投资、通讯设施投资等指标。有关的相对数指标有:固定资产投资额增长率,固定资产投资额占全国份额,各组成部分投资额占全国份额(如水利设施投资额占全国水利设施投资额的份额),各组成部分占固定资产投资额的比重,各组成部分投资额增长率等。

② 户均用电量。户均用电量是指一定时期内一个地区各单位和居民用电总量与平均总户数之比,能够较全面地反映电力基础设施建设情况,还能评价社会经济的发展和人民生活的改善程度。

③ 交通密度/通公路自然村比重。交通密度是指在单位长度车道上,某一瞬间所存在的车辆数,表示道路空间上车辆的密集程度,是评价交通发展状况的指标。在实际应用中常采用道路占用率来表示交通密度。道路占用率越高,交通密度越大,服务水平越低。

农村面积大、农民居住分散,采用通公路自然村比重评价农村的交通发展状况比较贴切,它指的是一个地区已通公路的自然村数与全部自然村数之比。

④ 有线电视覆盖率。有线电视覆盖率指一个地区能收看到有线电视的人数与总人数之比。有线电视覆盖率不仅是评价基础设施建设的指标,也是评价文化、广播电视事业发展的重要指标。

⑤ 百人拥有电话数。百人拥有电话数 $= \dfrac{期末电话数}{总人口数} \times 100$,用于评价邮电事业的发展水平。

⑥ 万人互联网入网户数。万人互联网入网户数 $= \dfrac{期末互联网户数}{总人口数} \times 10\,000$,该指标不仅用来评价基础设施建设,也可以评价政府信息管理和信息普及程度。

(3) 国内外贸易指标。

① 社会消费品零售总额。社会消费品零售总额指国民经济各行业直接售给城乡居民和社会集团的消费品总额。它是反映各行业通过多种商品流通渠道向居民和社会集团供应的生活消费品总量,是研究国内零售市场变动情况、反映人民生活水平和经济景气程度的重要指标。但由于该指标包括社会集团消费部

分,所以主要作为评价国内贸易发展状况的指标。

② 实际利用外资金额。实际利用外资金额是指一定时期内实际吸收、利用的来源于本地区以外的资金总额,用以反映筹集和吸引资金的能力。也可以进一步计算外资占本地的 GDP 或 DNP 比例,表明引进外资对本地 GDP 或 GNP 的贡献。

③ 外贸进出口总额。外贸进出口总额指一定时期内一个国家或地区向其他国家和地区进口或出口商品的全部价值。有关的相对数指标有进出口增长率、进出口占全国份额等。

④ 外贸依存率。外贸依存率,也称外贸系数,表示一国或地区对对外贸易的依赖程度,比重的变化意味着对外贸易在国民经济中所处地位的变化。一般用对外贸易额进出口总值在 GDP 或 GNP 中所占比重来表示。为分别进出口,外贸依存率分为出口依存度和进口依存度。实际利用外资金额、外贸进出口总额和外贸依存率是目前评价对外经贸经常用到的指标,基本上能够反映一个地区对外贸易发展的水平。

(4) 农业投入水平指标。

这包括单位播种面积物资投入指数、农户人均生产费用支出、单位播种面积农业财政支出。

(5) 其他经济指标。

这包括市场化程度、经济波动系数、城市化增长率、居民消费价格指数。

市场化程度可以用市场配置量与社会总量之比来表示,进一步可分为产品市场化率、要素市场化率、企业市场化率、政府对市场的适应程度、经济的国际化程度。我国正在推进市场化进程,因此,市场化程度应呈现逐年递增的趋势。

经济波动系数可以用经济变量时间序列的标准偏差与均值之比来表示。该指标反映经济系统的特性,是否能抵御外部冲击,保持宏观经济稳定。通常,经济波动系数低于 25%,便被视为经济稳定或无波动增长。

城市化增长率用新增城镇人口数与总人口数的百分比表示。城市化是一个国家现代化水平的重要标志,是人类文明进步的必然结果。

居民消费价格指数是反映一定时期内城乡居民所购买的生活消费品价格和服务项目价格变动趋势和程度的相对数,是对城市居民消费价格指数和农村居民消费价格指数进行综合汇总计算的结果。利用居民消费价格指数,可以观察和分析消费品的零售价格和服务价格变动对城乡居民实际生活费支出的影响程度。价格指数过高或过低都不行,所以在评价工作中要根据各阶段的实际状况而定。

2. 环境指标

一方面，环境指标可以反映环境状况；另一方面，自然资源在事实上规定了人口和经济的发展规模，制约了经济发展，评价自然资源及其变动情况，可以揭示经济发展的基础和质量。同时，也可以作为对经济的影响因素之一，对经济指标进行因素分析。

（1）自然资源指标：自然资源总量及其增长率（自然资源包括耕地、水资源、矿产资源等，反映自然资源的丰盈程度）；人均自然资源及其增长率。

（2）气候资源指标：光合有效辐射；10 ℃积温；年平均降水；年均降霜日。气候资源指标与以前年度比较，也可以反映业务活动对环境的影响程度。

（3）废物排放强度指标：人均废物排放量；废物排放密度。

（4）气候变异指标：干燥度；受灾率。

（5）土壤侵蚀指数：水土流失率；荒漠化率；盐碱化率。

（6）环境治理指数：污染治理投资占 GDP 或 GNP 比例；废水排放达标率；废气处理率；固体废弃物综合利用率。

（7）生态保护指数：森林覆盖率；自然保护区面积比率；水土流失治理率；荒漠化治理率；盐碱化治理率；人均造林面积。

3. 社会指标

（1）社会公平指标：城乡收入水平差异；就业公平率；受教育公平率。

（2）社会安全指标：城镇失业率；农村剩余劳动力转移率；再就业率；贫困发生率；重大事故发生件数；万人刑事案件数。

（3）军事力量指标：军事人数及军队占劳动力的比重；军事支出占 GDP 或 GNP 比例。

（4）社会保障指标：总供养比（总供养比指每个劳动年龄人口负担的非劳动年龄人口数）；社会保障覆盖率（社会保障覆盖率指享受国家社会保障措施的人口数占总人口数的比重）。

（5）人口增长和卫生健康状况指标：人口自然增长率；人口平均预期寿命；千人拥有医生数。

（6）人民生活水平指标：职工平均工资；恩格尔系数；基尼系数；人均住房面积；居民储蓄存款余额；人均消费支出。

（7）文化指标：各学历人口比例；教育经费支出占 GDP 或 GNP 比例；万人在校学生数、万人拥有教师数。

（8）科技资源指标：万人拥有科技人员数。

（9）科技贡献指标：技术市场成交额占 GDP 或 GNP 比例；大中型企业新产

品产值占其总产值比例;主要原材料节约程度;能耗下降率;三废下降率;全社会劳动生产率增长率。

（二）行政单位绩效审计单项指标的量化

对政府绩效审计中可以量化的指标必须设置标准值以比较被审计单位的绩效分值。各指标标准值的设定可以进行专项调研考察,属于一项复杂的系统工程。如果考虑当前实际以及成本效益原则,也可以选择次优方案,即对不同的指标的标准值借鉴国外成熟且公认的指标值或以在地区竞争排名中的相对值作为该指标的标准值。

设置标准值后,为消除指标度量标准不一致而不能进行加权的缺陷,同时直接与指标的标准值进行比较,便于直接得出在最后单项指标上的分值,需对各单项指标值进行无量纲化。无量纲化方法主要有直线型、折线型和曲线型三种。由于政府绩效测评中比例数相对较多,可以直接采用如下直线型形式:

$$y_i = \frac{x_i}{x_i'} \tag{6-1}$$

或

$$y_i = \frac{x_i - \min x_i'}{\max x_i' - \min x_i'} \tag{6-2}$$

其中,y_i 指第 i 项指标分值,x_i' 指第 i 项指标评价标准值,x_i 指第 i 项指标实际值,$\min x_i'$ 指 x_i' 的最小值,$\max x_i'$ 指 x_i' 的最大值。

说明:式 6-1 适用于单一标准值指标,式 6-2 适用于多标准值指标。

由于各指标在指标体系中的重要性不同,因而在对指标评价值进行合成时,应确定各指标相对重要性的权数。

1. 定性指标标准值与权重设置

定性指标由于缺乏一定的实际评价标准,往往借助于许多专家主观判断形成评价意见。德尔菲法正是通过对一些比较复杂、涉及范围较大、评价结构影响重大的综合评价问题,借助于专家的经验和分析判断能力的一种指标设计方法。在对政府绩效审计定性指标标准值设定时,可以选择精通政府工作、具有敬业负责精神、独立性高的专家学者,在制定咨询表和准备必要的背景资料后提交专家经过多轮咨询调查并修正后,采用统计方法综合得出专家群体对评价指标标准值和权重的判断赋值结果。

2. 定量指标权重设置

在获取定量指标的计算值并无量纲化得到相对标准值的系数分值后,指标权重的设置成为绩效测评的关键。通常采用多元回归分析中主成分法设计定量指标权重,其核心是通过对各指标相对其他指标的重要性计算其因子得分中的累计贡献率求得权重的,计算过程可以采用统计软件 SPSS 或 SAS 实现,具体设计过程可以按如下步骤进行:

(1) 对指标进行分层划分。

(2) 将指标进行标准化。

$$x_{iy^*} = \frac{x_{ij} - \bar{x}_j}{\sqrt{\text{var}(x_j)}} \tag{6-3}$$

其中: $\bar{x}_j = \dfrac{1}{\sum\limits_{i=1}^{n} x_{ij}}$, $\text{var}(x_j) = \dfrac{\sum\limits_{i=1}^{n}(x_{ij}-\bar{x}_j)^2}{n-1}$ (6-4)

x_{ij} 指第 i 层次下第 j 项指标相对标准值的指标分值。

(3) 计算样本相关矩阵。该矩阵是通过指标分值的相关关系计算得出的。

$$R = \begin{bmatrix} r_{11} & \cdots & r_{1p} \\ r_{21} & \ddots & r_{2p} \\ \vdots & & \vdots \\ r_{n1} & \cdots & r_{np} \end{bmatrix} \tag{6-5}$$

其中: $r_{ij} = \dfrac{\sum\limits_{i=1}^{n} x_{ti} x_{tj}}{n-1}$

(4) 计算相关矩阵 R 的特征值 λ_i 及特征向量 x_i。

令 $|R - \lambda_i| = 0$,求得特征值及特征向量,特征贡献率、累计特征贡献率。

其中:

$$\text{特征贡献率} = \frac{\lambda_i}{\sum \lambda_i}, \quad \text{累计特征贡献率} = \sum_{i=1}^{m} \frac{\lambda_i}{\sum \lambda_i} \tag{6-6}$$

(5) 选择累计贡献率的 m 个特征值所对应的特征向量,则它们便是 m 个主成分,从而可以求出其权数为

$$\text{权数 } \Omega_i = \frac{\dfrac{\lambda_i}{\sum \lambda_i}}{\sum\limits_{i=1}^{m} \dfrac{\lambda_i}{\sum \lambda_i}} \tag{6-7}$$

即第 i 个指标在指标体系中相对其他指标的重要性权重为 Ω_i。此外,指标权重还可以通过层次分析法进行设定,其设定流程如图 6-1 所示。

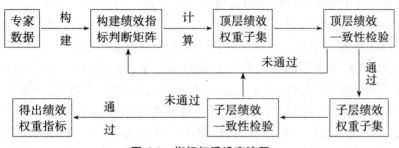

图 6-1　指标权重设定流程

3. 政府绩效审计指标的合成

获得指标的分值和权重后,对上述指标体系进行综合合成以通过某一最终分值评价政府绩效。依据指标独立性和重要性程度可以分别采用不同的方法,加法合成法基本公式为

$$y = \sum_{i=1}^{n} y_i \Omega_i \quad (i = 1, 2, \cdots, n) \tag{6-8}$$

其中:y 为绩效最终分值,y_i 为各单项指标分值,Ω_i 为各指标权重。

如果指标层次较为复杂,尤其对一些定性指标可能不同专家有不同的评语(如"好"、"较好"、"差"等),可以依据参与咨询的专家对某一意见表示支持人数比例设定为定性指标的分值,权重获取方法如上德尔菲法或主成分法,采用模糊数学作出评价。

$$X = \begin{bmatrix} x_{11} & \cdots & x_{1p} \\ x_{21} & & x_{2p} \\ \vdots & \ddots & \vdots \\ x_{n1} & \cdots & x_{np} \end{bmatrix} \tag{6-9}$$

其中第 i 行表示第 i 个指标不同意见人数比例,其和为 1。$A = (a_1, a_2, \cdots, a_n)$ 表示某个指标的权重,则 $y = A \times X$。即:

$$(a_1, a_2, \cdots, a_n) \times \begin{bmatrix} x_{11} & \cdots & x_{1p} \\ x_{21} & & x_{2p} \\ \vdots & \ddots & \vdots \\ x_{n1} & \cdots & x_{np} \end{bmatrix} = (y_1, y_2, \cdots, y_n) = y \tag{6-10}$$

即该指标体系中,不同专家对被审计对象绩效有 n 种看法,所占比例分别为 $y_1, y_2, \cdots, y_n$。

如果再将不同意见按程度再次设定权重为 $B^T = (b_1, b_2, \cdots, b_n)^T$,则被审计对象绩效最终分值为 $Z = y \times B^T = (y_1, y_2, \cdots, y_n) \times (b_1, b_2, \cdots, b_n)^T$。

(三)基于模糊数学量化行政单位绩效审计中的定性指标

科学的指标体系不仅局限于定量指标,还包括定性指标,需要从不同角度进行衡量。定性指标的量化,一方面是指对定性指标的量化分解,另一方面则是指在定性分析的基础上,以打分等方式做出定量评估,从而使其结果具有数理统计特性,通过对定性指标的量化分解,使整个定性指标系统呈现出一种层级化结构,下一层级的指标对上一层级指标具有解释、说明的作用,令政府绩效审计兼具宏观和可操作性。

定性指标涵盖也很广泛,主要包括:(1)对本地思想舆论和文化氛围的评价指标;(2)对政府政策的认同度指标;(3)对政府管理能力的评价指标;(4)对政府服务质量和水平的评价指标;(5)政府制度创新指标。这类指标对调查问卷或评分表的设计要求很高,有时需要通过其他指标来间接反映。在此选取资源消耗度、环境影响度、公众满意度、技术创新度、合规合法度等五项定性指标为出发点,运用模糊数学(Fuzzy)的方法构建评价模型,量化政府绩效审计指标体系中的定性指标。

1. 政府绩效审计定性指标的 Fuzzy 综合评价

综合评价就是对多种因素所影响的事物或现象做出总的评价,即对评判对象的全体,根据所给的条件,给每个对象赋予一个实数,通过总分法和加权平均等计算方法得到综合评分,再据此排序择优。可是当各个因素都是模糊概念、权重亦带有模糊性时,传统的总分法和加权平均等计算方法就不适用了。模糊数学是用数学方法研究和处理客观存在的模糊现象,借助于模糊数学的模糊综合评价便应运而生。

命题1:设 $X = \{x_1, x_2, \cdots, x_n\}$,$Y = \{y_1, y_2, \cdots, y_n\}$

给定模糊映射:

$$f: X \to \tau(Y), x_i \mid \to f(x_i) = B = \frac{r_{i1}}{y_1} + \frac{r_{i2}}{y_2} + \cdots + \frac{r_{im}}{y_m}$$

$$= (r_{i1}, r_{i2}, \cdots, r_{im}) \in (Y)(i = 1, 2, \cdots, n)$$

以 $(r_{i1}, r_{i2}, \cdots, r_{im})(i = 1, 2, \cdots, n)$ 为行构造一个模型矩阵,就可唯一确定模糊关系。

$$\boldsymbol{R}_f = \begin{bmatrix} r_{11} & r_{12} & \cdots & r_{1m} \\ r_{21} & r_{22} & \cdots & r_{2m} \\ \cdots & \cdots & \cdots & \cdots \\ r_{n1} & r_{n2} & \cdots & r_{nm} \end{bmatrix}, \text{其中} \boldsymbol{R}_f(x_i, y_j) = r_{ij} = f_R(x_i, y_j)。$$

给出模糊关系，$\boldsymbol{R}_f = \begin{bmatrix} r_{i1} & r_{i2} & \cdots & r_{im} \\ r_{21} & r_{22} & \cdots & r_{2m} \\ \cdots & \cdots & \cdots & \cdots \\ r_{n1} & r_{n2} & \cdots & r_{nm} \end{bmatrix}$

可令 $f_R: X \to \tau(Y)$, $x_i \mid \to f(x_i) = (r_{i1}, r_{i2}, \cdots, r_{im}) \in (Y)$

f_R 是 X 到 Y 的模糊映射，于是也就确定了模糊映射 f_R。

命题 2：设 $X = \{x_1, x_2, \cdots, x_n\}$，$Y = \{y_1, y_2 \cdots, y_n\}$，则有：给定模糊关系为 R。

$$\boldsymbol{R} = \begin{bmatrix} r_{11} & r_{12} & \cdots & r_{1m} \\ r_{21} & r_{22} & \cdots & r_{2m} \\ \cdots & \cdots & \cdots & \cdots \\ r_{n1} & r_{n2} & \cdots & r_{nm} \end{bmatrix}, \forall A = (a_1, a_2, \cdots, a_n) \in \tau(X)，可以确定一个$$

模糊线性变换：

$T_R: \tau(X) \to \tau(Y) \qquad A \mid \to T_R(A) = A \cdot B = B(b_1, b_2, \cdots, b_m) \in \tau(Y)$,

其中 $b_j = \sum_{i=1}^{n} a_i \cdot r_{ij} (j = 1, 2, \cdots, m)$，并称 T_R 是由模糊关系 R 诱导出的。

若给定了模糊线性变换 $T_R: T_R = A \cdot R$，并给定了 $A \in \tau(X)$，则由模糊关系方程可以确定模糊矩阵 $\boldsymbol{R}$，从而也确定了模糊关系 $\boldsymbol{R}$。设 $U = \{u_1, u_2, \cdots, u_n\}$ 为 n 种因素（或指标），$V = \{v_1, v_2, \cdots, v_m\}$ 为 m 种评判，它们的元素个数和名称均可根据实际问题需要由人们主观规定。由于各种因素所处的地位不同，作用也不一样，当然权重也不同，因而评判也就不同。人们对评判并不是绝对地肯定或否定，因此综合评价应该是 V 上的一个模糊子集 $B = \{b_1, b_2, \cdots, b_n\} \in \tau(V)$，其中 $b_j (j = 1, 2, \cdots, m)$ 反映了第 j 种评判 v_j 在综合评价中所占的地位（即 v_j 对模糊集的隶属度：$B(v_j) = b_j$）。综合评价 B 依赖于各个因素的权重，它应该是 U 上的模糊子集 $A = (a_1, a_2, \cdots, a_n) \in \tau(U)$，且 $\sum_{i=1}^{n} a_i = 1$，其中 a_i 表示第 i 种因素的权重。因此，一旦给定权重 A，相应地可得到一个综合评价 B。

于是,根据命题 1 和命题 2,需要建立一个从 U 到 V 的模糊变换 T。如果对每一个因素 u_i,单独作一个评判 $f(u_i)$,这可以看作是 U 到 V 的模糊变换 f,即:$f: U \to \tau(V)$ $u_i \mid \to f(u_i) \in \tau(V)$,由 f 可诱导出一个 U 到 V 的模糊线性变换 T_f。我们可以把 T_f 看作为由权重 A 得到的综合评价 B 的数学模型。

用模糊数学模型评价政府绩效审计中的定量指标,可按以下几步实现:

确定因素集 $U = \{u_1, u_2, u_i, \cdots, u_n\}$,$u_i$ 表示对评价有影响的第 i 个因素。

选择评价集 $V = \{v_1, v_2, v_j, \cdots, v_m\}$,$v_j$ 表示评价的第 j 个等级。

单因素评价:确定各因素权重 $A = (a_1, a_2, \cdots, a_n) \in (U)$,且 $\sum_{i=1}^{n} a_i = 1$,此处 a_i 表示第 i 种因素的权重。

综合评价:作模糊变换,$f: \tau(U) \to \tau(V)$,$A \to f(A) = A \cdot R = B \in (V)$。

2. 定性指标评价矩阵的建立

(1) 我们将从资源消耗度、环境影响度、公众满意度、技术创新度、合规合法度等五个方面着手对定性指标进行评判,并由此组成了决定绩效评价的因素集合 $U = \{u_1, u_2, u_3, u_4, u_5\}$;以下将评价等级分为优秀、良好、中等、合格和较差五等,并由此构成评语集合 V:

$$V = \{优秀, 良好, 中等, 合格, 较差\} = \{v_1, v_2, v_3, v_4, v_5\};$$

设 $R = \{r_{ij}\}$,$(i = 1, 2, 3, 4, 5; j = 1, 2, 3, 4, 5)$ 是从 V 到 U 的模糊关系,即是一个 Fuzzy 子集,r_{ij} 表示被评对象第 i 种评语在第 j 个因素达到的可能程度。我们选取 A 和 B 两个城市为样本,邀请了 30 位专家对这两个城市的以上五个方面进行评价,得到对 u_1 评价结果分别为(甲政府):13 人(43%)认为优秀、5 人(17%)认为良好、8 人(27%)认为中等、3 人(10%)认为合格和 1 人(3%)认为较差,则 30 位专家对 u_1 的评价向量为 $u_1 = (0.43 \quad 0.17 \quad 0.27 \quad 0.10 \quad 0.03)$。

同理可得到 30 位专家对 u_2、u_3、u_4 和 u_5 等各个因素(甲政府)的评价向量分别为

$$(0.37 \quad 0.20 \quad 0.17 \quad 0.17 \quad 0.10);$$
$$(0.30 \quad 0.10 \quad 0.37 \quad 0.07 \quad 0.17);$$
$$(0.17 \quad 0.20 \quad 0.10 \quad 0.27 \quad 0.27);$$
$$(0.07 \quad 0.17 \quad 0.37 \quad 0.30 \quad 0.10).$$

于是得到对甲政府绩效审计定性指标的评价矩阵：

$$R = \begin{bmatrix} 0.43 & 0.37 & 0.30 & 0.17 & 0.07 \\ 0.17 & 0.20 & 0.10 & 0.20 & 0.17 \\ 0.27 & 0.17 & 0.37 & 0.10 & 0.37 \\ 0.10 & 0.17 & 0.07 & 0.27 & 0.30 \\ 0.03 & 0.10 & 0.17 & 0.27 & 0.10 \end{bmatrix}$$

采用同样的数据处理方法得到对乙政府绩效审计定性指标的评价矩阵：

$$R = \begin{bmatrix} 0.17 & 0.17 & 0.33 & 0.43 & 0.30 \\ 0.23 & 0.27 & 0.27 & 0.17 & 0.23 \\ 0.33 & 0.40 & 0.17 & 0.20 & 0.17 \\ 0.20 & 0.13 & 0.13 & 0.20 & 0.23 \\ 0.07 & 0.03 & 0.10 & 0.00 & 0.07 \end{bmatrix}$$

(2) 作模糊线性变换。将评价集内的优秀、良好、中等、合格和较差分别赋予数值 5、4、3、2 和 1，则评价集内各等级的权重分别是 $\dfrac{i}{1+2+3+4+5} =$ (0.33, 0.27, 0.20, 0.13, 0.07)，得到权重向量分别为 $A = (a_1, a_2, \cdots, a_n)$ = (0.33, 0.27, 0.20, 0.13, 0.07)。

由模糊评价矩阵得到模糊线性变换 T_R，则：

$$B_1 = A \cdot R = (0.33\ \ 0.27\ \ 0.20\ \ 0.13\ \ 0.07) \cdot \begin{bmatrix} 0.43 & 0.37 & 0.30 & 0.17 & 0.07 \\ 0.17 & 0.20 & 0.10 & 0.20 & 0.17 \\ 0.27 & 0.17 & 0.37 & 0.10 & 0.37 \\ 0.10 & 0.17 & 0.07 & 0.27 & 0.30 \\ 0.03 & 0.10 & 0.17 & 0.27 & 0.10 \end{bmatrix}$$

$$= (0.28\ \ 0.24\ \ 0.22\ \ 0.18\ \ 0.19)$$

采用相同的处理方法可得到对乙政府各单项指标的评价分别为 (0.22 0.25 0.24 0.25 0.23)，从而得到两个样本的模糊线性变换的集合 B：

$$B = \begin{bmatrix} 0.28 & 0.22 \\ 0.24 & 0.25 \\ 0.22 & 0.24 \\ 0.18 & 0.25 \\ 0.19 & 0.23 \end{bmatrix}$$

(3) 评价指标权重的频数统计。两个政府绩效审计的 5 个指标内容组成因素集 $U = \{u_1 \quad u_2 \quad u_3 \quad u_4 \quad u_5\}$，以下仍组织这 30 位专家，根据权重分配调研表对因素集 U 中的各个元素，各自独立地提出自己认为最合适的权重。根据收回的 30 份权重分配调查表，对每个因素 u_i 进行单项因素的权重统计试验，步骤如下：

A：对因素 u_i 在它的权重 $W_{ij}(j = 1, 2, \cdots, 30)$ 中找出最大值 M_i 和最小值 m_i，即 $M_i = \max\{a_{ij}\}$；$m_i = \min\{a_{ij}\}(j = 1, 2, \cdots, 30)$。

B：选取整数 $P = 5$，利用公式 $\dfrac{M_i - m_i}{P}$ 计算出对权重分组的组矩，并将其分成 5 组。

C：计算落在各组内权重的频数与频率。

D：根据频数与频率的分布情况，将最大频率所在分组的组中值或组中值邻近的值作为因素 u_i 的权重 $a_i(i = 1, 2, 3, 4, 5)$，从而得到权重向量。按照这种处理方式得到各因素的权重如表 6-1。

表 6-1 因素权重

因素	资源消耗度	环境影响度	公众满意度	技术创新度	合规合法度
u_i	u_1	u_2	u_3	u_4	u_5
权重 W_{ij}	0.42	0.12	0.17	0.18	0.11

(4) 模糊综合评价计分。确定了各因素的权重，便可得到两个样本公司模糊综合评价计分向量 W：

$$W = (W_1 \quad W_2) = w \cdot B = (0.42 \quad 0.12 \quad 0.17 \quad 0.18 \quad 0.11) \begin{bmatrix} 0.28 & 0.22 \\ 0.24 & 0.25 \\ 0.22 & 0.24 \\ 0.18 & 0.25 \\ 0.19 & 0.23 \end{bmatrix} = (0.24 \quad 0.23)$$

$$W_1 = 0.24 > W_2 = 0.23$$

所以，两个样本定性指标评价的排序：甲政府高于乙政府。

对各单项指标单项的评价为 W：

$$W = (W_1 \quad W_2) = B^T \cdot w = \begin{pmatrix} 0.28 & 0.24 & 0.22 & 0.18 & 0.19 \\ 0.22 & 0.25 & 0.24 & 0.25 & 0.23 \end{pmatrix} \begin{bmatrix} 0.42 \\ 0.12 \\ 0.17 \\ 0.18 \\ 0.11 \end{bmatrix}$$

$$= \begin{pmatrix} 0.12 & 0.029 & 0.037 & 0.032 & 0.021 \\ 0.09 & 0.03 & 0.041 & 0.045 & 0.014 \end{pmatrix}$$

可以看出,资源消耗度、合规合法度两项指标的评价中甲政府优于乙政府(0.12＞0.09;0.021＞0.014);环境影响度、公众满意度、技术创新度的评价则相反。

第三节 事业单位绩效审计

事业单位,是指国家为了社会公益目的,由国家机关举办或者其他组织利用国有资产举办的,从事教育、科技、文化、卫生等活动的社会服务组织。具体地说,包括以下几类:各级党委、政府直属事业单位;各级人大、政协机关、人民法院、人民检察院、各民主党派机关举办的事业单位;各级党委部门和政府部门举办的事业单位;使用财政性经费的社会团体举办的事业单位;国有企业及其他组织利用国有资产举办的事业单位;依照法律或有关规定,应当由各级登记管理机关登记的其他事业单位;上述事业单位举办的下属事业单位。

一、事业单位绩效审计的意义

事业单位的绩效审计是对事业单位的财务收支及其经济活动的经济、效率和效果进行的监督和评价活动,以促进实现事业单位的经济及管理目标。绩效审计是事业单位审计尤其是内部审计的导向和归宿,从一定意义上讲也是内部审计的核心和"灵魂"。事业单位的内部审计包括财务收支审计、工程项目审计和干部离任经济责任审计等,无不贯穿着绩效审计。

目前,事业单位绩效审计的现状还不尽如人意,主要问题有:(1)绩效审计理念陈旧,譬如在财务收支审计方面,仍然困守于"审会计",而不是"审效益";(2)绩效审计领域单一,主要集中于基建、修缮工程竣工结算审计,局限于"审工程决(结)算",而不是"审经济活动";(3)绩效审计视野狭隘,尚未普遍开展单位的财务预算审计,也未全面实施工程项目的全程跟踪审计,仍然停留在"审结果",而不是"审全程";(4)绩效审计评价缺失,譬如在中层干部离任经济责任审计方面,侧重于"查问题",而不是"做评价",尚未建立健全科学的绩效审计评价体系。

鉴于以上分析,我们认为事业单位效益的审计有如下意义:

(一) 绩效审计是事业单位审计尤其是内部审计的导向和归宿

事业单位的绩效审计是对事业单位的财务收支及其经济活动的经济、效率和效果进行的监督和评价活动,以促进实现事业单位的经济及管理目标。绩效审计是事业单位审计尤其是内部审计的导向和归宿,从一定意义上讲也是内部审计的核心和灵魂。事业单位的内部审计包括财务收支审计、工程项目审计和干部离任经济责任审计等无不贯穿着绩效审计。

（二）保障国有资产的安全和完整

通过审计，摸清事业单位的财政财务收支规模、来源渠道和使用方向，发现和揭露事业单位财政财务收支活动中存在的违法违纪问题，防止国有资产流失。

（三）促进廉政建设

通过审计，可以发现和揭露以权谋私、贪污腐败等问题，严肃财经法纪，促进党风廉政建设。

（四）提高财政性资金的使用效益

通过审计，可以发现和揭露资金使用不合理或损失浪费的问题，提出审计建议，促进被审计单位加强管理，提高财政性资金的使用效益。

（五）为国家宏观调控服务

通过审计，及时发现事业单位在执行国家法律法规、方针政策中存在的问题，保证国家宏观调控措施的落实和国民经济的持续、稳定、健康发展；通过审计，能够掌握事业单位财政财务收支活动真实情况，发现宏观经济管理中带有普遍性的问题，为国家有关部门制定政策提供可靠的信息。

二、事业单位绩效审计的原则

（一）社会效益为主原则

事业单位的业务活动主要是提供劳务和精神产品，它的业务活动成果只有被社会所承认、所接受时，才是真正的有效益。虽然，随着市场经济发展，许多事业单位将转变其管理体制，注重经济效益，但对其绩效的审查仍应以社会效益为主。

（二）短期效益与长期效益相统一的原则

评价被审计单位的经济效益，要进行全面的综合分析，不能局限于该单位现实的、短期的、局部的经济效益，必要时还要追溯到以前年度的工作成果对现实工作的影响，密切关注前后年度之间存在的必然联系。

（三）质量审计与数量审计兼顾的原则

考核行政事业单位资金的使用，仅从数量指标进行分析是不够的，必须结合质量来考察，才能对行政事业资金的使用效益做出全面真实的评价。不仅要注意行政事业单位工作成果在数量上的变化，更要注意考察行政事业单位工作所产生的经济效益和社会效果。

（四）微观效益与宏观效益相结合的原则

这是事业单位绩效审计区别于其他审计的又一特点。绩效审计既要考核被审计单位在一定期间内取得的工作效果,又要评价其对外部环境产生的积极影响,从行政事业单位资金的使用效果来衡量,不但要考察资金投入所产生的直接工作成果,而且还要考核这些工作成果在社会上所发挥的作用,宏观效益才是衡量资金使用效益的主要指标。

(五)间接性原则

事业单位的成果,即各种劳务和精神产品本身并不是最终效益,最终效益要通过享受劳务或精神产品的人或单位才能体现出来,也就是说,事业单位的绩效不可能全部直接表现出来,有相当一部分是以间接形式表现出来的。因此,事业单位绩效审计也必须考虑间接性原则。

三、事业单位绩效审计的内容

事业单位绩效审计的内容主要包括:

1. **资源利用的经济性**

主要包括预算支出的合理性,是否按法定预算用途合理使用,以最低的费用取得一定质量的资源,达到预期目标;预算编制是否可行,设备物资是否有效使用,人员配置是否合理,做到人尽其才、物尽其用;是否贯彻节约原则,有无铺张浪费情况。

2. **行政管理的效率性**

重点检查内设机构是否科学,是否符合"三定"方案要求;管理是否到位,有无建立相应的岗位责任制;管理方法和管理手段是否先进,管理设备是否有效使用,行政管理是否经济有效;并查明不经济、效率低的原因,揭示行政事业单位管理结构的合理性,管理职能发挥的有效性,寻求有利于提高效率的办法和措施。

3. **行政活动的效果性**

主要围绕预算执行情况和工作计划目标以及所产生的经济效益和社会效益,从数量和质量两方面进行评价:即预算资金的管理和使用效果是否良好,是否按预算执行;被审计单位管理是否达到了预期的效果、获得了良好成效;行政活动的数量和质量是否符合预期要求,资源利用的具体方式和手段是否可行有效等。

以下以高校、医院效益以及科研机构这三个具有代表性的事业单位为例,说明事业单位绩效审计的特点及实务操作。

(一)高校绩效审计的方法及指标

1. **教育投资利用效率**

设定教育投资利用效率为 P,在校学生平均数为 W,用于培养学生的总费用

为 C,学生质量系数为 K,计算公式为

$$P = \frac{K \times W}{C} \tag{6-11}$$

应用这个公式时要注意以下几点：

（1）在校学生平均总数可按下列计算：

$$W = 年初学生数 \times 2/3 + 年末学生 \times 1/3 \tag{6-12}$$

（2）由于经费支出数中的设备购置费和修缮费是根据学校当年实际情况安排使用的,若全部计入当年学生的培养成本中,就不能反映当年培养学生的实际成本,为能科学地对比考核各年的学生培养成本,培养学生的总费用应由人员经费、公用经费（扣除当年设备费和修缮费）、固定资产折旧和其他资金来源培养学生的费用组成。

（3）学生质量系数 K 可从两种途径求得：一是根据学校对学生德、智、体进行考核,按百分制评分,以评定的平均值除以 100 为质量系数 K；二是教育主管部门对学校的毕业生跟踪抽样调查,再按百分制评分。指标 P 综合反映了每万元投资培养合格人才的数量。但在实际计算中将会遇到目前会计核算制度和学生质量评估方面的困难。在这种情况下,可令 $K=1$,则：

$$成才率 = \frac{优、良、及格以上的学生人数}{当年全部学生总人数} \times 100\% \tag{6-13}$$

2. 学校的社会效益指标

高等学校作为社会单元中的一部分,自身也必须不停地发展、完善、壮大,才能适应社会的需要。高等学校在进行投资、培养人才、做出科研成果的同时,其自身的社会影响也在不停变化,评价其自身的社会效益的指标可为

$$高校社会效益 = \frac{高校新增加的价值}{高校投入资金} \tag{6-14}$$

3. 人力资源利用效率的指标

根据教育主管部门的有关规定,高等学校人员分为：

（1）教学人员,包括直接从事教学的人员和为教学服务的实验技术人员、图书资料人员、工厂实验实习人员；

（2）专职科学研究人员,是指在主管部门批准成立的研究所,从事科学研究工作和因承担主管部门下达的国家研究项目而配置的专职研究人员,其中应包括直接从事研究、辅助、管理和工勤的人员；

(3) 政治工作和行政管理人员；

(4) 工勤人员；

(5) 直属单位和独立核算核算单位人员，包括附中、附小、校办工厂、经济开发和经营实体等单位的人员。

只有对人员有一个科学的划分，才能考核各类人员的工作效率和人员结构合理与否。这可以通过以下几个指标反映：

$$教学管理人员比率 = \frac{教学人员}{管理人员} \tag{6-15}$$

还可以用教学工作量指标考核教师的工作效率，公式为

$$教学人员平均工作量(课时) = \frac{教学人员全年教学工作量总数}{教学人员数} \tag{6-16}$$

$$教学人员使用效率 = \frac{在校学生数}{教学人员数} \tag{6-17}$$

$$或者教学人员使用效率 = \frac{课时总数}{教学人员数} \tag{6-18}$$

$$管理人员使用效率 = \frac{在校学生数}{管理人员数} \tag{6-19}$$

$$工勤人员使用效率 = \frac{在校学生数}{工勤人员数} \tag{6-20}$$

$$全员教职工教学工作效率 = \frac{在校学生总数}{教学人员 + 政治及行政管理人员 + 工勤人员} \tag{6-21}$$

以在校学生总数为依据可分别考核各类人员的工作效率。

对专职科研人员效率可用人均科研收入来考核；独立经济核算单位人员的效率可用人均创利来考核。

$$教职工总数与学生人数之比 = \frac{年末各类学生折合数}{年末教职工总人数} \tag{6-22}$$

式 6-22 中分子要把研究生、本科、专科、干部培训生按一定系数折合为本科生。

$$教师数与学生人数之比(师生比) = \frac{年平均各类学生折合数}{平均教师数} \tag{6-23}$$

$$教师人均每周承担的课时数 = \frac{全年实际上课时数}{教师人数 \times 年教学周数} \tag{6-24}$$

4. 物力资源使用效率的指标

高等学校的物力资源包括固定资产、原材料、能源、低值易耗品等,考核的目的在于保证学校资产的完整性和促进使用效率的提高。在保证学生培养质量的前提下,人均固定资产的占有量要尽量减少,其考核指标如下:

$$机器设备使用效率 = \frac{实际使用时数}{可充分使用时数} \quad (6-25)$$

$$图书资源使用效率 = \frac{年借出量}{馆藏} \quad (6-26)$$

$$房屋使用效率 = \frac{教学用房面积}{房屋总面积} \quad (6-27)$$

$$人均固定资产 = \frac{年末固定资产原值}{职工年末数} \times 100\% \quad (6-28)$$

$$学生人均固定资产占有量(元) = \frac{固定资产总数}{在校学生总数} \quad (6-29)$$

$$某类仪器设备机时利用率 = 实际使用机时数(某类设备充分利用机时数) \times 折合系数 \quad (6-30)$$

$$教学实验开出率 = \frac{已开实验项目}{应开实验项目} \quad (6-31)$$

$$每个学生年均教学仪器设备原值 = \frac{年末教学仪器设备原值}{年末在校学生数} \quad (6-32)$$

$$每个学生平均图书资料在册数 = \frac{学校年末公共图书总册数}{年末在校学生数} \quad (6-33)$$

$$每个学生平均房屋建筑面积 = \frac{年末房屋建筑面积}{年末在校学生人数} \quad (6-34)$$

5. 财力资源利用效率的指标

$$每个学生分摊经费 = \frac{教育事业费实际支出数}{平均在校学生折合数} \quad (6-35)$$

$$学生人均费用 = \frac{教育事业费实际支出}{年在校学生数} \quad (6-36)$$

另外,还可从反映经费内部结构的有关指标来考核其合理性:

$$人员经费比重 = \frac{人员实际经费支出数}{教育事业费实际支出} \times 100\% \quad (6-37)$$

$$教学业务费比重 = \frac{教学业务费支出}{公务费支出} \times 100\% \quad (6-38)$$

以上这些指标只是衡量教育投资的基本指标,更为详尽和完备的指标体系还有待完善。总量指标可以用于判断教育投资的效率水平,结构指标可以显示教育效率高低的原因,指明解决途径。结构越详尽,就能找出问题的原因,因此,在当前的教育绩效审计中,应抓紧制定统一的教育投资利用效率的指标体系。

教育事业费人均分摊数是直接反映人才成本的指标,但必须以保证学生培养质量和社会需要为前提,其计算公式为

$$人员经费比 = \frac{人员经费支出}{公用经费支出} \times 100\% \qquad (6-39)$$

$$预算内外收入比 = \frac{预算内总收入}{预算外总收入} \times 100\% \qquad (6-40)$$

学校人员经费越多,公用经费必然少,不利于改善办学物质条件,因此人员经费在全部教育事业费中的比重越小越好;当人员经费与公用经费之比小于1时,说明人员有超编现象。教学业务费与公务费之比较,越大越好;预算内收入比反映学校在完成计划内教学、科研任务后,充分发掘人力、物力、财力的潜力情况,这个比例越高,说明学校取得的预算外收入越多,有利于补充教育事业费的不足。

$$经费节余额 = 核定经费数额 - 月经费实际支出数额 \qquad (6-41)$$

一般应将某一机关单位的本身的工作效果指标作为层次指数,再进一步地分解为经费指标或效率、效果指标。层层分解,形成指标体系的第三层次指标。基层是第四层次指标。

$$经费自给率 = \frac{业务收入 + 其他收入}{业务支出 + 其他业务支出} \times 100\% \qquad (6-42)$$

$$公用经费占经费支出的比重 = \frac{公用经费实际支出数}{实际支出合计数} \times 100\% \qquad (6-43)$$

$$人员经费占经费支出的比重 = \frac{人员经费实际支出数}{实际支出合计数} \times 100\% \qquad (6-44)$$

6. 衡量高校管理效率的指标

高校不同,所选择的衡量高校管理效率的指标也不尽相同。目前,尚没有统一的标准。一般包括以下指标:

$$教职工与学生的比例 = \frac{年末在校学生数}{年末教职工人数} \qquad (6-45)$$

$$专任教师学生的比例 = \frac{年末在校学生数}{年末专任师生数} \qquad (6-46)$$

$$\text{专任教师占职工的比重} = \frac{\text{年末专任教师数}}{\text{年末教职工数}} \times 100\% \qquad (6\text{-}47)$$

教职工与学生的比例反映年末每个教职工所能带的学生数。一般说,学校教职工所带的学生数越多,效率也越高。但这个指标并不是越高越好,毕竟教职工的精力有限,当比率达到一定程度时,高校的产出效率也会逐渐降低。

$$\text{课题成果率} = \frac{\text{成果数}}{\text{课题数}} \times 100\% \qquad (6\text{-}48)$$

$$\text{年人均论文篇数} = \frac{\text{论文篇数}}{\text{年末科研人员数}} \qquad (6\text{-}49)$$

高校产出的另外一种形式是科研成果。科研成果占用的是科研基金和专职的科研人员数量。人员经费和用于科研的人员编制增加,必然导致教学经费和专职教学的人员编制的减少;而占用的科研基金和科研人员越少,产生的成果也会越少。产出的成果越少,预算外收入也会减少。因此,高校应在适度的范围内,增加课题成果的比率,让科研人员多出成果。

衡量高校的管理效率还可以通过学生人均成本来体现。

$$\text{学生人均支出} = \frac{\text{年实际支出}}{\text{年均在校生数}} \qquad (6\text{-}50)$$

$$\text{学生人均设备(图书、固定资产)} = \frac{\text{年末设备原值(图书在册数、固定资产)}}{\text{年末在校生数}} \qquad (6\text{-}51)$$

$$\text{人员经费、教学业务费比重} = \frac{\text{人员经费实际支出数} + \text{教学业务费实际支出数}}{\text{教学事业费实际支出}} \qquad (6\text{-}52)$$

$$\text{教师人均承担的课时数} = \frac{\text{全年实际上课数}}{\text{教师人数}} \qquad (6\text{-}53)$$

(二)医院绩效审计的方法及指标

医院经济效益的取得,是各种各样的因素互为条件、相互影响的结果。在实际工作中,应对其中比较典型的指标进行检查、取证、分析和评价。

评价医院绩效的专业性指标有:

$$\text{病床利用率} = \frac{\text{实际占用病床数}}{\text{实际开放病床数}} \qquad (6\text{-}54)$$

$$\text{治愈率} = \frac{\text{治愈病人数}}{\text{就诊人次数}} \qquad (6\text{-}55)$$

$$\text{死亡率} = \frac{\text{死亡病人数}}{\text{就诊人次数}} \qquad (6\text{-}56)$$

第六章 行政事业单位绩效审计

$$每门诊人次平均收费额 = \frac{门诊收入}{门、急诊人次} \quad (6-57)$$

$$每住院日平均收费额 = \frac{住院收入}{实际占用床日} \quad (6-58)$$

$$职工平均业务收入额 = \frac{年业务收入}{平均职工人数} \quad (6-59)$$

$$职工人均业务收支节余额 = \frac{业务收支差额}{平均职工人数} \quad (6-60)$$

$$事业费与业务收入比 = \frac{拨入卫生事业费}{业务收入} \quad (6-61)$$

$$百元固定资产收益率 = \frac{业务收入}{固定资产总值} \quad (6-62)$$

$$百元医疗设备收益率 = \frac{医疗收入}{医疗设备总值} \quad (6-63)$$

$$周转金周转次数 = \frac{业务收入}{流动资金平均占用额} \quad (6-64)$$

$$设备利用率 = \frac{设备在用数}{设备总数} \quad (6-65)$$

从经营能力、获益能力、偿债能力三个方面出发，医院经济效益的审计主要包括以下几个方面。

1. 医院经营能力的审查

医院经营能力审查是对医院资金利用效率和运营能力的审查，通过分析可以反映医院的经营状况和经营管理水平情况。主要审查存货周转率、流动资产周转率、固定资产周转率和总资产周转率指标。

(1) 审查医院存货周转率指标，就是对医院一定时期的医疗成本与平均存货的比率进行审查。其计算公式如下：

$$平均存货 = \frac{期初存货 + 期末存货}{2} \quad (6-66)$$

$$存货周转率 = \frac{医疗成本}{平均存货} \times 100\% \quad (6-67)$$

这一指标说明一定时期内被审计医院存货资产的周转次数，反映被审计医院的医疗经营效率和存货利用效率。这一指标越高，说明医院运营资金周转越快，收益率越高；反之，说明库存物资积压，资金沉淀，库存管理不善，或是医院医疗经营状况不良。

(2) 审查医院流动资产周转率，就是对医院医疗收入与流动资产平均总额

的比率进行审查。其计算公式如下:

$$流动资产平均总额 = \frac{期初流动资产 + 期末流动资产}{2} \quad (6\text{-}68)$$

$$流动资产周转率 = \frac{医疗收入}{流动资产平均总额} \times 100\% \quad (6\text{-}69)$$

这一指标反映被审计医院全部流动资产的利用效率。这项指标越高,说明医院流动资产周转速度越快,反之越慢。

(3) 审查医院固定资产周转率,就是对医院医疗收入与固定资产净值的比率进行审查。其计算公式如下:

$$固定资产周转率 = \frac{医疗收入}{固定资产净值} \times 100\% \quad (6\text{-}70)$$

这一比率反映医院固定资产的利用效率。比率越高,说明医院固定资产利用率越高,反之越低。

(4) 审查医院总资产周转率,就是对医院医疗收入与资产总额的比率进行审查。其计算公式如下:

$$总资产周转率 = \frac{医疗收入}{资产总额} \times 100\% \quad (6\text{-}71)$$

这一比率反映被审计医院全部资产的利用效率。比率越高,也说明医院全部资产利用率越高,反之越低。

2. 医院获益能力的审计

(1) 审查医院经营效果指标。

① 审查医疗收入增长率指标。就是对医院(科室)经营效益总的情况进行的审查,以分析业务收入总趋势。其公式如下:

$$医疗收入增长率 = \frac{本期医疗收入 - 前期医疗收入}{前期医疗收入} \times 100\% \quad (6\text{-}72)$$

② 审查医疗收益达标率指标。就是对被审单位创收任务完成情况和年度经济目标值预测科学性的审查。医疗收益是毛收入减去成本部分,也称之为纯收入。其计算公式如下:

$$医疗收益达标率 = \frac{本期医疗收益}{期内收益目标值} \times 100\% \quad (6\text{-}73)$$

③ 审查医疗收益增长率指标。主要是对被审计医院经营效果及管理水平

总情况的审查。其计算公式如下:

$$医疗收益增长率 = \frac{本期医疗收益 - 前期医疗收益}{前期医疗收益} \times 100\% \qquad (6-74)$$

(2) 审查医院资源利用指标。

① 人均收益增长率指标。这个指标主要评价被审计医院期内人均收益水平。由于医院各岗位分工不同,应用"增长率"横向比较的可比性更强。其计算公式如下:

$$本(前)期人均收益 = \frac{本(前)期医疗收益}{本(前)期核定人数} \qquad (6-75)$$

$$人均收益增长率 = \frac{本期人均收益 - 前期人均收益}{前期人均收益} \times 100\% \qquad (6-76)$$

② 物化劳动收益增长率指标。医用设备收益增长率,这个指标主要是评估被审计医院医疗设备创收和管理情况。其计算公式如下:

$$医用设备收益增长率 = \frac{本期医疗设备收益 - 前期医疗设备收益}{前期医疗设备收益} \times 100\% \qquad (6-77)$$

医用器材收益增长率,这个指标主要是评估被审计医院医用器材创利和管理情况。其计算公式如下:

$$医用器材收益增长率 = \frac{本期医用器材收益 - 前期医用器材收益}{前期医用器材收益} \times 100\% \qquad (6-78)$$

药品收益增长率,这个指标主要是评估被审计医院药品创利和管理情况。其计算公式如下:

$$药品收益增长率 = \frac{本期药品收益 - 前期药品收益}{前期药品收益} \times 100\% \qquad (6-79)$$

病床日均收益增长率,这个指标主要是评估被审计医院床位创收和管理情况。其计算公式如下:

$$病床日均收益增长率 = \frac{本期病床日均收益 - 前期病床日均收益}{前期病床日均收益} \times 100\% \qquad (6-80)$$

以上医院资源利用指标收益增长率越高,说明医院资源利用率越好,反之次之。

(3) 审查医院经营成本指标。

① 医疗成本降低率指标。这个指标反映以较少的消耗,取得较大的经济效益,可以评价被审计医院医疗经营中的成本管理,并分析业务成本总趋势情况。

其计算公式如下：

$$医疗成本降低率 = \frac{本期医疗总成本降低额}{前期医疗总成本} \times 100\% \qquad (6\text{-}81)$$

② 直接成本收益增长率。医疗直接成本包括药品、医用器材、血液及血液制品等。此指标吸收了企业的成本利润率的原理，取评估期内医疗收益与直接成本之间的比率，成为直接成本收益率，以反映降低直接成本所获得的经济效益。直接成本效益增长率可分析被审计医院成本管理水平及成本趋势。其计算公式如下：

$$直接成本收益增长率 = \frac{本期直接成本收益 - 前期直接成本收益}{前期直接成本收益} \times 100\% \qquad (6\text{-}82)$$

（4）审查医院普通基金结余率指标。

就是对被审计医院实现结余情况进行审查。其计算公式如下：

$$普通基金结余率 = \frac{结余总额}{普通基金总额} \times 100\% \qquad (6\text{-}83)$$

这一指标反映投入医院基金的获取结余的能力。该比率越高，说明医院实现结余较多，经营状况良好，反之较差。

3. 医院偿债能力的审查

（1）审查医院资产负债率指标。

即对医院的资产负债水平和资产结构进行审查，以评估医院的经营状况。其计算公式如下：

$$资产负债率 = \frac{负债总额}{资产总额} \times 100\% \qquad (6\text{-}84)$$

这个揭示医院经营状况的指标，它不仅反映了医院利用债权人资金的规模，也反映了医院的风险程度。当医院的资产负债率接近 100% 时，就达到了资不抵债的边缘；一旦超过 100%，医院就进入了破产的境地。

（2）审查医院流动比率指标和速动比率指标。

① 审查医院流动比率指标，就是对衡量医院在某一时点偿还即将到期债务能力进行的审查。其计算公式如下：

$$流动比率 = \frac{流动资产}{流动负债} \qquad (6\text{-}85)$$

流动比率过高，意味着医院过多的资金停留在流动资产上。虽然流动资产的变现能力强于固定资产、长期投资等非流动资产,但其获利能力弱于固定资产,从而流动比率过高会影响医院获利能力;反之,流动比率过低,说明医院偿债能力较差。

② 审查医院速动比率指标,就是对衡量医院在某一时点上运用随时可变现资产偿付流动债务能力进行的审查,其计算公式如下:

$$速动比率 = \frac{速动资产}{流动负债} \tag{6-86}$$

对医院经营者来说,速动比率也不能过高。因为速动比率过高,意味着医院的资金过多地停留在现金、银行存款、应收账款、应收票据、短期投资等变现能力较强,但获利能力较差的速动资产上,从而影响医院的获利能力。

(三) 科研机构绩效审计的内容及指标

1. 审查科研成果的数量和质量

科研成果是科研机构科研活动的最终结果,从科研结果的数量、科研成果的质量两个方面反映科研工作的成绩,可以考核科研成果的数量、科研水平达到哪一个级别、是否得奖等来判断,并和计划比较,和历史某时期比较或和先进单位比较。

2. 审查科技人员使用情况

科技人员是科研工作的主体,有了优秀的科技人员,才能攻克科研难题,因此,科技人员的素质如何,科技队伍的结构合理与否会影响科技成果的数量和质量,这是审查的一个方面;另一个方面要审查是否充分发挥科技人员积极性,发挥他们的长处,科技人员承担了多少科研任务,撰写了多少论文,文章的质量如何,它们从另一个侧面反映了科研人才的利用情况。

3. 审查科研项目的经济效益

科研项目的经济效益,是将课题(项目)经费数和成果推广运用后取得的效益进行比较,从绩效审计的角度看,重要的是加强课题开题前的技术经济论证、评价。对新开课题的经济效益、社会效益、研究经费的来源渠道、投资回收率等经济指标进行预测,然后对科研项目实施过程管理。

(1) 一次效益的预测。

所谓"一次效益",是指课题项目通过推广、转让后取得的收入与该课题费用支出之间的比例关系。我们通常通过课题费用效益率来测算"一次效益"。

$$课题费用效益率 = \frac{课题成果推广转让价格 - 课题成果总支出}{课题成果总支出} \tag{6-87}$$

当课题费用效益率大于零时,该课题盈利,当课题费用小于零时,反映该课题将产生亏损。

由于科研单位并非单纯地追求利润,重要的是科研成果的推广及转让后产生的社会经济效益,因此,这个指标在运用时,应同其他指标结合起来。

(2) 二次效益的预测。

所谓"二次效益",是指科研成果推广,转让后在社会生产中产生的经济效益,是该成果在其生命期内纯收入与其费用支出总额之间的比例,即:

$$二次效益率 = 成果效益期限 \times \frac{应用成果单位平均年收入 - 应用成果单位年平均费用}{该成果的研究费用总额 - 成果的效益期限 \times 应用成果单位年平均费用}$$

(6-88)

当二次效益大于零时,反映该课题可以产生社会效益,可以使生产单位有盈利,当小于零时,则反映该课题没有社会效益,使生产单位亏损。

在预测课题经济效益时,要将上述两个指标综合起来运用。在上述两个指标中,当课题费用效益率大于零,而二次效益率小于零,说明该课题没有社会效益,生产单位也不可能采用。因为这样的课题不能选择;当课题费用效益率小于零,二次效益率也小于零时,说明该课题既无一次效益,也无社会效益,这样的课题也不能选择。当课题费用效益率小于零,而二次效益率大于零时,说明虽然科研单位本身可能发生亏损,但该科研成果在社会生产中将产生一定的社会效益,这样的课题在选择时,要综合考察其他一些有关因素,如:课题的科学学术价值、课题在社会生产中的生命期限、课题投资的回收率等。当课题费用效益率大于零,二次效益率也大于零时,这样的课题选择是最佳的选择,而且这两个指标越大越好。

另外,也要对科研项目研制过程进行必要的审查。这项工作的主要关键点在于以下几个方面:该项目研制是否按计划进行,实施的进度是否达到计划进度,对项目管理、控制是否按规定的程序进行,特别是要考核各项技术经济指标是否达到了计划的要求,费用支出总额是否在预算控制的限额之内,各项费用开支是否合理、节约等等。

第七章 管理审计

第一节 管理审计的基本概念

一、管理审计的含义

什么是管理审计,目前存在着多种理解,大致可以分为三类:其一,对管理的审计(audit of management);其二,为管理而审计(audit for management);其三,双重目的的审计。如北美卡罗莱纳大学工商管理研究生院教授、20世纪管理名著《管理工作中的计量方法》的作者理查德·莱文博士,早在上世纪50年代,就将管理审计视作:为了确定和解释问题存在的领域而对组织的有关活动所进行的评估。与这一观点相近似,一些CPA也将其称为"管理服务合约",像约翰·凯里、阿瑟·维特等。内部审计师也将他们从事的内部审计或业务审计称作"管理审计",像劳伦斯·索耶、威廉·坎普菲尔德等。对管理审计一词做出这种解释的鲜明特征是:不论在什么情况下,"审计合约"都具有为管理而审计的性质,"独立性"并未视作与这种审计特别相关的一大特征。内部审计大师劳伦斯·索耶在其名著《现代内部审计实务》中也重申了这种观点:管理审计就是以管理者或管理咨询师的眼光去审查组织的各种活动,它与其他审计形式的区别在于它的思维方式而不在它的技术方法。

与上述观点不同的是,管理咨询师马丁德尔以及邱吉尔博士和西尔特博士则将管理审计视作为第三方利益关系人的利益而对管理进行的"独立鉴证"。邱吉尔和西尔特认为:在管理审计过程中,要对组织的信息系统、管理控制和管理程序实施独立的检查。著名会计大师科勒在其撰著的《会计师词典》中接受了这种观点。他指出:"管理审计系指由外部人员对管理业绩所做出的评估。"对管理审计做出这种解释的鲜明特征是:任何一份"管理审计合约"都具有对管理活动、管理业绩甚至管理者本人进行审查的性质,从而是一种 audit of management。这种审计的首要特征是它的独立性。

我们认为,要正确认识管理审计概念、规范管理审计定义,应该从受托责任关系出发。受托责任可分为两类:受托财务责任和受托管理责任。前者要求受托人尽一个最大善良管理人的责任,诚实经营,保护受托财产的安全完整,同时要求其行动符合法律的、道德的、技术的和社会的要求;后者要求受托人不仅应合法经营,而且应有效经营、公平经营,也就是说,受托人要按照经济性、效率性、效果性甚至公平性和环保性来使用和管理受托资源。依照审计和受托责任的关系,财务审计的对象是受托财务责任或程序性受托责任;管理审计的对象则是受托管理责任或结果性受托责任,或业绩受托责任。那么,什么因素会影响企业业绩受托责任的履行呢?这需要我们从受托管理责任中所受托的管理责任的内涵去进行分析。那么,什么是管理责任呢?

通过研究,我们发现,在企业规模很小时,所有者亲自管理企业,他们对自身的管理业绩负责,从而对自身也就不存在所谓管理上的责任。而当企业的规模扩大,仅靠所有者自身已无法对企业进行有效管理时,这时,所有者便会聘请专职的管理人员来从事企业的日常经营管理工作,而不需要自身亲自参与管理。此时,所有者只需监督聘请的管理人员的工作,就可以同样保证企业能正常有序运转。这种情况下,被聘请进行企业管理的专职人员就承担了企业的管理责任,这种责任要求管理人员通过实施一系列措施保证企业时刻处于一种高效有序运转状态。而管理审计就是要对这种管理的状况进行鉴证,找出企业管理中阻碍经济活动效益的因素,并提出相应的改善建议。

二、管理审计审查的内容

管理审计所要鉴证的是企业的管理状况,而这些管理状况的好坏又会通过哪些方面表现出来呢?这需要进一步的分析。

绩效审计主要是对企业经济活动的经济性、效益性、效果性,甚至公平性和环境性进行审计,提出审计意见,并进而提出改善企业经营业绩的建议。那么,怎样的管理有助于企业经济活动既经济、又有效率和效果呢?明确了这个问题,也就明确了对管理部门进行绩效审计所要审查的对象。实际的经济活动过程中,我们总结出:人员的素质必然是决定企业经济活动是否经济、效率的直接因素,这一点对我们来说较容易理解。然而,除了人员素质的要求外,是不是还有一些更重要的影响企业经济活动绩效的因素呢?这需要我们进一步的思考。

管理学的理论以及现实的经济活动使我们发现,一些拥有大量优秀人才的组织、部门并不必然会是业绩、效率、效益最高的。组织内部各流程的设计对企业经济活动的绩效同样有着直接重要的影响。经济活动绩效的获得不仅需要企业内部要有创造价值的核心内部业务流程,同样还需要企业内部建立有支持价值创造的其他业务流程。也就是说,需要企业内部建立有足以支持企业经济活动绩效的系统的、完整的价值创造体系。然而,建立有完整系统的价值创造体系也并不必然会提高企业经济活动的绩效;经济活动绩效的获得还需要这些价值创造体系的协调、高效地运转。也即需要企业内部各职能部门之间的配合、协调,以确保企业经济活动时刻处于一种高效率的状态。

以上的分析告诉我们,对一个企业的管理部门进行审计,也就是需要对直接影响管理部门运转效率的因素进行审计,找出存在于这些因素上的不足,并提出改善意见。而我们的研究发现:管理人员的素质以及管理部门设置的质量都会直接决定企业管理部门的运转效率,所以进行企业的管理审计,我们将从管理人员素质和管理部门质量两个角度来进行。以下将对这两个审计对象进行详细的说明。

第二节 管理人员素质审计

一、管理人员素质审计的含义

管理人员素质高低直接影响着企业经营决策的好坏,进而直接决定企业经济活动是否能做到经济、效率、效益。站在绩效审计人员角度来看,要对一个企业的管理状况进行鉴证,其中一个很重要的部分便是进行管理人员的素质审计。

按照心理学的理论:人的素质往往由多个层次组成,这些不同的层次可以被不同的指标所表示;对管理人员来说,反映管理人员素质的指标体系往往由知识、能力、职业兴趣和人格类型等指标组成。那么,如何审计管理人员的素质呢?这需要审计人员运用一些心理学的测试方法,针对不同的管理人员设计出一些不同的评价指标体系。

如何设计管理人员素质的评价指标体系呢?通常需要审计人员遵循以下六条原则。

(一)针对性原则

由于各类人员的工作性质、特点、职务类别和层次、专业技术不同,选择的测评指标也应有所不同。因此,在进行人员素质评价指标体系的设计时,要针对评价的目的和对象来选择相应的指标,充分体现出所评价对象的特点。如评价对象是科技型的管理人员,其评价指标除了应具备的基本要素之外,还应具备一些特殊要素如创新素质、设计能力、实际操作能力等。如评价的对象是行政型管理人员,其特殊指标还会有决策能力、组织能力以及相应的战略管理能力等。

(二)明确性原则

明确性原则是指每个评价指标的内容要明确、直观、合理。一个评价指标往往只能有一个明确的评价内容,不能模棱两可,含糊不清。如评价指标"表达能力"就不明确,它没有一个明确的评价内容,不知道指的是口头表达能力还是文字表达能力。所以,在进行"表达能力"评价时,应该区别语言表达能力和文字表达能力。否则就会出现模糊不清的现象。

（三）实践性原则

审计人员实施对被审计单位管理人员的素质审计是为了鉴证被审计单位经济活动是否具有经济性、效率性和效益性而进行的。因此,评价指标的选择和指标体系的制定应当考虑被审计单位的整体人力资源规划、考虑各个工作层次和各个工作项目对人员素质的具体要求。

（四）科学性原则

评价指标体系的设计应以心理学、管理学、领导学、人才学等科学原理为依据,运用科学的方法,结合已有的评价经验来确定。

（五）创新原则

评价指标体系应建立在我国传统人事考核的经验和国外考核实践的基础上,吸收其合理部分,并有所创新和发展。另外,评价指标体系还应体现新时期我国人力资源管理的新要求。

（六）精练性原则

从理论上讲,评价内容越全面、越完整,就越能清楚地反映各类人员的各种素质结构。但是,实际评价实践告诉我们,评价指标越少,越有利于评价工作的开展和测评信度的提高。因此,管理人员素质评价指标体系要体现少而精的思想,把不能反映素质评价特点的指标和重复的指标进行删除,把最具有代表性、最能反映人员素质的指标提取出来,从而使素质评价指标体系的内容既完整又精练。

遵循以上设计素质评价的原则,我们总结出:实施管理人员的素质审计,主要应从如下两个方面入手:(1)鉴证被审计单位的管理人员是否具备一些基本的工作素质要求;(2)被审计单位管理人员现有的工作是否能充分发挥其能力,是否有助于其潜力的挖掘,也即被审计单位现有的工作安排是否存在改善的空间。为此,我们设计出进行管理人员素质审计,主要应从人格测试评价、职业适应性测试评价、管理能力测试评价三个方面入手。下面我们就这三个方面分别介绍几种常见的评价方法。

二、人格测试

顾名思义,人格测试是以人格为测量对象的测验。在心理学中,人格有多种定义。我国台湾心理学家杨国枢对人格所下的定义较有综合性:人格是个体与其环境交互作用的过程中所形成的一种独特的身心组织,而这种变动缓慢的组织使个体在适应环境时,在需要、动机、兴趣、态度、价值观念、气质、性向、外形及生理等诸方面,各有其不同于其他个体之处。

多数研究者同意人格具有几个显著的特点:(1)复合性,即人格结构是多层次的、多侧面的,是由复杂的心理特征所结合构成的独特整体。考查一个人的人格要从整体全面来考查;(2)相对稳定性,与其他心理现象相比,人格具有在一定时期内相对的稳定性,即使发生变化也是较为缓慢的,须在较长时间内方能显出变化的效果;(3)差异性,组成人格的各个心理特征的强度在不同人身上可能不同,而且各种特征的结合模式也有差异,表现出个人的独特性;(4)可变性,人格作为一个由多层次、多侧面的心理特征结合构成的复合体,它只是一种相对稳定的状态,随着人的生理、心理、生活环境的变化,人格中的各种特征都有可能发生或大或小的变化,从而在整体上表现出一个人人格的变化。

在心理测量领域中,人格这个术语常指个性中除能力之外的部分,亦即特指那些不同于他人的人之能力的情感、动机、态度、气质、性格、兴趣、品德、价值观等。从方法上归类,人格测试也可分为两大类:一类为结构不明确的投射测试;另一类为结构明确的问卷测验。问卷式测验所用的工具为各种量表,一般是经过标准化处理的测验量表,也可称之为问卷。测验量表的结构明确,编制严谨,任务明确,包括很多具体问题,从不同角度来了解受测者的情况。对于每一个问题,受测者面临的是有限的几个选择,被要求按照实际情况作答。然后根据受测者对问题所作的回答,换算为数量(分数)予以评定。问卷式人格测验又可以分为两类:一类为自陈量表,另一类为评定量表。投射测验所用的刺激多为意义不明确的各种图形、墨迹或数字,让受测者在不受限制的情境下,自由地作出反应,由对反应结果的分析来推断其人格。投射的意义是指一个人把自己的思想、态度、愿望、情绪等个人特征投射到外界事物上,通过对外界事物的反应,表达出自己内心的感受。这种方法的机理是精神分析心理学理论中的外射机制。精神分析理论认为,一个人的人格结构大部分处于潜意识中,通过明确的问题很难表达出自己的感受,而当面对意义不明确的刺激任其随意反应时,却常可以使潜藏在潜意识中的欲望、需求、态度、心理冲突流露出来。这类测验主要以罗夏墨迹测验、主题统觉测验、文字联想测验、画人或画数测验为代表。

自陈量表法是目前我国心理学工作者所偏好的一类人格测评工具。不仅在临床心理医学上获得了广泛的采用,而且还被广泛应用于企业和学校的职业选择、人员招聘和选拔等领域中。这一方法在具体运用时,又存在几种更为具体的评价方法。如:卡特尔十六种人格因素测验(16PF)、加州心理调查表法(CPI)、明尼苏达多相人格测验表(MMPI)等。审计人员在进行管理人员素质审计时,通常也会要求被审计管理人员填写一些调查表,根据被审计单位管理人员回答调查表的情况,计算出管理人员的得分,然后对被审计单位管理人员的人格作出一个总体上的评价。下面介绍一种常用的问卷式的人格测试方法——卡特尔十六种人格因素测验(16PF)。

(一) 16PF 的理论背景

十六种人格因素测验是美国伊利诺州立大学人格及能力测验研究所卡特尔教授编制的。根据一项研究,1971—1978 年被研究文献引用最多的测验中,16PF 仅次于明尼苏达多相人格测验表(MMPI)排名第二。

卡特尔是人格特质理论的主要代表人物,对人格理论的发展作出了很大的贡献。要介绍 16PF,不能不提到特质理论,因为 16PF 是伴随着卡特尔的人格特质理论而发展的,二者可谓"相辅相成"。尽管卡特尔不是从理论构想出发编制成的 16PF,但是对 16PF 的因素(特质)的解释却与他的特质理论相联系(或以之为基础)。

特质理论不是一个单一的理论,而是一个理论"流派",其中包括许多有影响的理论和代表人物,比如阿尔波特、卡特尔、艾森克等人及其理论。他们的共同之处在于不是从类型的层次而是从因素或特质分析人格,把特质看成分析人格的最基本的测量单元。

阿尔波特是人格特质理论的创始人。他认为特质就是那些可以进行"活的组合"的测量单元。它是一种神经心理的结构,尽管不是具体可见的,但可由个体外显行为推知其存在。特质不是习惯,它比习惯更具一般性。例如,一个人也许会有刷牙、勤换衣服、梳头、洗手、剪指甲等习惯,但他具有这些习惯的原则是"清洁"这一特质。换言之,一种特质体现在许多特殊的习惯中。特质也不是态度,态度比特质更具体。态度意味着评价,而特质尽量避免评价。

根据大量的实证研究,卡特尔总结出了组成人格的 16 个特质因素,相应的名称和符号分别为:乐群性(A)、聪慧性(B)、稳定性(C)、恃强性(E)、兴奋性(F)、有恒性(G)、敢为性(H)、敏感性(I)、怀疑性(L)、幻想性(M)、世故性(N)、忧虑性(O)、实验性(Q1)、独立性(Q2)、自律性(Q3)、紧张性(Q4)。

(二) 16PF 在现实中的具体运用

卡特尔认为人格的基本结构元素是特质。特质是从行为推断出的人格结构成分,它表现出特征化的或相当一致的行为属性。特质的种类很多,有人类共通的特质,有各人所独有的特质;有的特质决定于身体结构(遗传),有的决定于环境;有的与动机有关,有的则与能力和气质有关。若由向度来分,可分为四种向度:表面特质与根源特质;能力特质、气质特质、动力特质;个体特质和共同特质;

体质特质和环境塑造特质。

运用 16PF 进行人格测验时,通常是针对 16 个特质要素中每个特质要素分别设计几个具体的问题,要求被测试人员回答。审计人员在进行管理人员的素质审计过程中,进行人格测验时,也是针对上面的 16 个人格要素特质设计出一些问题,要求被审计单位的管理人员回答。在设计问题时,要注意,除针对聪慧性的出题直接采用对错答案外,其余每一题都准备出三个可能的答案,被测试者可任选其一。答案的设计一般为两个相反的选择答案之间再加上一个折中的或中性的答案,使被试者有折中的选择(例如,我喜欢看球赛:a 是的 b 偶然的 c 不是的;或如,我所喜欢的人大都是:a 拘谨缄默的 b 介于 a 与 c 之间的 c 善于交际的),避免了在是否之间必选其一的强迫性,所以被试答题的自发性和自由性较好。此外,为了克服动机效应,尽量采用"中性"测题,避免含有一般社会所公认的"对"或"不对","好"或"不好"的题目,而且被选用的问题中最好在表面上似乎与某种人格因素密切相关,但实际上却与另外一种人格因素密切相关。如此,受测者才不易猜测每题的用意,有利于据实作答。

在记分方面,16PF 测试方法的记分采用了如下方式:除了聪慧性(B)量表的测题外,其他各分量表的测题无对错之分,每一测题各有 a、b、c 三个答案,可按 0、1、2 三等记分(聪慧性量表的测题有正确答案,采用二级记分,答对给 1 分,答错给 0 分)。使用记分模板得出各因素的原始分,再将原始分按常模表换算成标准分。这样即可依此分得出受测者的人格因素轮廓图,也可依此分去评价他的相应人格特点。16PF 目前已发展出多种计算机评分软件,审计人员进行管理人员素质测试时,可以借助于计算机进行评分,作出轮廓图,甚至写出解释报告。

在进行答案设计时,审计人员可以遵循以下各因素解释进行答案的设计。

因素 A,乐群性:高分者外向、热情、乐群;低分者缄默、孤独、内向。

因素 B,聪慧性:高分者聪明、富有才识;低分者迟钝、学识浅薄。

因素 C,稳定性:高分者情绪稳定而成熟;低分者情绪激动不稳定。

因素 E,恃强性:高分者好强固执、支配攻击;低分者谦虚顺从。

因素 F,兴奋性:高分者轻松兴奋、逍遥放纵;低分者严肃审慎、沉默寡言。

因素 G,有恒性:高分者有恒负责、重良心;低分者权宜敷衍、原则性差。

因素 H,敢为性:高分者冒险敢为,少有顾忌,主动性强;低分者害羞、畏缩、退却。

因素 I,敏感性:高分者细心、敏感、好感情用事;低分者粗心、理智、着重实际。

因素 L,怀疑性:高分者怀疑、刚愎、固执己见;低分者真诚、合作、宽容、信赖随和。

因素 M,幻想性:高分者富于想象、狂放不羁;低分者现实、脚踏实地、合乎成规。

因素 N,世故性:高分者精明、圆滑、世故,人情练达、善于处世;低分者坦诚、直率、天真。

因素 O,忧虑性:高分者忧虑抑郁、沮丧悲观,自责、缺乏自信;低分者安详沉着、有自信心。

因素 Q1,实验性:高分者自由开放、批评激进;低分者保守、循规蹈矩、尊重传统。

因素 Q2,独立性:高分者自主、当机立断;低分者依赖、随群附众。

因素 Q3,自律性:高分者知己知彼、自律谨严;低分者不能自制、不守纪律、自我矛盾、松懈、随心所欲。

因素 Q4,紧张性:高分者紧张、有挫折感、常缺乏耐心、心神不定,时常感到疲乏;低分者心平气和、镇定自若、知足常乐。

(三)人格因素的分析

1. 次元人格因素分析

在16个人格因素的基础上,卡特尔进行了二阶因素分析,得到了4个二阶公共因素,并计算出从一阶因素求二阶因素的多重回归方程。这4个二阶公共因素即是综合相应一阶因素信息的次原人格因素,其计算公式和解释为:

(1) 适应与焦虑性。其计算公式为

$$(38+2L+3O+4Q4-2C-2H-2Q3)\div 10 \tag{7-1}$$

式7-1中分母分别代表相应量表的标准分。由公式求得的最后分数即代表"适应与焦虑"之强弱。低分者生活适应顺利,通常感觉心满意足,但极端低分者可能缺乏毅力,事事知难而退,不肯艰苦奋斗与努力。高分者不一定有神经症,但通常易于激动、焦虑,对自己的境遇常常感到不满意;高度的焦虑不但减低工作的效率,而且还会影响身体的健康。

(2) 内外向性。其计算公式为

$$(2A+3E+4F+5H-2Q2-11)\div 10 \tag{7-2}$$

运算结果即代表内外向性。低分者内向,通常羞怯而审慎,与人相处多拘谨不自然;高分者外向,通常善于交际、开朗、不拘小节。

(3) 感情用事与安详机警性。其计算公式为

$$(77+2C+2E+2F+2N-4A-6I-2M)\div 10 \tag{7-3}$$

所得分数即代表安详机警性。低分者感情丰富,情绪多困扰不安,通常感觉挫折气馁,遇问题需经反复考虑才能决定,平时较为含蓄敏感,讲究生活艺术;高

分者安详警觉,果断刚毅,有进取精神,但常常过分现实,忽视了许多生活的情趣,遇到困难有时会不经考虑,不计后果,贸然行事。

(4) 怯懦与果敢性。其计算公式为

$$(4E+3M+4Q_1+4Q_2-3A-2G)\div 10 \qquad (7-4)$$

低分者常人云亦云,优柔寡断,受人驱使而不能独立,依赖性强,因而事事迁就,以获取别人的欢心。高分者独立、果敢、锋芒毕露,有气魄,常常主动寻找可以施展所长的环境或机会。

2. 综合人格因素分析

综合人格因素分析是以统计标准和社会适应性标准这双重标准为根据的。尽管从理论上讲经过因素分析处理后 16 个因素中各因素间是相互独立的,但由于在社会适应的现实情景中某种行为表现往往是多种人格因素共同作用的结果,因此要分析人在某一实践领域的实际表现,就必须将多种人格因素的得分结合起来进行综合分析。于是科特尔通过实验资料的统计,并搜集了 7 500 名从事 80 多种职业及 5 000 多名有各种生活问题的人的人格因素测验答案,详细分析了各种职业部门和各种生活问题者的人格因素的特征和类型,提出了综合多种人格因素得分进行分析的"预测应用公式"。在这些公式中,科特尔根据各因素在实际的社会情境中的某种行为表现中所起的作用大小,对不同因素进行了加权处理,因而在综合分析中所依据的标准是在统计标准上加上了社会适应性标准。按照这样的双重综合标准对受测者作出评价,就不仅要考虑每个因素的得分,还要考虑各因素的作用方向和权重以及它们之间的协调情况。比较常用的公式及其解释有以下几种:

(1) 心理健康者的人格因素。其推算公式为

$$C+F+(11-O)+(11-Q_4) \qquad (7-5)$$

式 7-5 中字母为各量表的标准分。公式运算结果代表了人格层次的心理健康水平。心理健康者得分通常在 0~40 分之间,均值为 22 分,一般不及 12 分者,情绪很不稳定,仅占人数分布的 10%。

(2) 从事专业而有成就的人格因素。其推算公式为

$$2Q_3+2G+2C+E+N+Q_2+Q_1 \qquad (7-6)$$

通常综合分数介于 10~100 分之间,平均分为 55 分,60 分约等于标准分 7,63 分以上约等于标准分 8、9、10,总和 67 分以上者一般应有所成就。

(3) 创造力强者的人格因素。其推算公式为

$$2(11-A)+2B+E+2(11-F)+H+2I+M+(11-N)+Q1+2Q2 \tag{7-7}$$

由此得到的总分可通过下表换算成相应的标准分,标准分越高,其创造力越强。

表 7-1 标准分换算

因素总分	15—62	63—67	68—72	73—77	78—82	83—87	88—92	93—97	98—102	103—150
相当标准分	1	2	3	4	5	6	7	8	9	10

(4) 在新环境中有成长能力的人格因素。其推算公式为

$$B+G+Q1+(11-F) \tag{7-8}$$

在新环境中有成长能力的人格因素总分介于 4—40 分之间,均值为 22 分。17 分以下者(约占 10%)不太适应新环境,27 分以上者有成功的希望。

(四) 16PF 在管理部门绩效审计中的运用

管理人员的素质直接影响着企业经济活动的效率与效果,人格测验是管理人员素质评价的一个重要组成部分。高素质的管理人员往往在人格上表现为心理健康、聪明、有主见、易接受新观念和新事物、遇事不退缩、做事果敢机警、思想自由开放、能虚心接受批评。所以,审计人员在进行管理人员素质审计时,可以借助于上述测试方法计算出管理人员的人格得分,并进而完成对管理人员的人格素质状况作出评价。

三、职业适应性测试

职业适应性测试主要是从个体的需求、动机、兴趣等方面考察人与岗位工作之间的匹配关系。特别地,这一类测验可以很好地了解个体的生活目的、追求或愿望,反映个体对工作的期望,因此对于考评员工工作安排的适当性、选拔人员、激励设计方面都有参考价值。职业适应性测试主要可从需求测试和兴趣测试两个方面来入手。在审计被审计单位管理人员素质时,审计人员也可运用这种测试方法从需求和兴趣两方面对管理人员实施测试。

(一) 需求测试

大多数需求测验都是以马斯洛的需要层次理论为理论基础的,通过建构生理需要、安全需要、友爱和归属的需要、自尊的需要和自我实现的需要这五个需求维度,来测试应试者对这五种需要的程度,从而全面了解个体需求状况和需求主次,并可定性、定量分析管理人员需求分布模式以及各种需求的强弱程度。

通过需求测验可以把握应试管理人员的主要需求方向,帮助他们全面了解

自身的状态,作出更好的职业设计和规划,同时也可相应地安排不同的激励政策,引导提高各级管理人员的工作水平,提高他们对工作的满意度,增强忠诚度和稳定性,为更好地组织人事工作、动机激励、企业文化建设等提供依据。

表7-2　需求与管理策略

需要的层次	追求的目标	管理策略
生理的需要	工资 健康的工作环境 各种福利	薪资管理 保健医疗设备 工作时间 住房福利设施
安全的需要	职业职位保障 意外事故的防止	生产条件、用工制度 离退休制度 意外保险、失业保险
友爱与归属	友谊(良好的人际关系) 团体的接纳 与组织的认同感	人际关系 奖金分配制度 团体活动计划 教育培训制度
尊重的需要	地位、名誉、权力、责任 与他人工资之间相对高低	人事考核制度 晋升制度、表彰制度 选拔进修制度
自我实现的需要	能发展个体特长的组织环境 具有挑战性的工作	决策参与制度 提案制度、攻关小组 研究发展计划

对管理人员实施需求测试,通常是由审计人员根据以上五个维度设置出一些相关的问题。问题的设置与各个层次管理人员的职务有关,采用七级评分制,要求管理人员针对每个问题选择一个适当的分值。所选的分值数越小,代表的那种特性也就越少;反之,数目越大,则那种特性也就越多。比如,如果管理人员觉得自己的职务根本就不具有或极少具有这种特性,就选择1;如果稍微觉得有一点,就选择2,如此等等。每一种特性只能新增一个数。并且要求被测试管理人员对每项特性都要打分,不要疏漏。下面是一个关于需求测试的实例,可供实际工作参考使用。

需求测试试题:

(1)对于担任此工作,你有一种自尊感:

a. 现在实际有多少?　　(最少)1　2　3　4　5　6　7(最多)

b. 应该有多少?　　　　　　　1　2　3　4　5　6　7

c. 这对你有多重要?　　　　　1　2　3　4　5　6　7

(2) 你担任此工作有个人成长与提高的机会：
   a. 现在实际有多少？　（最少）1　2　3　4　5　6　7(最多)
   b. 应该有多少？　　　　　　　1　2　3　4　5　6　7
   c. 这对你有多重要？　　　　　1　2　3　4　5　6　7

(3) 此工作在本单位的威望：
   a. 现在实际有多少？　（最少）1　2　3　4　5　6　7(最多)
   b. 应该有多少？　　　　　　　1　2　3　4　5　6　7
   c. 这对你有多重要？　　　　　1　2　3　4　5　6　7

(4) 在此岗位上独立思考与自主行动的机会：
   a. 现在实际有多少？　（最少）1　2　3　4　5　6　7(最多)
   b. 应该有多少？　　　　　　　1　2　3　4　5　6　7
   c. 这对你有多重要？　　　　　1　2　3　4　5　6　7

(5) 对现在工作的稳定感：
   a. 现在实际有多少？　（最少）1　2　3　4　5　6　7(最多)
   b. 应该有多少？　　　　　　　1　2　3　4　5　6　7
   c. 这对你有多重要？　　　　　1　2　3　4　5　6　7

(6) 你做这一工作，能发挥自己的才智的感觉：
   a. 现在实际有多少？　（最少）1　2　3　4　5　6　7(最多)
   b. 应该有多少？　　　　　　　1　2　3　4　5　6　7
   c. 这对你有多重要？　　　　　1　2　3　4　5　6　7

(7) 你这一工作在本单位之外受到尊重：
   a. 现在实际有多少？　（最少）1　2　3　4　5　6　7(最多)
   b. 应该有多少？　　　　　　　1　2　3　4　5　6　7
   c. 这对你有多重要？　　　　　1　2　3　4　5　6　7

(8) 在本岗位上觉得取得了有意义的成就：
   a. 现在实际有多少？　（最少）1　2　3　4　5　6　7(最多)
   b. 应该有多少？　　　　　　　1　2　3　4　5　6　7
   c. 这对你有多重要？　　　　　1　2　3　4　5　6　7

(9) 这工作有帮助别人的机会：
   a. 现在实际有多少？　（最少）1　2　3　4　5　6　7(最多)

b. 应该有多少？　　　　　　1 2 3 4 5 6 7
  c. 这对你有多重要？　　　　1 2 3 4 5 6 7

（10）这工作有参加设置自己工作目标的机会（即在确定分配给自己的任务时有发言权）：
  a. 现在实际有多少？　（最少）1 2 3 4 5 6 7（最多）
  b. 应该有多少？　　　　　　1 2 3 4 5 6 7
  c. 这对你有多重要？　　　　1 2 3 4 5 6 7

（11）这工作有参与确定自己的工作方法和步骤的机会：
  a. 现在实际有多少？　（最少）1 2 3 4 5 6 7（最多）
  b. 应该有多少？　　　　　　1 2 3 4 5 6 7
  c. 这对你有多重要？　　　　1 2 3 4 5 6 7

（12）这工作有权力：
  a. 现在实际有多少？　（最少）1 2 3 4 5 6 7（最多）
  b. 应该有多少？　　　　　　1 2 3 4 5 6 7
  c. 这对你有多重要？　　　　1 2 3 4 5 6 7

（13）这工作有交上亲密好友的机会：
  a. 现在实际有多少？　（最少）1 2 3 4 5 6 7（最多）
  b. 应该有多少？　　　　　　1 2 3 4 5 6 7
  c. 这对你有多重要？　　　　1 2 3 4 5 6 7

分数计算及解释：

根据被测试人员的答题情况，审计人员就可以在"需要满足表"中计算出每个管理人员的满足分数了。这分数表明了管理人员的工作能满足其自身需要到何种程度。

需要满足表的计算方法为：先把试卷中每一项特性的 a 问句与 b 问句中所选择出的分数找出来，然后以 b 减去 a，将所得分数填进下表中。将各栏分数小计出来，再除以适当相应数字。表中最下面一行，是美国管理人员的平均分数。这是波特在抽样中对 1 916 名各级管理干部所做测验得来的，可供参考对照。

一般来说，你对某项需要的分数高于参考平均数，说明你对这项需要不如抽样的那组人员那样满足；反之，比参考分数低，则你的该需要的满足程度高于平均水平。

表 7-3 需求满足表

	安全	社交	荣誉	自治	自我实现
	5b－5a＝	9b－9a＝	1b－1a＝	4b－4a＝	2b－2a＝
	13b－13a＝	3b－3a＝	3b－3a＝	10b－10a＝	6b－6a＝
		7b－7a＝	11b－11a＝	8b－8a＝	
			12b－12a＝		
小计：	___	___	___	___	___
除以：	1	2	3	4	3
满足分：	___	___	___	___	___
参考分：	0.43	0.33	0.61	0.78	1.05

（二）职业兴趣测试

职业兴趣的问题早已引起心理学家的重视，对职业兴趣的测验已成为劳动认知心理学研究的重要方面。这些测试的基本原理是：如果一个人表现的兴趣和爱好同在某种职业中取得成功的兴趣和爱好一致，那他就有可能在该职业中得到满足。值得注意的是，一个人对某一特定职业有很大兴趣并不意味着这个人干这一职业一定出色。兴趣测验仅仅表现出人的兴趣和那些在这种工作中干的出色的人的兴趣相吻合而已。而大多数情况下，人的职业兴趣与其工作效率保持正相关关系。

典型的这种测试有："斯特朗—坎贝尔兴趣调查"、"库德职业兴趣测试"、"爱德华个人兴趣测验"等。而目前大部分职业兴趣测验是依据霍兰德的职业兴趣理论编制的。霍兰德于20世纪50年代开始职业兴趣的测量研究。他的贡献之一在于提出"职业兴趣是个性的体现"，他根据性格与职业兴趣的关系，把性格分为六种职业兴趣类型：现实型、研究型、艺术型、社会型、企业型和常规型。每种性格的具体内容为：

1. R——现实型

（1）人格特征：非社交的、物质的、遵守规则的、实际的、安定的、缺乏洞察力的、感情不丰富的、不善于与人交往的特征。现实型的人往往表现出看重具体的事物或真实的个人特点的价值观。

（2）职业特征：需要进行明确的、具体的、按一定程序要求的技术性、技能性工作。如木工、电工、机床操作工、修理工、建筑工等等。

相关职业：飞机检修工、动物饲养员、汽车修理工、木工、汽车驾驶员、测量工、工地检查员、无线电工、加油工、园林工、船舶驾驶员、机械操作工、电工技师等。

2. I——研究型

(1) 人格特征：分析的、内省的、独立的、好奇的、慎重的、敏感的特征。研究型的人偏好对各种现象进行观察、分析和推理，并进行系统的创造性地研究，以求能理解和把握这种现象。

(2) 职业特征：通过观察、科学分析而进行的系统的创造性活动，一般研究对象侧重于自然科学方面，而不是社会科学方面。如天文、植物学工作者、计算机程序设计员等等。

相关职业：气象员、生物学工作者、天文工作者、物理实验人员、建筑设计师、计算机程序设计员等。

3. A——艺术型

(1) 人格特征：想象力丰富的、理想的、直觉的、独创的，但是无秩序的、感情丰富，缺乏事务性办事能力等特征。

(2) 职业特征：通过非系统化的、自由的活动进行艺术表现，但精细的操作能力较差。如演员、诗人、编辑、工艺设计师等等。

相关职业：诗人、作家、指挥、作曲家、演员、商品设计师、记者、导演、画家、雕刻家、工艺设计师等。

4. S——社会型

(1) 人格特征：助人的、易于合作的、社交的、有洞察力的、责任感强的、重友谊的、有说服力的、比较关心社会问题等特征。

(2) 职业特征：从事更多时间与人打交道的说服、教育和治疗工作，如教师、律师、医生、护士、营业员、供销人员、宾馆服务、公关人员、社会活动家等等。

相关职业：教师、临床医师、社会福利工作人员、护士、职业咨询者、公共关系人员、列车员、律师、社会活动家等。

5. E——企业型

(1) 人格特征：支配的、乐观的、冒险的、冲动的、自我显示的、自信的、精力旺盛的、好发表意见的，但有时不易被人支配的、喜欢管理的和控制别人等特征。

(2) 职业特征：从事需要胆略、冒风险且承担责任的活动。主要指管理、决策方面的工作。

相关职业如厂长、经理、调度员、推销员等。

6. C——常规型

(1) 人格特征：自我抑制的、顺从的、防卫的、缺乏想象力的、持续稳定的、实际的、有秩序的、回避创造性的活动等特征。常规型的人偏好对数据资料进行明确、有序和系统化的管理工作。

（2）职业特征：严格按照固定的规则、方法进行重复性的、习惯性的活动，希望较快地见到自己的劳动成果，有自控能力。

相关职业：会计、统计人员、信贷调查员、法庭速记员、银行出纳员、税务人员、仓库管理人员、计算机操作员、价格计算人员、打字员、秘书、图书管理员等。

霍兰德测验通过四套不同侧面上的问卷来考察测评对象的职业倾向特征，从6个维度类型来考察测评对象的职业兴趣特征。在6个维度类型的记分中，得分最高的即为被试者的职业人格类型，反映受测验者本人较突出的职业人格特征，进一步则可以从测验解释系统得知自己所属人格类型的三方面信息：人格特征、职业特征、相关职业。由于不同人格类型之间存在着不同的相互关系，高相关的一些类型组成了综合性人格特征，得分居前三位的三种人格类型即为被测者的综合测试结果，在测验系统中可以进一步查询出所适合的职业类别。

（三）职业适应性特征在管理部门绩效审计中的运用

对管理人员进行职业适应性测试，主要是为了确定被审计单位的管理人员是否适合其现在的工作、是否具备其工作所需的素质要求、其现在的工作是否有利于其能力的充分发挥，即是否做到了人尽其才。审计人员通过对管理人员实施需求测试和职业兴趣测试，其测试结果也可以为被审计单位改善其人事安排，更好地挖掘各层次管理人员的潜力提供很好的参考依据。

四、管理能力测试

管理能力测验主要是对企事业管理人员的管理能力及潜能等进行鉴定，并提供发展性建议。常见的管理能力测验有如下几种：

人际敏感能力测验：测试管理者一般的沟通常识。

管理人员逻辑推理测验：测试管理者的逻辑思维能力及推理能力。

管理变革测验：帮助管理者了解自己在多大程度上对企业组织中引入的变革以及有关引入变革的方法有正确的了解。

团队指导技能测验：帮助管理者检查自己是否了解对自己所在团队的成员进行指导的正确知识和方法。

自我实现测验：帮助管理者了解自己有哪些需要尚未得到满足，他们在多大程度上可能成为行为的原因和驱动力量。

沟通技能测验：帮助管理者了解自己在多大程度上掌握正确沟通的常识和方法。

管理方式测验：检测不同的管理方式，它们分别对应的不同的对人类本性的假设。而采取不同的假设，就会对人采取不同的态度和对待策略，从而影响管理者的管理策略和方式。

基本管理风格测验：帮助管理者思考自己现有的管理风格及其他可能的管理风格，这一思考有利于人们调整行为而提高管理绩效。

管理情境技巧测验：帮助管理者在鉴别哪种方式是日常的管理运作实践中有效的必要的。

创造力测验：考察管理者的创造性思维能力。

综合管理能力测验：主要测试被测评人是否具备从事企业经营管理工作所必须具备的基本管理技能，主要包括计划、组织、决策、指挥、激励、沟通、控制、应变等八个方面的基本能力。

经营能力测验：主要测试被测评人是否具备从事企业经营管理工作所必须具备的基本经营技能，主要包括战略管理、人事管理、公关管理、投资管理、财务管理、生产管理、营销管理、技术管理等八个方面的能力。

下面我们详细介绍几种管理能力测验。

（一）数量分析能力测试

1. 测试目的与功能

数量分析能力测试主要测查应试者对数量图表等信息的敏锐感和分析能力，对其数量分析能力进行测查评定。该测验的测查不需要任何特别的专业知识背景，测查内容和范围包括：

（1）对数值、图表的敏感性；

（2）快速的综合分析能力；

（3）一定的快速数字估算能力。

2. 测验的特点

对于管理人员而言，具备一定的数量分析能力是高素质的企业管理人员所必需的，也是现代企业对未来管理者的基本要求之一。在美国，MBA学位是获取公司中层以上管理职位的重要条件之一，而获取MBA学位的前提条件是通过GMAT测试。GMAT是全美工商管理硕士入学标准化考试，该考试始于20世纪70年代，是由美国教育测验服务社开发施测并为北美各大学所承认的测验，其信度和效度久经考验，测验内容主要由三部分构成：数量分析、逻辑推理、阅读理解。本测验可以借鉴GMAT对应部分的题型。

该测验具有以下特点：

（1）难度测验，有考试时间的限制；

(2) 题型为单项选择,每题有且只有一个正确答案;

(3) 测验由若干图表分析题组成,其中每组图表分析题内包含1-3个图表和与图表有关的2-6道单项选择题。要求应试者通过对图表显示内容的分析,对每道题作出正确选择;

(4) 适用于有一定学历水平的人员。

（二）管理人员逻辑推理测试

1. 测试目的与功能

对中层管理人员来说,分析问题、解决问题的能力十分重要。该测试可以帮助企业选拔具有很强的语言分析能力,能迅速深入地加工信息,找到问题关键,并善于分析语言文字表达的信息,能根据事实而非主观臆断做出判断的优秀管理人才。

测试应试者思维的准确、敏锐程度、逻辑推理的严密性和连贯性。

2. 测试的特点

(1) 难度测验,有考试时间的限制;

(2) 题型为单项选择,每题有且只有一个正确答案;

(3) 测验由逻辑推理题构成,其中每道逻辑推理题内或者包含一段对前提假设的描述,要求应试者根据假设推出合理的结论;或者提供一段对某一事件的结论,要求应试者在各选项中找出使结论成立的前提假设;

(4) 为使应试者熟悉测验题型,正式测验前安排练习时间;

(5) 适用于有一定学历水平的人员。

（三）创造力测试

创造力是一种特殊能力,是人的一种高级能力,虽然目前人们对创造力有各种各样的定义,但创造力一般是指产生新的想法、发现和创造新的事物的能力或能力倾向。现在越来越多的工作强调要有创新能力,因此创造力测验也在人员能力评估中得到较多应用。

很多心理学家认为,创造力的核心是创造性思维的能力,而发散性思维是其主要部分。主要表现在四个方面:

(1) 思维的流畅性:能迅速产生大量的想法。

(2) 思维的灵活性:能否灵活变通地思考和解决问题,不拘泥于现有的常规的方式,遇到障碍是否善于迂回解决。

(3) 思维的独特性:观点和见解新颖独特,不受成见影响。

(4) 思维的发散性:思考问题的角度多、范围宽、不易受到束缚和限制。

在创造性思维能力测试中主要测试被试者的发散性思维。思维的流畅性可以用单位时间内由一个项目联想到的别的项目数来衡量。思维的独特性可以用由一个项目联想到别的项目中的罕见项目(不为别人所联想到的项目)的多少来衡量。思维的发散性可以用由一个项目联想到别的项目的种类多少来衡量。

(四)管理能力测试在管理部门绩效审计中的应用

管理层的管理能力直接决定着企业经济活动的经济性、效率性和效益性。经济环境的瞬息万变,需要企业随时把握住稍纵即逝的有利于企业发展的机会并同时努力挖掘出有利于企业发展的机会,充分调动全体人员的工作积极性为共同的目标而努力。而能否把握住企业的发展机会并创造出有利于企业发展的机会,很大程度上是由管理人员的创造力、经营能力、团队指导技能、管理人员的逻辑推理能力所决定的。这些创造力、经营能力、团队指导技能都是企业管理人员管理能力的组成部分。所以进行管理人员的管理能力测试可以评价出管理人员是否真的具备管理企业所需的必要素质,是否真的对经济活动实现了有效的管理。

将管理能力测试与人格测试、职业适应性测试结合起来,可以帮助审计人员对被审计单位的管理人员作出综合的素质评价,这样的评价为鉴证企业受托管理责任履行情况及效果、判断企业经济活动是否做到了经济、效率和效益等,也提供了重要的判断基础。

第三节　管理部门质量审计

一、管理部门质量审计的含义

企业是一系列契约的结合体,有物质资本契约、人力资本契约。契约的不同组合会导致不同的产出效果。那么,如何有效地管理这些契约呢?这便产生了管理部门,然而管理部门的不同工作又会导致管理效率的不同,于是管理部门管理的质量又成为了管理领域关注的重点。不同的管理质量直接决定了不同的管理绩效。而正是由于管理部门质量对企业管理绩效的这种直接作用也就进一步决定了在对企业经济活动进行经济性、效率性、效益性、环境性、公平性审计的过程中,对企业管理部门质量进行审计构成了对管理部门进行绩效审计的一个重要的组成部分。由此,根据审计以及管理部门质量的涵义,我们将管理部门质量审计定义为对企业管理部门的质量(包括设计质量、工作质量等)进行鉴证以及评估,找出管理部门在设计和工作中的缺陷,并提出相应的改进建议。

那么,对管理部门质量进行审计是如何实施的呢?按照怎样的审计程序实施的呢？通过对绩效审计特征及财务审计程序的研究分析，我们概括出管理部门质量审计的程序如下：管理部门质量审计的程序是指对管理部门的管理质量进行评估的基本步骤，是对被审计单位进行绩效审计的一个必要组成部分。在理论上，目前并没有一种固定的程序可供遵循。这就需要审计师根据我国相关审计准则的有关规定、指导精神以及与被审计单位商议的结果来确定具体的审计程序。一般来说，我们认为实施管理部门质量审计的程序包括：明确审计目标、设计评估指标、收集和加工评估信息、选择评估标准、得出审计结论、报告和提出改进建议等六个阶段。

（一）明确审计目标

审计工作需要具有一定的目的性，否则整个审计过程就如一盘散沙。审计目的是整个审计工作的灵魂和核心，贯穿整个鉴证评估的过程。企业到底是出于何种目的而要求审计师对其进行绩效审计，这是企业管理层或者董事会必须明确的内容，也是审计师执行绩效评估的基点和归宿点。

（二）设计评估指标

企业绩效的衡量是通过相关的绩效衡量系统来进行的，而绩效衡量系统是由一系列的评估指标有机结合构成的，所以企业绩效衡量依赖绩效评估指标。评估指标是对评价客体的某些方面进行评价，评价指标的选择要依据客体的特性和系统目标按照系统设计的原则进行。企业进行绩效评估时一般按照社会公认的权威机构或者行业部门设计的共性指标，再根据该企业的具体情况并发挥审计师的职业判断能力进行选择和补充。

（三）收集和加工评估信息

在这一阶段内，主要工作是收集信息和加工提炼信息。首先，企业的信息是丰富多彩的，是多方面的，比如有财务信息、非财务信息，有企业内部信息、企业外部信息，有历史信息、当前信息、未来信息等。面对如此之多的信息，企业应该本着客观、真实和成本性、效益性的原则尽可能多地收集有用的信息，来保证评估信息的全面性、客观性、真实性和效益性。其次，收集的大量信息并不是都可以直接应用到企业绩效评估当中去，审计师还必须对收集的信息进行筛选、辨别和进一步的加工和提炼。审计师在面对各种复杂、粗糙的信息时，应该能够对信息去伪存真、去粗取精，并将经加工处理后的信息应用到评估工作中去。

（四）选择评估标准

评估标准是指对评估客体进行分析评价的基础和依据。评估的目标、范围和出发点不同，那么评估的标准也会不同。随着社会的不断进步、经济的不断发展以及外部条件的变化,作为评判尺度的评估标准也会随之而变。因此,评估标准是相对的、发展的和不断变化的。企业选用的评估标准不同,得出的绩效评估结论可能也会截然相反。目前常见的绩效评估指标有经验标准、年度预算标准、历史水平标准和竞争对手标准,等等。鉴于这种情况,企业在选用评估标准时应该慎重考虑,全面权衡。

(五)得出审计结论

形成的评估结论是在各个单项指标评估结果的基础上的一个更高层次上的有机综合,它反映了对评估客体的综合评价。得出评估结论这一过程在整个程序中占有相当重要的地位,它起着承上启下的作用。首先,形成评估结论的前提条件是:审计师必须明确评估的目的,确定评估目标,设计和选择合适的评估指标体系,充分获取有用信息并对信息进行合理的甄别、筛选、加工和提炼,选择合理的评估标准。其次,得出评估结论的一般步骤是:将评估客体按照评估指标的构成分解,利用评估指标对评估客体的各个部分进行衡量,将得到的对评估客体各个部分的衡量值记录下来,按照一定的数理统计和运筹学的方法对各个单项衡量值进行加工,得出关于整个评估客体的综合值,然后将综合值与标准值加以比较,最终形成评估结论。最后,绩效评估结论的形成是绩效审计报告的基础和依据。绩效审计结论的性质直接决定着绩效审计报告的性质。

(六)形成管理部门质量报告与改进建议

管理部门质量审计报告是审计师进行管理部门审计的工作成果,但它并非是管理部门质量评估的终点。对管理部门质量进行审计的目的不仅仅是衡量企业管理部门的现有状况,而更为重要的是认清企业管理部门的优势和缺陷所在,以及企业如何运用评估报告和改进建议对管理部门的管理活动进行完善,以进一步提高管理水平。

二、管理部门质量审计的实施

(一)管理部门质量审计的指标设计原则

管理部门质量的好坏是一系列因素综合作用的结果,对这些因素进行分析可以为提高管理部门质量提供依据。管理部门质量的好坏也必然可以通过一系列的指标反映出来,如何找出这些可以反映管理部门质量好坏的指标并对这些指标进行分析,这便是设计指标体系的问题。审计人员对管理部门质量进行审计,首先便是要设计出能直接反映管理部门的质量指标体系。那么,该如何设计这些反映管理部门质量的指标体系呢?设计这些指标体系需要遵循哪些原则呢?

1. 完整性原则

完整性原则指的是审计人员所选择的反映管理部门质量好坏的指标应该能够全面反映被评估的企业所有管理部门的全部绩效,通常各具体管理部门的质量评价指标,应按其权责分别制定。

2. 可控性原则

所谓可控性是指对某些部门工作质量进行评估时,所确定的反映该部门工作质量的指标应该是本部门自己能够控制而不受其他单位影响的。如,某制造业企业生产管理部设有A、B两个产品管理部门,生产A产品的原料是由B部门供应的,那么A部门在进行管理质量审计时,所依据的采购B部门材料的单价就不应按B部门的采购成本计算,而是应该按照市场价格来确定。否则,如果A部门的采购单价按B部门制定的单价计算的话,则A部门的管理绩效将受制于B部门。

3. 成本—效益原则

成本—效益原则是设计反映管理部门质量指标体系时必须予以考虑的一个重要原则。这是因为,有些指标体系的选取可能对评估企业管理部门质量非常有用,但是获取其信息的成本却非常大,甚至大于运用该指标所可能带来的收益。一般情况下,审计人员明智的选择是放弃该指标而转而去寻找其他成本较低但仍可以鉴证出管理部门质量的可替代指标。

4. 可比较原则

这是指设置某一指标时,审计人员可以运用该指标对各期的同类指标分别加以比较,或者同一时期各有关部门之间进行比较,或者与外界同行进行比较。通过比较,可使企业或者企业内部单位从中认识到差距、找到原因和解决途径,进而努力达到更高的绩效水平。

5. 动态适应性原则

一个有效的管理绩效评估系统,必须是为企业各管理部门量身定做的。为此,指标体系的设置应具有较强的针对性,应适应不同企业的环境要求和经营特点。

6. 重要性原则

过于全面的、面面俱到的指标体系会使企业管理部门质量的考核变得模糊不清,不利于围绕核心问题展开评价。因此,指标体系的设立应选择那些影响企业管理部门工作业绩的主要方面,而并非全部方面。

(二)整个企业管理层面上的管理质量审计

遵循上面设计反映管理部门质量指标体系的原则,我们将从两个层面分别对管理部门的质量进行鉴证和评估。第一个层面是从整个企业管理层面上反映管理部门质量的指标设计,第二个层面是反映每个具体的管理部门工作质量的指标设计。我们先来介绍从整个企业管理层面上如何进行管理部门质量的审计。

管理学的理论告诉我们,企业管理的好坏直接决定了企业经营业绩的好坏以及企业内部各业务流程是否顺畅。而管理部门的工作是否具有经济性、效率性、效益性甚至环境性和公平性,其不仅受管理部门机构设置的影响,还直接反映到了员工对管理部门工作的理解与满意度上以及公司的客户对公司产品、服务的满意度上。于是,借鉴管理学的逻辑,我们将从反映企业经营业绩的财务层面、内部业务流程层面、组织设计层面、员工层面以及客户层面五个角度着手,对整个企业管理部门的管理质量进行审计,也即鉴证与评估。

1. 财务层面上对管理部门质量的审计

管理部门质量的好坏会直接反映在企业经营业绩上,从而在企业的财务指标上也就会有直接的表现。财务指标过去是、现在是而且将来也会继续是企业绩效评估中使用最广泛的指标,原因是企业的长期目标几乎总是纯财务性的,财务性绩效评估指标直接与企业的财务目标相衔接。同时,财务指标在直接反映企业目标的同时,也就直接体现了企业管理部门的质量。在企业财务学中,财务指标体系也一直是研究的热点问题之一,经过理论与实务界的长期研究与总结,基本上也已日趋成熟,形成了所谓传统的财务绩效评估指标体系和改进后的财务绩效评估体系。

(1) 传统的财务绩效评估指标体系。

传统的财务绩效评价指标包括对企业经营成果和财务状况的评价。审计人员通过对这些指标的鉴证和分析,可以直接为评估企业管理部门的综合管理质量提供依据。财务绩效指标主要包括三个方面的指标:评估偿债能力的财务指标;评价企业资产管理效率的指标;评估盈利情况的财务指标。这些指标在实际中应用比较广泛,在几乎所有的财务管理教材中也都有详细的表述,在此,我们作一简单的描述。

① 反映企业偿债能力的指标。主要包括流动比率、速动比率、现金比率、现金流量比率、资产负债率和已获利息倍数。每个指标的具体含义为:

A. 流动比率,属于短期偿债能力指标,用于衡量企业管理短期负债的能力,可以直接为审计人员评估管理部门管理短期负债的能力提供依据。一般而言,流动比率越大,说明企业资产的流动性越高,相应企业的短期偿还债务的能力也就越强。

B. 速动比率,也属于短期偿债能力指标,其比率越高,表明企业短期偿债能力愈强,否则就愈低。

C. 现金比率,从静态现金支付能力的角度说明了企业的短期偿债能力,其指标值越高,表明企业的短期偿债能力越强。

D. 现金流量比率,从动态现金支付能力的角度说明了企业的短期偿债能力,其指标值越高,表明企业的短期偿债能力也就越强。

E. 资产负债率,反映了企业长期的偿债能力,该比率越大,企业的负债越多,偿债困难越大。在企业清算时,可直接用该比率来衡量资产对债权人利益的保障程度。

F. 已获利息倍数,指企业息税前利润对企业利息费用的比率。该比率直接反映了企业对负债进行管理的能力,重点反映了企业是否具有按时偿还债务利息的能力。

审计人员通过分析这些反映偿债能力的指标,可以直接对管理部门管理债务的能力与质量进行评估。对企业来说,偿债能力过高往往会浪费投资机会,造成资产利用率不高,最终资产报酬率偏低;而偿债能力过低,则又会出现不能清偿到期债务的可能。所以,在进行偿债能力分析时,需要审计人员特别关注即将到期的债务,即重点关注短期偿债能力。一般而言,企业短期偿债能力越高,则企业债务管理的质量也就越高。管理部门通常需要对企业债务的偿还期限进行划分,对即将到期的债务需要备有充足的流动资产以供偿债。而对尚未到期的债务则可以合理安排投资期限,以提高资产回报率。审计人员通过对管理部门债务安排情况的分析,也就实现了对管理部门债务管理质量的评估。

② 反映营运能力的指标。主要包括存货周转率、应收账款周转率、流动资产周转率和总资产周转率。每个指标的具体涵义为:

A. 存货周转率,反映了企业对存货管理的能力。存货周转率高,表明存货的周转速度快,变现能力强,进而说明企业具有较强的存货营运能力和较高的存货周转效率。

B. 应收账款周转率,反映了企业应收账款回收的效率。应收账款周转率高,则周转天数少,表明企业对应收账款的管理效率高,应收账款变现能力强。

C. 流动资产周转率,流动资产周转率越高,周转天数也就越少,表明企业对流动资产的综合营运能力也就越强,效率越高,否则越低。

D. 总资产周转率,反映企业对总体资产运用的效率,总资产周转率越高,说明企业资产的综合营运能力就越强,运用效率也就越高。否则反之。

审计人员通过分析这些反映营运能力的指标,可以为评估管理部门管理资产的能力与管理资产的质量提供依据。对企业而言,较高的营运能力比率,往往意味着企业运用资产的效率较高,资产周转回收的速度较快,也即一定规模的资产数额在一个经营周期内实际发挥了数倍于资产规模的作用,表现为整个企业都处于一个高效率运转的状态。依据这些资产管理能力的指标,审计人员可以得出"管理部门资产管理质量高或低"评估结论。

③ 反映盈利能力的指标。主要包括总资产报酬率、成本利润率、营业利润率以及净资产报酬率。每个指标的具体涵义为:

A. 总资产报酬率,是指企业息税前利润对企业平均总资产的比率,该比率反映了企业总体的盈利能力,也即企业运用全部资产创造新价值的能力。

B. 成本利润率,指利润对成本的比率,从耗费的角度说明了企业的获利能力。成本利润率其实是对总资产利润率的进一步细化,用以更具体说明企业投入的成本所创造价值的能力。

C. 营业利润率,该指标从营业收益的角度说明了企业的获利水平,其比率值越高,表明企业的获利水平越高;反之,获利水平则愈低。

D. 净资产报酬率,该比率用于从净收益的角度说明企业的获利水平,其比率值越高,表明企业的获利水平越高,否则反之。

管理部门审计人员通过分析反映公司盈利能力的指标,可以为评估管理部门合理安排现有资源为企业创造价值的能力提供依据。这也是管理部门管理质量最直接的体现之一。通常,管理部门设置较好、有着较好管理质量的公司,其盈利能力也会好于管理能力较差的公司。于是,审计人员运用这些指标虽然不是全部但却基本上可以评估出企业管理部门管理资产实现企业创造价值目标的能力,一定程度上也就反映了管理部门的质量。

(2) 改进后的财务绩效评估指标体系。

以上介绍的是几种常见的财务管理中的财务分析指标,这些指标的存在都有着很长的历史,经历了较长时期实践的考验。然而,经济环境的变化,使得上述的传统指标在运用中也暴露出了一些缺陷,如不够系统、比较零散、指标易于被操纵等。于是,为适应新的经济环境以及新的管理理念,一些新的财务绩效评估指标便应运而生,典型的有:

① 经济增加值(EVA)指标。

经济增加值,或称经济利润、剩余收入,它是衡量公司在一定的经营时段经营业绩的指标。它是企业的经营收入减去全部资本占用费用后的利润,直接综合反映了企业运用现有资源创造新价值的能力,是评价企业经营效率和资本利用效率的综合指数。其计算公式为

$$EVA = 税后经营利润 - 资本 \times 资本成本 \qquad (7\text{-}9)$$

其中资本成本指的是企业的加权平均资本成本,资本指的是公司资产期初的经济价值。

② 修正的经济增加值指标(REVA)。

由于 EVA 关注的仅仅是公司当期的经营情况,没有反映出市场对公司未来经营业绩预测的修正,因此经济学家们对 EVA 进行了修正,提出了修正的经济增加值(REVA)概念。其基本思想是以资本的市场价值取代经济价值对公司的经营绩效进行衡量,主要用于上市公司的评价。其公式为

$$REVA = NOPAT - MV_{t-1} \times Kw \qquad (7\text{-}10)$$

其中,NOPAT 是公司期末调整后的营业净利润;MV_{t-1} 是 t-1 期末公司资产的市场总价值,等于公司所有者权益的市场价值加上经过调整后的负债价值(t-1 期末的总负债减去无利息的流动负债)。

③ 净现金流量评价指标。

$$净现金流量与 REVA 的比值 = 净现金流量/REVA \qquad (7\text{-}11)$$

该比率直接反映了企业运用现有资源创造出的价值的质量,一般而言,该比率越高,说明企业的 REVA 的质量越高。

④ 国有资本保值增值率指标。

国有资本保值增值率是反映国有资产保值增值以及国有资本积累情况的经济指标,其计算公式为

$$国有资本保值增值率 = 扣除客观因素后的年末所有者权益/年初所有者权益 \times 100\%$$
$$(7\text{-}12)$$

式 7-12 中扣除的各种客观因素增加值有:国家投资等增加的国家资本金;按规定税收返还或专项减免增加的国家资本金及资本公积;国家专项拨款及各项基金增加的国家资本公积;住房周转金转入增加的国家资本公积;按国家规定进行资产重估增加的国家资本公积金;接受捐赠增加的国家资本公积;清产核资增加的国家资本金及其权益。公式中扣除的各种客观因素的减少值有:经专项批准核减的国家资本金及其权益、按国家规定重估减少的国家资本公积、无偿划出或分立减少的国家资本金及其权益、清产核资核减的国家资本金与资本公积。

(3) 财务绩效指标在管理部门质量审计中的运用。

财务绩效指标反映了企业一段时期内经营业绩的好坏,而企业经营业绩的

好坏又无疑与管理部门的管理质量有着密切的关系,管理部门质量的高低会直接影响企业财务绩效指标的高低。然而,单纯的财务绩效指标也并不能为我们作出管理部门质量结论提供充足的依据。因为,财务绩效指标并不单纯只受企业管理部门管理质量的影响,它还受整个宏观经济环境好坏的影响,受整个行业经济发展状况甚至自身企业所属生命周期与企业规模的影响。如果考虑这些因素的话,那么,单纯的财务绩效指标便不能为审计人员对管理部门质量进行鉴证提供充足的审计证据。于是,在运用财务指标审计管理部门质量时,还需要我们考虑同行业的状况、同等规模的企业的状况以及同样生命周期的企业的财务状况。掌握了这些资料后,将本企业的财务绩效指标与同行业、其他企业的参考数据进行比较,才可以为审计人员鉴证或评估管理部门的质量提供相应的审计证据。

2. 内部业务流程层面上对管理部门质量的审计

(1) 从内部业务流程角度审计管理部门质量的指标设计。

从内部业务流程角度对管理部门质量进行审计,是通过评价管理部门管理企业内部活动以保证企业能正常运转的管理活动效果而进行的审计。反映企业内部业务流程的指标主要有:产品达标率、产品合格率、一次性产出产品合格率、产品返修率、产品退货率、生产能力利用率、机器完好率、设备利用率、成本降低率等指标。现将主要指标介绍如下:

① 产品达标率,其计算公式为

$$产品达标率 = \frac{本期产品达标数量}{本期全部产量} \times 100\% \qquad (7\text{-}13)$$

产品达标率指标是指企业在一定时期内,其产品达到 ISO 标准的比率。该指标值越接近于 1 越好。

② 产品合格率,产品合格率是指企业在一定时期内所生产的合格产品与产品总产量的比率,其计算公式为

$$产品合格率 = \frac{本期合格产品数量}{本期产品总产量} \times 100\% \qquad (7\text{-}14)$$

产品合格率指标越是接近 1 越好,这意味着企业在生产过程中没有过多的浪费生产资料,那么分摊到单位产品上的废品的成本就比较低。

③ 一次性产出产品合格率,其计算公式为

$$一次性产出产品合格率 = \frac{一次性产出合格产品数量}{全部产品数量} \times 100\% \qquad (7\text{-}15)$$

一次性产出产品合格率是指在一定时期内,企业一次性产出合格产品数量与全部产量的比率。这一指标也是越接近1越好。

④ 产品返修率,其计算公式为

$$产品返修率 = \frac{本期返修产品数量}{本期售出产品数量} \times 100\% \tag{7-16}$$

⑤ 产品退货率,其计算公式为

$$产品退货率 = \frac{本期退货产品数量}{本期售出产品数量} \times 100\% \tag{7-17}$$

很显然,产品返修率与产品退货率这两项指标值越低越好。

⑥ 生产能力利用率。该指标是指某种产品的实际产量与该企业所有机器设备能提供这种产品的生产量之比。其计算公式为

$$生产能力利用率 = \frac{某种产品实际产量}{机器设备所能提供的产量} \times 100\% \tag{7-18}$$

该指标值越高,则说明该企业经营管理水平越高,生产能力利用得越充分。

⑦ 机器设备完好率,是指企业在某一时期内,运转正常的机器设备数量与全部机器设备数量的比率。其计算公式为

$$机器设备完好率 = \frac{本期完好机器数量}{本期全部机器数量} \times 100\% \tag{7-19}$$

该比率越接近于1越好,说明企业没有损害机器设备。

⑧ 机器设备利用率,是指一定时期内,企业使用的机器设备数量和运行正常的机器数量的比率,其计算公式为

$$机器设备利用率 = \frac{本期已利用的机器设备数量}{本期完好机器设备数量} \times 100\% \tag{7-20}$$

该指标说明企业机器设备的利用或使用情况。

⑨ 成本降低率,反映一定时期内生产某种产品所花费的成本的降低数额。其计算公式为

$$成本降低率 = \frac{一定时期内单位产品成本降低额}{企业原先单位成本数额} \times 100\% \tag{7-21}$$

该比率反映生产管理部门改进生产技术的能力,在保证产品质量的前提下,该比率越大越好。

(2) 内部业务流程指标在管理部门质量审计中的运用。

内部业务流程指标反映了企业管理部门对企业产品生产流程进行管理的能力与效果。审计人员运用该指标进行管理部门质量分析时，可以直接根据本企业的这些指标进行分析，也可以结合同行业其他企业的相应的指标数值进行对比分析。通常，当产品达标率、合格率、生产能力利用率、机器设备完好率等指标越接近于1，而产品返修率、退货率越低，成本降低率越高，说明管理部门管理质量越高。审计人员根据对这些指标的获取以及分析，可以为评估管理部门质量提供相应的审计证据。

3. 组织设计层面上对管理部门质量的审计

(1) 从组织设计角度审计管理部门质量的指标设计。

组织设计的好坏无疑会影响管理部门管理工作的质量，而组织设计好坏的标志则可以通过各管理职能之间在工作上是否配合与相互协调得以体现。一个内部各职能部门之间相互协调、相互配合、高效率运作的组织，其管理部门工作的质量也必然高于各内部职能部门相互排斥与相互争权夺利的组织。于是，对审计人员来说，从组织层面上审计管理部门的质量，就可以从被审计单位各职能部门之间工作上的配合默契程度入手。那么，如何判断被审计单位各内部职能部门之间工作上是否能做到配合与相互协调呢？这又需要审计人员从分析各职能部门在责、权、利上是否做到了严格的划分与界定为着眼点，各部门之间在责权利上划分得越清晰，则各职能部门为了最大自己部门的利益也必然会尽可能高效地完成自己的本职工作，进而也就实现了部门之间的配合。遵循这样的逻辑，我们认为审计人员从组织角度审计管理部门的质量，可以从以下几个方面开展：

① 各职能部门之间交易的授权是否划清。对各职能部门进行交易授权的主要目的是为了保证交易是各部门在其授权的范围内发生的。授权有一般授权和特别授权之分。前者指授权各部门以处理本部门可能会遇到的一般性的交易，而后者则指授权某部门以处理非常规性交易事件的权力。比如说财务部门可以拥有一定限额内的投资与借款权，但对大额的股票融资与巨额的负债，则需要财务部门进一步向上级部门审批，需要上级部门的批准后才可执行。各职能部门之间交易权限的划分是否明晰是影响管理部门质量的一个重要角度。

② 各职能部门内部的职责划分是否能做到不相容职务相分离。这是指审计人员需要检查对各项交易涉及的各项职责是否进行了合理划分，使每一个人在工作时能自动地检查另一个人或更多人的工作。不相容职务是指如果某员工在履行其职责的正常过程中很可能会发生错误与舞弊，并且内部控制又难以发

现他的舞弊，那么可以认为这些职责是不相容的。对于不相容的职务必须实行职责划分，否则发生舞弊的可能性会增大，从而会直接影响管理部门的质量。所以，对管理部门质量进行审计的一个重要方面便是对各职能部门内部职务划分是否做到了不相容职务分离的测试。

③ 对资产和记录的接触是否进行了严格的控制。对资产和记录的接触一般需要进行严格的控制，以保证资产和记录的安全。保护资产和记录安全的一个重要措施是采用实物防护措施。比如，将存货存入仓库以防偷窃。如果这一仓库由胜任的职工管理，还能够减少存货的残损。对货币、有价证券等资产的安全存放和使用防火安全装置等也是重要的实物安全保护控制措施。此外，对凭证和记录也需要进行实物安全保护，为进一步保证准确、及时记录会计信息，可采用一些机械保护装置，如可以安装现金出纳机和其他的一些自动数据处理设备。总之，对资产和记录接触的审查将直接影响到管理部门工作的效果，从而也就构成了管理部门质量审计的一个重要组成部分。

④ 是否建立了独立稽核程序。独立稽核是指验证由另一人或部门执行的工作和验证所记录金额估价的正确性。独立稽核可以采用定期与不定期的方式进行，以便及时发现管理部门在管理工作中可能出现的一些错误。通常，对某些特殊的控制还可以采用突击的方式进行稽核，如审计人员为评价被审计单位管理部门对现金的管理状况，可以对现金实施突击盘点，通过盘点，可以及时发现被审计单位现金管理上存在的漏洞。评价被审计单位是否建立有独立稽核措施以及其独立稽核措施运行的好坏，可以帮助审计人员了解被审计单位管理部门发现问题和解决问题的能力，从而构成了对管理部门进行质量审计的一个重要内容。

(2) 组织设计指标在管理部门质量审计中的运用。

从组织设计层面上对被审计单位管理部门质量进行审计与财务审计中对被审计单位内部控制的审核与测试存在很多一致的地方，如都涉及对各职能部门之间职责划分、交易授权以及独立稽核程序的测试。这也就为绩效审计人员实施被审计单位管理部门审计提供了很多可以参考与借鉴的资料，但是需要绩效审计人员注意的是，绩效审计毕竟与财务审计不论是在审计侧重对象、审计方法还是审计目的上都存在很大的区别。所以，绩效审计人员不能完全运用财务审计中对内部控制审核以及评价的结果。实际工作中，需要绩效审计人员根据绩效审计注重被审计单位管理部门设置是否有助于其作出经济性、效率性、效益性、环境性和公平性的决策角度来对被审计单位管理部门的设置以及执行质量的好坏作出评价并形成结论。

4. 员工层面上对管理部门质量的审计

(1) 员工层面上对管理部门质量进行审计的指标设计。

员工层面上对管理部门质量进行审计主要可从员工的能力、员工培训、员工参与管理、员工的满意度以及员工的生产效率等指标进行。这些指标都直接体现了管理部门管理质量的好坏。通常而言,一个拥有较高员工素质、较多员工培训,以及员工具有高参与管理热情和较高员工满意度的公司,其管理部门质量也相应较高。

① 反映员工能力的评估指标。

员工能力是指企业员工胜任其本职工作的能力,这种能力可以用员工的知识水平、员工的胜任能力等指标来进行评价。

A. 员工的知识水平,是指员工所具有的知识结构和知识深度。对知识水平的衡量,一个简单的方法是审计人员可以通过对员工的学历水平来加以评估,其计算公式为

$$员工的知识水平 = \frac{企业某一层次(获得学士学位或者硕士学位)的员工数}{企业全体员工数} \times 100\%$$

(7-22)

B. 员工的胜任能力,可以通过在实践过程中对每个员工在担任职务的过程中处理问题应该具备的能力与员工的实际能力相比较后评估得出。该指标是个定性指标,需要审计人员根据被审计单位的资料以及相关的具体情况作出具体分析。

② 反映员工参加培训的评估指标。

反映员工参与培训的评估指标主要有员工培训次数或员工培训费用指标,这两个指标的高低反映了员工参与培训、掌握新知识的机会,对审计人员审计来说,通常,具有较多员工培训的组织其管理质量也会相应较高。

A. 员工培训次数,用一定时期内企业对员工进行培训的次数来衡量。

B. 员工培训费用,可以用在一定时期内企业对员工进行培训所花费的费用高低进行评估。

③ 反映员工参与管理的评估指标。

在企业的经营管理中,员工参与管理的最为典型、最为普遍的方式是提出合理的建议。员工提出合理建议的数量、被企业管理当局采纳的数量以及被采纳建议所产生的效益都是评估员工参与管理的重要指标。对管理部门绩效审计的人员来说,如果一个企业员工参与管理的热情高涨,且提出的合理建议易于被管理部门所采纳的话,则可认为该企业的管理质量相对较好。反映员工参与管理

的指标有：

A. 员工建议采纳次数或效益，可以用在一定时期内管理者采纳员工建议的次数或者产生的经济效益来计量评价。

B. 信息系统的效率，是指企业的计算机信息系统能否为员工提供工作各方面所需的信息，包括信息系统的更新速度能否适应员工技能发展的需要，信息系统对会计核算、经营控制和战略管理的支持程度以及企业内部信息系统和组织协调发挥作用的效率等。信息系统的效率直接构成了员工参与管理的基础条件。

④ 反映员工满意度的评估指标。

员工满意度是员工对其工作或工作经历评估的一种态度上的反映，它是企业员工生活质量的一项重要心理指标，可以直接体现员工对管理部门工作质量的态度。具有较高满意度的员工，其对管理部门的工作会表示支持，且有动力去完成管理部门分配的任务；而员工满意度较低的公司，往往会出现管理部门与员工沟通困难、相互间缺乏信任，进而导致管理部门的工作往往难以开展。对员工满意度进行评估，审计人员可以通过向员工调查得以反映出来，调查内容可以包括：员工对企业决策的参与程度、员工对管理部门工作做得好的认可程度、员工的创造性是否得到鼓励、员工能否取得充分的信息把工作做好、员工对职能部门平均水平的打分以及员工对公司总的满意程度等。

此外，对员工满意度的评估还可以通过"员工流动率"指标进行评估。员工流动率可用一定时期内企业重要人事变动的百分比来计量和评估。该比率较高，往往意味了员工对管理部门的质量缺乏满意。

$$员工流动率 = \frac{重要人才辞职数}{企业全体员工数} \times 100\% \qquad (7\text{-}23)$$

(2) 员工层面指标在管理部门质量审计中的运用。

管理学的理论告诉我们，员工与管理部门之间存在着一种管理与被管理的关系。而正是由于存在这种管理上的相互关系，使得员工对管理部门的态度也就直接反映了员工对管理层工作质量的态度。高质量的管理工作必然会带来员工的较高满意度，所以员工的工作满意程度也就为绩效审计人员评估管理部门的质量提供了重要的依据。

5. 客户层面上对管理部门质量进行的审计

(1) 客户层面上对管理部门进行质量审计的指标设计。

客户层面上对管理部门质量进行审计，所要解决的主要问题是"客户如何看待我们",管理部门的决策能否体现出客户价值或客户价值主张。对企业而言,只有满足了客户的价值期望,取悦于客户,客户才会投资于公司的产品或服务,管理部门的工作也才真正体现出意义。那么,如何从客户层面上对管理部门质量进行审计呢？审计人员可以通过以下两个指标进行:市场份额、客户满意度。

① 市场份额指标。

市场份额用来描述在给定的市场上,某一企业销售产品总量(或提供服务总量)占该市场产品销售总量或提供服务总量的比例。可以通过市场占有率以及相对市场占有率指标来体现。

$$市场占有率 = \frac{本期企业某种产品的销售额}{本期该种商品的市场销售额} \times 100\% \qquad (7-24)$$

市场占有率表明企业在市场中营销某种商品所占份额的大小,反映了该企业对市场的控制程度和顾客对该企业的依赖程度。市场占有率越高,说明该企业在市场中的竞争地位越处于优势地位、管理部门的管理绩效也相对较高。

有时为了反映企业与竞争对手的对比情况,在与竞争对手的竞争中做到"知己知彼",审计人员也会运用相对市场占有率指标来反映企业市场份额。

$$相对市场占有率 = \frac{本期该企业市场占有率}{本期主要竞争对手市场占有率} \times 100\% \qquad (7-25)$$

② 客户满意度。

所谓客户满意度是反映企业客户满意战略是否成功的重要指标。只有客户满意度不断提高,才能使企业的产品销售量不断扩大,市场占有率不断扩大,进而使得公司盈利率提高。客户满意度的高低从企业外部反映了管理部门质量的高低,具有较高客户满意度的公司其管理部门质量也相对较高。客户满意度可以通过产品交货及时率、客户获得率、客户保持率、客户流失率以及客户忠诚度等指标得以反映。

A. 产品交货及时率,指一定时期内,企业根据客户的要求按照约定时间交货的次数占企业产品交货总次数的比例大小。

$$产品交货及时率 = \frac{本期产品及时交货的次数}{本期产品交货的总次数} \times 100\% \qquad (7-26)$$

B. 客户获得率,指一定时期内企业吸引或者赢得新客户或业务的比例,其计算公式为

$$客户获得率 = \frac{当期新增客户数量或者业务量}{上次客户数或业务量} \times 100\% \qquad (7-27)$$

C. 客户保持率,指在一定时期内保留或者维持同老客户的业务关系的比例,其计算公式为

$$客户保持率 = \frac{企业当期期末的客户量或业务量 - 企业本期新增的客户量或业务量}{企业上期客户数或业务量}$$

$$(7-28)$$

较高的客户保持率也就意味了客户对公司的产品或者服务满意,管理部门的客户战略制定并运行较好。

(2)客户层面指标在管理部门质量审计中的运用。

从财务、内部业务流程、组织设计、员工层面上对管理部门的质量进行审计都是从自身企业内部对管理部门进行评价的,而客户层面上对管理部门质量进行审计则是从外部对管理部门质量进行了评价。如果单独从企业自身内部对管理部门质量进行评估的话,可能会出现评估结果受制于内部管理部门,而不能做到完全客观。如果单独从企业外部对管理部门质量进行评价的话,又会由于外部可能不能完全了解企业管理的状况而缺乏必要的信息,进而也会造成评估结果不能真实反映管理部门的真实质量。于是,对审计人员来说,将从内部评估和从外部评估结合起来,则可以从内外两个方面完整地反映管理部门质量的真实好坏状况。

(三)各具体管理职能部门层面上的管理部门质量审计

对管理部门质量进行审计除了前面介绍的从整个企业管理层面进行外,还可以按各管理职能部门分别进行。按各管理职能部门分别进行主要是指审计人员可以通过评价表的形式对各管理部门各自工作质量分别进行评价,然后再根据对各部门的评价结果,综合得出整个企业管理部门的质量。那么,审计人员该如何设计评价表呢?下面就介绍一个关于管理职能部门评价表的设计实例。

表7-4 某公司财务部工作质量评价表

评价项目	评价得分				
1. 您对财务部以下具体业务的满意情况如何(20%)					
(1)在制度建设和管理政策制定上	1	2	3	4	5
(2)对各部门和下属企业的业务指导和支持	1	2	3	4	5
2. 对财务报表工作的满意度(10%)	1	2	3	4	5

在哪些方面存在不足：						
□提供及时性		□数据准确性		□数据全面性		
3. 对公司经营分析工作的满意度(15%)			1	2	3	4	5

在哪些方面存在不足：						
□提供及时性		□数据准确性		□内容适用性		
□分析深入		□熟悉业务				
4. 对资金统筹安排和调度工作的满意度(10%)			1	2	3	4	5

在哪些方面存在不足：						
□合理性	□有效性	□运作考核体系建设		□专业水平		
5. 对预算工作的满意度(15%)			1	2	3	4	5

在哪些方面存在不足：						
□前期培训		□大项费用预算方法的合理性		□过程指导		
□信息反馈和沟通		□预算审批的组织和协调				
6. 对特殊业务和突发事件的应变和处理(30%)			1	2	3	4	5

表 7-5 某公司综合办公室工作质量评价表

评价项目	评价得分				
1. 您对办公室整体工作的满意程度(20%)					
2. 您对办公室在文字材料方面的满意度(10%)	1	2	3	4	5
3. 您对办公室在协调全公司工作方面的满意度(10%)	1	2	3	4	5
4. 您对办公室在会议安排方面的满意度(10%)	1	2	3	4	5
5. 您对办公室在督察督办方面的满意度(10%)	1	2	3	4	5
6. 您对办公室在对内服务方面的满意度(10%)	1	2	3	4	5
7. 您对办公室在获取信息、分析并提供决策依据方面的满意度(10%)	1	2	3	4	5
8. 您对办公室在应变处理方面的满意度(20%)	1	2	3	4	5
9. 哪些方面还存在不足？					

审计人员通过上面评价表的形式可以对被审计单位各职能部门的管理质量进行评价，得出各职能部门的管理质量得分后，再分析各职能部门对整个企业管

理的重要程度,并进一步设计出相应的权重,根据这种权重大小,就可以评价出整个企业管理部门的质量。

对管理进行审计是实施企业绩效审计的一个重要内容,而要对企业管理活动是否能做到经济性、效率性、效果性、环境性、公平性进行鉴证,就需要从影响企业管理活动效率的因素入手。我们将影响企业管理活动绩效的因素划分为管理人员素质和管理部门质量两个方面,并分别详细介绍了审计人员对这两个方面进行绩效审计的实施过程。在对管理人员素质进行审计方面,我们借鉴了心理学中对人员素质进行测试的一些方法,从管理人员的人格、职业适应性以及管理能力三个方面分别阐述了对管理人员是否具备管理所必需的基本素质所实施审计的情况;在对管理部门质量进行审计方面,我们分别详细阐述了从公司财务、内部业务流程、组织设计、企业员工、客户等方面对被审计单位管理部门质量进行审计的具体实施过程。

从绩效审计在我国开始出现到现在绩效审计的广泛流行,虽然也经过了好几年的时间,但不论是在理论界还是在实务界,绩效审计毕竟还属于一个新兴事物,相关的理论研究也并不成熟。其中,对管理部门进行的管理审计则更是理论界所很少涉及的一个领域,本章关于管理审计的阐述,也只是对其进行了一个粗浅的介绍,相关的观点可能还并不准确。从而,关于这方面的更加深入的理论研究还需要广大理论与实务工作者进一步的共同努力。

第八章 绩效审计报告

第一节 绩效审计报告的特点

绩效审计报告是审计人员在绩效审计工作结束后发表审计意见、作出审计评价和提出审计建议的一种书面文件。这种报告客观地对被审计单位的经营情况及经济效益进行评价,肯定优点和长处,指出存在的损失浪费现象和经营管理上的漏洞和潜力,对影响经济效益提高的各方面原因进行分析,对如何提高经济效益提出建议。

一、绩效审计报告的意义

编写审计报告,是整个绩效审计工作程序的重要步骤,是总结性的工作,其重要意义表现在以下四个方面。

(一)绩效审计报告是审计人员完成工作任务之后的书面汇报

审计人员接受审计机关交给的审计任务或接受有关部门、单位的委托,对被审计单位进行绩效审计,在绩效审计实施过程完成后应向派出的审计机关或委托单位用书面形式汇报绩效审计的情况和结果。绩效审计报告是在对绩效审计记录和审计工作底稿进行整理、归纳、综合、分析并听取有关各方面的意见后写成的,它具有系统性、准确性,便于阅读、研究和归档保存。

(二)绩效审计报告是审计人员表达意见的一种方式

在绩效审计过程中,审计人员对被审计单位的经济活动、经济效益情况和问题及存在问题的原因有一定了解,在绩效审计过程结束后,审计人员用书面形式正式表达意见,例如对提高经济效益的分析和建议,是十分必要的。通过这种形式可以把这些信息传达给有关部门。

(三)绩效审计报告是作出审计结论的重要依据

绩效审计结束后,凡国家审计机关派出审计人员进行审计的,一般都要由国家审计机关向被审计单位下达审计结论。而审计结论主要是依据审计报告所提供的事实材料,对被审计单位的经济效益作出客观公正的评价,对被审计单位提高经济效益的建议也要充分考虑在绩效审计报告中提出的意见。必要时,审计机关还要把审计报告作为审计结论的附件,下达被审计单位。

(四)绩效审计报告是审计档案的重要组成部分

审计档案是国家重要的经济档案,要长期乃至永久保存。在审计档案中,绩效审计报告占有重要的地位。绩效审计计划、工作方案的完成情况集中反映在绩效审计报告中,绩效审计档案中搜集整理的各种审计证据、工作底稿、附表附件等也都与绩效审计报告的内容密切相关,审计结论也以绩效审计报告为基础。因此,绩效审计报告是审计档案中不可缺少的重要内容。

二、绩效审计报告的特点

绩效审计的目的是找出被审计单位在经营管理上的薄弱环节,促进被审计单位改进经营管理、提高经济效益。不同行业的绩效审计,因涉及不同的经济技术指标及审计方法,因而在内容上也差别很大。但尽管审计在采用的方法内容上存在较大的差异,其审计报告却具有一致性,这种一致性也就表现为绩效审计报告的特点。

(一)绩效审计报告的形式多样

审计报告的形式应该与其预期的用途相适应,但是必须是书面的或者其他可重复取得的形式。审计人员在确定审计报告的形式时应该运用他们的专业判断,包括考虑使用者的需求、可能的要求以及分发的需要等。除了一些对审计结果的较为正式的表述,包括分章节的报告和文件形式报告之外,审计人员也可以考虑审计报告采用简介性的幻灯片的形式。审计报告也可以采用那种报告使用者和审计组织可以重复取得的电子媒体的形式,例如 CD 或 VCD 形式。但不论采用哪种形式的审计报告,都必须遵循相应的报告准则的规定。

(二)绩效审计报告中审计结论的强制性程度较低,绩效审计一般不需要作出审计处理决定

审计人员通常提出审计建议,或者各种可供选择的方案,供有关的被审计单位和主管部门采纳。由于绩效审计着眼于效率、效果和节约等方面,评价标准也较为灵活,加之影响经济效益的因素很多,审计人员有时也会考虑不周。因此,审计人员往往以讨论、说服的语言来发表意见,供主管部门和被审计单位参考采纳。

(三)绩效审计报告内容有时是综合性的

绩效审计过程中,往往会涉及一些财务审计和法纪审计方面的问题。同时,对绩效审计的评价往往离不开对财务活动的评价。因此,在必要的时候,绩效审计报告也应该把财务审计的内容反映出来,并下达审计结论和审计处理决定。同时抄送被审计单位的主管部门参阅。

(四)绩效审计报告更侧重建设性

绩效审计报告通常包括成绩和问题、评价和建议。审计人员对被审计单位的经济效益状况作出评估的同时,更为注重提出挖掘潜力、进一步提高经济效益的建议,以帮助被审计单位改进工作,使绩效审计报告更具有建设性。

(五)绩效审计报告一般采用详式报告的形式

绩效审计报告用比较详细的文字来表达审计人员的意见,特别是对于存在的问题和改进的措施、建议,要更为详细阐述。在绩效审计报告中,审计人员要反映的问题往往比较多,情况也较为复杂。因此,绩效审计报告大多采用详式形式表达。同时,与财务审计报告相比,绩效审计报告至今尚未形成一套规范的写法,包括的内容也各不相同。因此,如何撰写绩效审计报告,有待总结经验。

三、绩效审计报告的质量要素

绩效审计报告的质量要素是指形成一份好的绩效审计报告所需具备的质量特征,它主要由以下几个方面构成。

(一)及时性

为了得到最大限度的利用,审计报告需要及时提供相关的信息,以满足被审计单位官员、立法官员和其他使用者的正当需要。也就是说,审计报告中包含的信息必须是最新的。所以,审计人员应该对报告的适当出具进行计划,并且在审计过程中一直有这样的意识。

此外,为更好地给审计委托人和被审计单位提供及时的信息。在审计过程中,审计人员应该考虑向有关负责人就重大事项作期中报告。这种沟通可以是口头的,也可以是书面的。它虽然不能代替最终的报告,但确实可以引起有关负责人对需要立即关注的事项的警觉,同时允许他们在最终报告完成前采取改正措施。

(二)完整性

完整性就是要求报告中应包含所有为达到审计目标所需的证据,增进对报告事项的充分、正确的理解。它同时还意味着报告应全面地说明相关的信息和结果,包括必要的事实和说明。给报告使用者以正确和充分的理解意味着在某种程度上提供了一个角度以及赋予已报结果以重要意义,例如,相对于测试的情况和业务来说,包括事件发生的频率、这些结果与单位经营之间的关系等。

在大多数情况下,一个缺陷事例不足以支持广泛的结论或者有关的建议。它说明的就是一项偏差、一个错误,或者存在一个薄弱环节。作出有说服力的表述需要充分、详细的支持性资料。

(三) 准确性

准确性要求审计证据要表述真实,结果描述正确。准确性的要求是以向报告使用者保证所报告内容可靠、值得信赖为基础的。报告中的一个不准确证据可以导致对整个报告的可靠性的怀疑,并且会转移人们对报告内容的关注。此外,对不准确证据的使用会损害开展审计的组织的信誉,降低其报告的有效性。

绩效审计报告中通常只能包括在审计记录中记载的有着充分、可靠和相关证据支持的信息、结果和结论。如果信息对于审计结果和结论关系重大,但未经过审计,审计人员应该在审计报告中清楚地说明信息的局限性,并且不要依据这些信息得出没有把握的结论。

绩效审计报告中包含的证据应该表明报告事项的准确性和合理性。准确描述意味着要准确地说明审计的范围和方法,并且以与审计工作范围相一致的方式表达审计结果和审计结论。绩效审计报告在逻辑和推理上不应该存在错误。有助于绩效审计报告达到相关准则规定要求的一个途径是质量控制程序,例如复核。复核是一个过程,在这个过程中,一个有经验的独立于审计过程之外的审计人员将核实报告中的事实、数字和日期是否准确,审计结果是否有审计记录的充分支持,结论和建议的得出是否有逻辑性。

(四) 客观性

客观性要求整个审计报告的表述应在内容和语气上保持平稳。如果一份报告以不偏不倚的方式说明其证据以便用事实来说服报告的使用者,那么,报告的可信性就会大大提高。绩效审计报告应该公允并且不能给人误导,要以正确的观点看待审计结果。这意味着要不偏不倚地、公正地表达审计结果。在描述绩效缺陷时,审计人员还应该将审计结果置于一定的环境背景下,例如,被审计单位可能面临的非常的困难或情况。

绩效审计报告在语气上应该鼓励决策者积极采纳审计结果和建议。这个语气应该平稳,一方面要表明报告有完善的、富于逻辑的证据支持审计结论,同时还要避免使用形容词或副词来强化证据,暗示批评或者缺乏支持的结论。

在与审计目标相关的情况下,报告应该认可被检查项目的积极方面。报告中包含这些积极方面有助于阅读报告的其他部门或单位绩效的提高。这些信息有利于通过保持报告的平稳性更加公正地描述情况。此外,绩效审计报告中包含的这些信息有利于阅读报告的其他部门机构或单位绩效的提高。

（五）说服力

说服力要求审计结果能够针对审计目标，审计结果以具有说服性的方式表述，结论和建议要与陈述的事实有逻辑联系。所提供的信息也应该是充分的，能够使报告使用者认识到审计结果的有效性，结论的合理性以及执行审计建议的好处。以这种方式设计的报告能够帮助相关负责人将注意力集中在值得注意的方面，并能够有积极性采取一些改正措施。

（六）清晰性

清晰性要求审计报告要易于阅读和理解。报告所使用的语言应尽可能地简单明了。运用直率、非技术性的语言是保证陈述简洁的关键。如果使用了技术词汇、缩略语和首字母的缩略词，则必须要明确界定其含义。

审计人员应该考虑在审计报告中使用摘要来吸引报告使用者的注意力和提示全面的信息。如果使用了摘要，它一般应集中在审计目标中各个问题的具体答案上，应汇总审计的最重要的结果以及报告的主要结论和使用者期望的主要建议。

逻辑地组织材料，准确或精确地陈述事实并得出结论，对于清晰性和易理解性至关重要。有效地使用文章标题、小标题和主题句可以使报告易于阅读和理解。在对复杂的材料进行适当的梳理和归纳时，应该运用视觉工具（例如图片、图表、表格和地图）。

（七）简练

简练就是要求报告不要太长，只要能够传递和说明信息即可。过细会有损于报告，甚至会遮盖真正的信息，使报告使用者困惑或迷茫。不必要的重复当然也是应予避免的。在决定报告内容方面虽然存在相当的判断空间，但是，以事实为基础的、简练的报告更能达到效果。

四、部分国家绩效审计产品编制概述

绩效审计产品是审计人员开展审计工作的成果，是直接提交给一个或几个外部听众的信息产品。一般情况下，绩效审计产品主要是指书面的绩效审计报告，但是，绩效审计产品并不仅仅只是指审计报告，它还包括一些其他的东西，如总结、摘要、手册、新闻稿、信息手册、备忘录、记录、研讨会文献，以及总结和说明审计机关所从事的绩效审计工作的年度报告。用绩效审计产品这个概念更有助于培养相关审计机构和审计人员的服务意识。

（一）部分国家绩效审计报告编制概述

1. 英国国家审计署（NAO）

英国国家审计署的六个部门中的五个编制了货币价值审计报告。从1984

年开始,所有的审计报告都以"绿色照片"报告系列的名义在众议院文件中出版公布,而且是常年出版,每年出版大概55份。在出版之前首先在议会备案。

2. 芬兰国家审计署(VTV)

1985—1987年之间,VTV的审计工作是将财务审计和所谓的绩效审计结合在一起的,审计报告也是综合审计报告。但是从20世纪80年代后期重组开始,VTV出版了两套报告,一是绩效审计,另一个是财务审计。全部绩效审计报告一年大体出版20份左右,是与财务审计报告分开单独出版的。这些报告提交给财政部,向议会审计机关(立法部门的独立审计实体)提交副本,也向被审计单位和上级监督部门提交。

3. 瑞典国家审计署(RRV)

瑞典国家审计署的每一份绩效审计报告都以独立报告的形式出版,直接提交给被审计单位或政府部门。大部分绩效审计是由RRV自己作计划和发起的。每年绩效审计报告大体在20份左右。审计报告在提交给有关代理组织时还要附上官方信件。在多数情况下,审计报告还要提交给各代理组织的相关主管部门。它们还会自动地提交给其他代理组织和相关利益团体,包括议会、内阁和媒体。

4. 荷兰审计院(AR)

荷兰绩效审计报告从20世纪80年代到90年代发生了较大的变化。过去,AR仅仅发布年度报告,其中包括绩效审计和合法性审计在内,只发布很少的中期报告。20世纪90年代期间,报告的数量得到增长。在1990—1995年间,每两年发布一次包括去年所有绩效审计在内的报告摘要,绩效审计报告是单独公布的。这些报告提交给议会或其他相关的政府部门。所有报告都要公开出版。

5. 法国审计院

法国无论在组织方面还是在撰写书面审计报告方面都不是十分严格地区分绩效审计和其他审计。法国1995年年报导言表明,前一年共发布了757份报告、388份判决和692份通报。法国的书面报告有以下种类:

(1) 标准审计报告。标准审计报告是考虑到财务、法律和良好管理等方面的。该种审计报告是不公开发行的,而是呈送给被审计单位的主要领导。其中的重大发现还要提交给有关政府部门。部分审计报告的摘要可能会在年度公开报告中公布。标准审计报告中有些是专门关于绩效审计的报告。

(2) 公开的审计报告。法国从1807年开始,包含审计报告摘要和被审计单位回复意见的审计年报要提交给国家领导,同时还要提交给议会。从1938年开始公开发行,报纸等新闻媒体也经常给予报道。审计法院制作出报告的摘编版

第八章 绩效审计报告

单独发行和提供给新闻媒体采用。

(3) 特别公开的审计报告。从 1991 年开始,审计法院每年发行 2—3 份关于特别审计项目的报告,被称为特别公开的审计报告。它们与绩效审计有关。该报告提交给有关政府部门、被审计单位领导或相应的法律权威机构。副本还要提交给共和国总统和议会。

(二) 其他的一些绩效审计产品

绩效审计报告是实施绩效审计最主要的产品,除此之外,绩效审计还提供了一些其他的信息产品。提供这些产品一方面是为了满足新型用户的需要,同时也是为了更好地适应用户的新需求和愿望。

这些新的审计信息产品在形式上与传统的绩效审计报告就存在着区别。如荷兰从 20 世纪 90 年代开始,编报"给部长的信",在每封信中,列举了被审计单位内部管理中存在的效益问题。1990—1994 年间,每年大体编报 7—8 封这样的信,而在 1995 年达到 13 封,1996 年为 24 封。RRV 开始用英语出版部分审计报告,期望扩大影响。法国制作了光盘报告,英国国家审计署则采用软件形式发行审计报告。

在内容上绩效审计报告也起了变化,出现了副产品。英国国家审计署编制了"良好管理指导"文件,每一份指导文件都是根据审计检查的结果单独撰写的。如对威尔士的未来大学教育的空间资源利用情况的建议,该文件还包括对刚刚完成的检查的简短总结说明和比较情况、一般判断和应汲取的教训等。该文件分发给相关单位,即威尔士所有的大学。这反映了英国国家审计署渴望通过审计工作实现价值增值和成为富有建设性的一项重要工作,同时也体现了英国国家审计署希望将在个别审计中取得的教训和重要资料为更广大用户借鉴。英国国家审计署提交的审计报告是非常广泛的。绩效审计的主要成果就是主计审计长向议会提交的报告。除此之外,我们还常把绩效审计和财务审计工作结合起来,提出范围更广的意见和建议。这种做法在交流审计情况、促进提高效率、改善公共服务等方面,都发挥了重要作用。

下面我们以英国国家审计署为例详细说明这些绩效审计信息产品。

1. 主计审计长报告

这些报告不仅对社会公布,而且要提交给议会,并且在多数情况下,议会公共账目委员会将就审计报告所反映的问题举行年度听证会。对外公布的审计报告是社会各界了解绩效审计工作的主要载体。

2. 对部门管理层的报告

在对许多政府部门或公共机构进行的绩效审计中,为了收集审计证据,有时需要对其下设的地方办公室或者其所属的大学、国民保健计划托管机构或者监狱等进行延伸审计。在现场审计结束后，有时会向其管理层写信或提供一份完整详尽的报告，陈述审计过程中发现的问题，并建议它们采用其他单位的一些好的做法和经验。

3. 对公共账目委员会的备忘录

对于一些保密或特别紧急的审计项目，有时会直接以备忘录的形式向公共账目委员会报告审计结果。

4. 对来信的答复

议会议员和一些人士经常就有关绩效审计的问题写信给主计审计长。主计审计长会直接答复这些来信。有时主计审计长会根据来信内容，安排一项绩效审计，并根据审计结果，形成一份对部门管理层的报告或者一份对议会的主计审计长报告。

5. 绩效审计调查报告

绩效审计调查是绩效审计与财务审计相结合的产物，兼具绩效审计和财务审计的特点。调查项目通常产生于财务审计人员执行的风险分析。与一般的绩效审计相比，审计调查时间短、重点突出，调查报告的形式也随调查项目的不同而变化。在调查过程中，绩效审计人员经常和财务审计人员共同合作，共享信息。

6. 国际标准

在发表主计审计长报告之外，审计人员还会经常根据绩效审计情况，公开出版有关的国际标准单行本，帮助社会各界对英国公共部门或机构的相应表现作出判断，展开讨论。

7. 先进经验指南

先进经验指南旨在促进被审计单位更加有效地使用资源。其中有的手册涉及一般的业务领域（如采购活动）；有的手册则针对具体部门的具体业务或事项，介绍先进的经验和方法。为扩大影响和增强合作，有时也会与其他机构（如审计委员会或政府商务部）共同出版这些手册。

8. 宣传和研讨

这是指审计机构或审计人员应经常召开研讨会或大型会议，在期刊上发表文章，举办讲座和演示，探讨如何进一步提高公共机构的效益表现。

在这方面，AR 也有类似成功范例，它们通过在 1990 年对国家下属分支机构的正常调查，提出了建议书，编制了实践手册。这些新产品反映了 AR 的一贯政策，即一旦出现新情况，必须在不久的将来用更加有效的方法进行解决。编制

第八章 绩效审计报告

手册的目的是改进分支机构的管理,使分支机构成为执行政策的有效工具。类似的工作还有在1989年AR针对私有化审计编制的"检查清单",该清单包括了未来进行私有化时要仔细参照的标准。

1993—1995年之间,瑞典RRV除了审计报告外,还印制了9本别的出版物。其中3本是"策略研究"包括新审计领域的介绍和分析,以及在每次审计中应予关注的问题等内容。第一本是关于医药方面(1993年),第二本是关于社会安全制度(1995年),第三本是关于养老金制度(1995年)。另外三本出版物是关于绩效审计的一般性描述,如国家审计机关手册等。有两份是关于以前绩效审计的后续报告,最后一本是关于有用的审计方法的综合分析。

绩效审计有时还会涉及一些其他活动,因此也就编制了一些其他种类的报告和出版物。如绩效审计人员在撰写RRV的官方反馈方面就发挥了重要作用,这也是瑞典多年来的制度要求,每个国家部门和代理组织都有机会就各种公共委托和政府报告提出评论意见。1993—1995年间,RRV提出了共计475份这样的反馈报告,而且数量也在不断增加,这项工作被认为是RRV就各种事项在政府制定决策过程中贡献自己专业知识和提出自己看法的重要途径。此外,RRV还接受政府的专门委托进行各种特殊的审计业务。从20世纪90年代开始,这项工作逐年增加,目前已经占到全部工作的1/3。尽管这不是绩效审计,但是所使用的方法和技术却是类似的。

从1993年开始,RRV的绩效审计还参加了对政府代理机构公布的年度报告的审计工作。他们审计这些报告的效益方面,为此,每年大体编制200份审计备忘录。RRV还鼓励审计人员们撰写学术论文,向杂志投稿,向学术会议提交论文。

各国SAI(social accountability International,社会责任国际,简称SAI)也每年出版年度报告,总结包括绩效审计在内的审计机关的全部工作状况,同时也向社会展示审计机关的工作。如英国国家审计署通过编写年报展示审计机关是如何管理其资源以保证资金的充分利用。RRV的年报是根据瑞典政府对所有政府部门的统一要求编制的,其目的与英国国家审计署相同,其中在绩效审计章节中,审计的效果是按照有关责任部门依据审计机关的观察和意见而采取相应措施的比率计量的。VTV也公布类似的年报,但是,它们并不是十分关注绩效审计的成本和花费的时间。

荷兰的绩效审计报告也正在发生着根本的变化,其审计报告的内容较广,包含了关于政府以及后续审计的许多信息,另外,还有关于审计发展的概括性说明,以及关于人事、财务和组织方面的情况介绍。报告的形式也是多种多样和易于理解的。

　　法国长期以来一直公布长式报告，该报告包括对审计发现的概括说明和来自于被审计单位的看法。一般的传统做法，该报告不包括除所进行的鉴定和决定数量之外的任何关于绩效审计自身的信息。但是，在1997年，法国审计法院第一次在绩效审计报告中写入了描述审计法院工作情况的内容。

　　因此，这似乎是一个趋势，在公布的审计年报中，要向公众描述和解释SAI的活动。审计报告包括越来越多的关于绩效审计自身的信息，而不仅仅是对审计发现进行总结。

　　审计报告内容与格式与公共部门改革和重组也有直接关系，所有的SAI都倾向于向不同的用户提供各种不同的信息产品，并通过不同的方式展示绩效审计自身的工作。

第二节　绩效审计报告的内容结构

　　绩效审计报告是审计人员在绩效审计工作结束时发表审计意见，作出审计评价和提出审计建议的一种书面文件，是绩效审计项目成果的体现，也是审计方与有关各方沟通的重要媒介。

　　与财务审计报告相比，绩效审计报告尚未形成一套规范的格式，我国《国家审计基本准则》和《审计机关报告编审准则》虽然对审计报告的编审程序、内容和格式进行了明确规定。但绩效审计报告格式不能与审计基本准则及审计报告准则要求完全一致。因为被审计单位业务活动和规划性质不同，很难用统一的报告格式来完成统一规定所负的报告责任。绩效审计报告的编写者一般不采用短式报告，而是按繁式报告惯例编写，而且每份报告都不是千篇一律的表达方式，也没有所谓的标准语言；绝大多数情况下，报告的读者不能透彻了解审计人员所报告的管理活动或规划。所以，审计人员在描述和解释审计的大部分细节时，比介绍他在财务报表审查中的情况还要详细。审计人员在绩效审计报告中不仅要阐述结论，而且还要提出建议。

一、国外绩效审计报告结构简介

　　国外一些国家的政府审计在探索绩效审计实践方面，总结了一些好的做法和经验。他们在审计准则或者绩效审计手册中都对绩效审计报告的框架和内容提出了明确而具体的要求，这些也可以为我们确定我国绩效审计报告的框架提供一些参考。

例如,澳大利亚审计署绩效审计手册中提出,绩效审计报告必须包括的内容有:(1)声明审计是按审计准则的要求做的,在实施审计过程中,实施了审计人员认为必要的测试和程序;(2)在少有的偏离了必要的原则和程序的例外情况下,报告中应指明未能遵循的原则和程序,以及不遵循的理由;(3)对审计范围和目标的描述,以及受到的限制;(4)审计评价标准的确定;(5)表达审计人员的意见。绩效审计报告的结构,按照顺序依次是:标题页和呈送页;内容目录,缩写词语列表(一般一页);摘要和建议;审计发现和结论;附录(一般包括被审计单位的反馈意见);索引等等。

美国审计总署政府审计准则对绩效审计报告的内容所作出的规定是:审计报告应该包括的内容是:审计目标、范围和方法;审计结果;审计建议;审计遵循的准则;重大不合规现象和滥用行为;违法行为;管理控制重大缺陷;被审计项目负责人对审计人员的发现、结论、建议和打算采取的纠正措施所表示的看法;审计人员确认的重大管理成就;向未来审计人提出的建议;报告未披露资料的性质以及必须不予披露的要求等。

英国审计署绩效审计手册提出绩效审计报告要全面反映审计工作的目标、工作过程与方法以及工作的成果,其内容主要包括:项目背景;被审计单位或项目的工作目标;被审计单位实现其目标的主要手段和措施;审计人员开展绩效审计情况的描述(包括审计的范围、内容和方法);审计发现的主要问题及原因分析;提出的审计建议等。

瑞典审计局出具的每份绩效审计报告尽管报告的格式和内容因审计项目的不同而不同,但其基本结构是一致的,即包括审计情况概述、引言、审计安排、审计对象说明、审计发现问题、审计结论、审计建议和附件等八个部分。

通过这些国家绩效审计报告的框架要求以及一些绩效审计报告的实例,我们发现,除了内容排列的顺序和详细程度不同之外,大多数国家绩效审计报告在内容上几乎没有太大的差别,都包括:被审计单位的背景资料;审计的范围、目标;对审计准则遵循情况的说明;审计发现的事实、结论和建议;被审计单位的反馈意见等。而这是不是也可以给我们国家的审计人员在撰写绩效审计报告时提供一些有益的启示呢?

二、我国绩效审计报告框架的建议

我国已经颁布的有关审计报告的国家审计准则有《国家审计基本准则》、《审计机关报告编审准则》、《审计机关审计事项评价准则》。其中《国家审计基本准则》和《审计机关报告编审准则》对审计报告的编审程序、内容和格式进行了明确规定。《审计机关审计事项评价准则》还规定了"对效益性的评价,审计机关应当首先就被审计单位经济活动所产生效益的实际情况作出说明,同时还应当揭示与有关评价标准进行对照的结果……评价时应当对有关评价标准的选择依据和具体内容作出说明"。2004年初,审计署发布了质量控制暂行办法,对审计报告的格式进行了重新规定,但对基本内容的要求并没有大的变化。

我国已有的准则基本上涉及的都是对审计报告撰写的规定,而到目前为止,还没有直接针对绩效审计报告内容框架的指南与规定。于是,在借鉴国外绩效审计报告内容框架和国内外一些案例的基础上,我们提出构建我国绩效审计报告的框架内容如下:

(一)内容摘要

内容摘要是绩效审计报告的第一道门。一般来说,绩效审计报告都不会很短,考虑到审计报告读者的需求不同,有必要在审计报告的前面专门编写一份报告的内容摘要,便于读者通过阅读摘要,了解审计报告的主要内容,并根据需要决定是否继续仔细阅读下面的内容。因此内容摘要是非常重要的。

(二)被审计事项的背景

这包括被审计事项或单位的基本情况、资金来源和使用情况、目前的状况等等,目的是使读者对被审计事项有一个清晰的理解。

(三)审计项目实施情况

这部分主要是用于向读者说明审计的范围和性质,便于读者利用报告内容,并进行判断。这部分主要包括以下四个方面的内容:

(1)该项审计的依据,比如法律法规的要求,人大或政府交办的事项,或者其他选项的理由;

(2)该项审计的目标、范围和方式、方法,以及审计起讫时间等;

(3)审计准则的遵循情况,如果没有遵循准则,应该说明理由,目的是让读者相信审计报告的质量;

(4)明确说明审计方和被审计方的责任,以便读者了解审计的性质和局限性,同时避免审计风险。

(四)审计评价意见或结论

这部分是针对审计目标,以审计发现的情况为基础,总括地发表审计意见或得出审计结论。

(五)审计发现的情况

这部分是"审计评价意见或结论"的证明,即说明审计是怎样得出上述结论的。这部分是所取得证据的汇总结果。通常针对每项具体目标,逐项说明审计发现的支持审计结论的事实和作出的分析。一般来说,这种说明应该包括这样的三个方面的要素:审计发现的事实、导致上述结果的原因、产生的影响。

应该说明的是,这部分不说明发现的违反法律法规的具体事实,只是针对具体审计目标,说明得出"审计评价意见或结论"的根据。

(六) 发现的违法违规问题及处理处罚意见

这部分是随审计过程中发现的具体违法违规问题及处理处罚意见的逐项列示,包括审计过程中查出的被审计单位违反国家法律、法规规定的财政收支、财务收支行为事实,定性、处理处罚决定以及法律、法规、规章依据,有关移送处理的决定等等。

(七) 建议

由于绩效审计的价值就在于其建设性。因此,绩效审计报告中提出的建议,是绩效审计项目的核心内容之一。此部分内容应该是审计结论和审计发现的情况及分析的逻辑体现,一般应该针对已经发现的问题的原因提出来,在内容上与报告中的其他内容相呼应。应该注意,建议不应该太多,但应该有针对性、可操作、便于检查和衡量。

(八) 被审计单位的反馈意见

这部分内容包括:被审计单位对审计报告的看法;针对被审计单位的意见,审计报告的修改情况;审计组织不同意被审计单位意见的理由。

在被审计单位只是提供了一些口头意见的情况下,审计人员应该将口头意见进行整理,并经过被审计单位确认表达是否准确。许多被审计单位在他们的反馈意见中还包括了针对审计发现的情况,拟采取和已经采取的改正措施,这些都应该一并纳入到审计报告中。

将被审计单位的反馈意见纳入到审计报告中最大的好处在于,可以将被审计单位纠正问题、改进管理的情况置于公众监督之下,便于被审计单位落实审计结论和审计建议,积极整改,从而大大提高了审计的效果。

除上述 8 个方面的内容之外,对于审计过程中发现的好的管理方法或实践,审计报告中还应单独对其进行评论和肯定,通过公开的审计报告,将好的做法或经验进行推广。因为绩效审计的最终目的是促进强化管理,提高绩效。把好的经验和做法推广,可以发挥事半功倍的效果。

三、绩效审计报告中的相关内容详解

(一) 绩效审计的目标、范围和方法

审计人员应该在审计报告中说明审计的目标、范围和为达到审计目标而使用的方法。因为报告使用者需要这些信息来理解审计的目的和审计工作的性

质,预期报告的内容,了解审计目标、范围和方法方面的重大限制。

在审计报告中,应该以清晰、具体和中立的方式表述审计目标,以避免未予阐明的猜想。审计人员应该解释审计组织为什么承担这项任务并且要说明审计报告所要达到的目的以及为什么被说明事项是重要的。清楚地说明审计报告要达到的目标一般涉及确认审计目标和所检查的绩效方面。如果报告中载明的审计目标是可衡量的、可行的,并且同时避免了表述过程中的一般化和宽泛性倾向,这些审计目标就可以为报告使用者提供更有意义的信息。一旦审计目标受到特别的限制,人们能够由此推断更为宽泛的审计目标时,为减少误解,有必要在报告中阐明未涉及的审计目标。

在说明审计范围时,审计人员应该说明为达到审计目标而开展的工作的深度和范围。审计人员应该相应地解释:抽取的样本量与被审计事项之间的关系;确认一些组织和地理分布以及审计期间;报告证据的种类和来源;解释与证据有关的问题。审计人员还应该报告由于资料和范围的影响,某些审计方法的使用受到限制,例如接触某一些记录或人员的要求未被满足等。

在对所使用的方法进行报告时,审计人员应该以充分详细的方式清楚地解释审计目标是怎样完成的,包括收集的证据以及使用的分析技术,以便有一定知识的报告使用者能够了解审计人员的工作。这种解释应该:确认在实施审计过程中所做的重要假设;说明运用的比较技术;阐明所使用的标准;以及主要由抽样来支持审计结果的情况下,说明抽样设计和选择这种抽样方法的理由,包括能否通过抽样结果推断总体情形。

审计人员应该努力避免报告使用者误解审计人员为达到审计目标已经做的和没有做的工作,在由于时间或资源的原因使工作受到限制的情况下尤其如此。审计报告应该清楚地表明:所开展的工作的范围和限制;没有遵循的相关准则及其理由;以及由于没有遵循相关的准则而使或可能使审计结果受到的影响。例如,如果审计人员不能确定从被审计单位数据库取得的资料的可靠性,并且这些从数据库取得的资料对于实现审计目标十分关键,那么,审计报告应该清楚地说明这些资料的限制以避免作出没有保证的结论或建议。在这些情况下,审计报告还应该包括审计人员不能够开展某项工作的理由和如果这些资料不可靠对于审计结果的潜在影响(当报告中为背景或信息的目的包括了计算机处理数据,并且这些数据对于审计结果关系重大时,说明这些数据的来源以及这些数据未加验证就可以达到报告准则的要求)。

(二)绩效审计的结果

审计人员应该通过提供与审计目标有关的可靠证据来报告审计结果。这些结果应该有充分、可靠和相关的证据支持,还应该以可促进充分理解被报告事项并且在恰当方面能够提供令人信服的、公允的表达的方式来表述。审计报告应该提供有关背景情况以便了解全部信息之间的关系,帮助读者理解审计结果和所讨论问题的重要性。

实际上,通常认为审计结果包括标准、情况、原因和效果等因素。但是一项结果究竟需要哪几个要素取决于审计目标。例如,一个审计目标可能局限于确定实施某项立法要求的现状或情况,而不涉及原因和结果。因此,就实现审计目标以及报告能够清楚地表明这些目标与结果要素之间的联系方面来说,一个(或一系列)结果都是完整的。

在可能的范围内,审计人员在表达审计结果的过程中,应该申明标准、情况、原因和效果等要素,以便帮助被审计单位的管理层或者被审计单位的监督官员理解采取改正措施的需要。此外,如果审计人员能够充分地表达结果,审计人员应该针对改正措施提出建议。下面是有关报告结果要素的具体指南:

(1) 标准提供了相应的信息以便报告使用者能够确定什么是必须的或期望的陈述或者项目、经营的预期是什么。在标准的说明公允、明显、完整并且在审计报告中确认了标准来源的时候,标准是非常容易理解的。

(2) 情况为审计人员发现的真实情况提供了依据。对情况的范围和程度的准确描述便于报告使用者形成准确的预期。

(3) 原因提供了导致情况与标准存在的差异的说服性证据。在报告原因时,审计人员可以考虑这些证据是否能表明所述原因是关键因素或者造成差异的关键因素而不是其他原因导致了相关的结果,这些其他原因包括标准设计不合理或者项目管理部门无法控制的原因等等,审计人员还可以考虑确认的原因是否能够成为提出的建议的基础。

(4) 效果提供了一个清晰的、逻辑性的联系,表明审计人员所发现的情况与应该的状况(标准)之间的差异的影响。如果效果能够表述得清晰、准确,在可能的情况下采用量化条款,效果将更加容易理解。所报告的效果的重要性可以通过可信的证据显现出来。

绩效审计报告还应该包括内部控制的重大缺陷(重大缺陷是指那些在审计人员的判断过程中引起审计人员关注的、对审计人员的工作、结论和建议产生影响的事项)、所有的舞弊和违法事件,除非这些事件明显无关紧要(某一具体事项是否属于违法要等待法院的最终判决。这样,当审计人员披露那些促使审计人员得出违法事件已经发生的结论的事项时,审计人员应该注意,不要无意间暗示了最后的判决已经作出),以及重大的违反合同条款或拨款协议行为以及严重的滥用行为。

(三)内部控制缺陷

审计人员在审计报告中应该包括他们有关内部控制的工作范围和审计过程中发现的重大缺陷。当审计人员发现了非重大内部控制缺陷时,审计人员应该单独致信给被审计单位的管理人员说明这些缺陷,除非这些缺陷从性质和数量两方面来说都无关紧要。如果审计人员已经单独致信给被审计单位的管理层说明了这些缺陷,审计人员应该在审计报告中提到这封信。在确定是否或怎样将这些无关紧要的内部控制缺陷报告给被审计单位的官员时,审计人员应该运用专业判断。审计人员应该将就有关审计过程中发现的内部控制缺陷进行沟通的证据记录在审计记录中。

在绩效审计中,审计人员可以把内部控制的重大缺陷确认为缺乏绩效的原因。在报告这种类型的结果中,内部控制的薄弱环节可以被认为是原因。

(四)舞弊、违法行为、违反合同条款或者拨款协议以及滥用行为

当审计人员根据收集的审计证据认为:舞弊、违法行为、严重违反合同条款和拨款协议或者严重的滥用行为已经发生或者很可能已经发生时,他们应该在审计报告中包括有关的情况。在政府项目或单位的行为与一个谨慎的人所作出的合理的、必要的业务行为相差很大时,滥用就发生了。

在报告舞弊、违法行为、违反合同条款或拨款协议以及滥用时,审计人员应该通过对导致这些结果产生的工作的描述而将审计结果置于一个适当的角度。为给读者提供一个判断这些结果的后果和程度的基础,应该将确认的事实与检查的范围和数量联系起来,同时适当用货币来量化说明。如果结果不能推断,审计人员应该仅就测试的项目得出结论。

当审计人员发现了严重违反合同条款或拨款协议行为时,审计人员应该单独致信给被审计单位的官员说明这些发现,除非这些发现从性质和数量两方面来说都无关紧要。如果审计人员已经单独致信给被审计单位的管理人员说明了这些舞弊、违法行为、违反合同条款或者拨款协议或者滥用行为,审计人员应该在审计报告中提到这封信。在确定是否或怎样将无关紧要的舞弊、违法行为、违反合同条款或拨款协议或者滥用行为报告给被审计单位的官员时,审计人员应该运用专门判断。审计人员应该将所有的与被审计单位官员就有关舞弊、违法行为、违反合同条款或拨款协议或者滥用行为进行沟通的证据记录在审计记录中。

(五)直接报告舞弊、违法行为、违反合同条款或拨款协议和滥用行为

对发现的被审计单位的舞弊、违法行为、违反合同条款或拨款协议和滥用行

为,审计人员也可以直接将其公布出来。如美国一般公认政府审计准则就要求审计人员在以下特定情况下,直接向被审计单位之外的机构报告舞弊、违法行为、违反合同条款或拨款协议或者滥用行为。如果审计人员已经就这些舞弊、违法行为、违反合同条款或拨款协议或者滥用行为与被审计单位进行了沟通,但被审计单位却未能向这些外部具体单位进行报告,审计人员就应该意识到的未能报告的情况与被审计单位的主管部门进行沟通。如果被审计单位在审计人员与其主管部门进行沟通后仍然不能切实地按照要求进行报告,审计人员应该直接向法律或法规规定的外部方面报告这些舞弊、违法行为、违反合同条款或拨款协议或滥用行为。

被审计单位的官员有责任采取及时、适当的措施补救审计人员报告给他们的舞弊、违法行为、违反合同条款或拨款协议或者滥用行为。当这些舞弊、违法行为、违反合同条款或拨款协议或者滥用行为涉及直接或间接地来自政府机构的资助时,如果被审计单位的管理层不能采取补救措施,审计人员有责任直接向政府机构报告这些舞弊、违法、违反合同条款或拨款协议或者滥用行为。如果审计人员认为,不采取补救措施会导致他们报告这些结果或者退出审计,他们应该就这个结论与被审计单位的主管部门进行沟通。然后,如果被审计单位不能切实地向提供政府资助的单位报告这些舞弊、违法、违反合同条款或拨款协议或者滥用行为,审计人员应该直接向这些单位报告发现的舞弊、违法、违反合同条款或拨款协议或者滥用行为。

在这些情况下,审计人员应该获取充分、可靠和相关的证据,例如外部单位的函证,来证实被审计单位的管理人员关于已经报告了发现的舞弊、违法、违反合同条款或拨款协议或者滥用行为的陈述。如果被审计单位的管理人员没有报告,审计人员应该如上所述直接报告发现的舞弊、违法、违反合同条款或拨款协议或者滥用行为。

法律、法规或者其他权威机构可能会要求审计人员向司法部门或者调查机构及时报告某种类型舞弊、违法、违反合同条款或拨款协议或者滥用行为。在这种情况下,当审计人员认为舞弊、违法、违反合同条款或拨款协议或者滥用行为已经或者很可能已经发生时,他们应该咨询有关机构或法律顾问公开报告某些有关潜在的舞弊、违法、违反合同条款或拨款协议,或者滥用行为是否有碍调查或者司法行为。审计人员应该将公开报告的范围限定在不影响司法行为的事项范围内,例如,那些已经公开的记录或信息。

(六) 结论

在审计目标和审计结果有要求的情况下,审计人员应该对结论进行报告。

结论是审计人员依据审计结果对项目进行的逻辑推断,而不仅仅是审计结果的一个汇总。结论必须表述清晰,不能隐晦模糊。审计结论的力度取决于支持审计结果的审计证据的说服力和形成结论的逻辑过程的完善程度。如果审计人员提出了建议并且说服了具有一定知识的报告使用者有必要采取纠正措施,那么这个结论是强有力的。

（七）建议

如果有保证的话,审计人员应该提出改正审计过程中确认的问题的措施和改善项目和经营的建议。在审计结果表明项目、经营和绩效具有改进的可能时,审计人员应该提出建议。建议应该是审计结果和结论的逻辑体现,需要清楚地说明要采取的措施。当审计人员注意到可能发生舞弊、违法、违反合同条款或拨款协议,或者滥用行为的重大情况,或者发现了内部控制缺陷时,应该指出对遵循法律和法规有影响的情况以及改进内部控制的建议。

建设性的建议可以推动政府项目和经营行为的改善。为了使建议最大限度地具有建设性,建议应该是针对已经发现的问题的原因提出来的,是措施导向的,是具体的,并且是提交给有权采取措施的部门的,是切实可行,讲究成本效益和可以衡量的。

在美国的绩效审计报告中,审计人员还应该报告审计是按照一般公认政府审计准则的要求进行的。对于一般公认政府审计准则遵循情况的说明指的是审计人员在审计过程中遵循了所有现行的一般公认政府审计准则。在审计人员没有遵循相关准则的情况下,对于一般公认政府审计准则的遵循情况的说明应该是有保留的。在这种情况下,审计人员应该在范围段披露未遵循的相关准则、未遵循的原因及其对审计结果的影响或可能产生的影响。在评估未遵循相关准则对审计结果造成的影响时,审计人员可能需要对一些保证有所保留,或者不作任何保证,或者拒绝继续审计。

（八）报告被审计单位负责人员的看法

审计人员应该报告被审计项目的负责人员对于审计人员的发现、结论和建议以及计划采取的改正措施的看法。保证报告公允、完整和客观的最有效的方法之一是适当提前取得被审计单位负责人员或其他人的评论和意见。包括负责人员看法内容的报告中的结果不仅是审计结果、结论和建议,还包括被审计单位的负责人员对于审计结果的看法和被审计单位计划采取的改正措施。审计人员应该在审计报告中包括一份官员的书面意见或者收到意见的汇总。

审计人员通常应该要求负责人员以书面形式提交对报告的结果、结论和建议的看法以及管理当局计划采取的改正措施。但是,口头意见也无不可,而且在某些情况下,它还是收集意见的唯一或者最快捷的方式。下列情况下,收集口头意见是最有效的:使用者要求的时间紧迫;审计人员已经在工作过程中且与负责人员联系紧密;有关方面对于报告草稿中提出的结果和问题非常熟悉;或者审计人员预计对报告草稿中的结果、结论和建议不存在重大异议;或者已经认识到对报告草稿中讨论的问题会存在的争议。审计人员应该编写一份被审计项目负责人口头意见的摘要汇总,并且在报告定稿之前把这份摘要汇总交给被审计单位的官员来核实表述是否准确。

适当时,审计人员在最终的报告中应该公允、客观地评价和认识这些意见。这些诸如改正措施的承诺或计划的意见,应予说明,但不能作为剔除一项结果或者相关建议的理由。

当被审计单位不同意报告中的结果、结论或建议,或者审计人员认为被审计单位的意见无效,或者计划的改正措施不能充分地落实审计人员的建议时,审计人员应该说明他们不同意被审计单位意见或者计划的改正措施的理由。审计人员的不同意见应以公允和客观的方式表达。相反,如果审计人员发现这些意见有效,审计人员应该修正他们的报告。

(九) 对特别规定的或保密信息的报告

如果某一相关信息禁止公开披露,必要时,审计报告中应该说明未披露信息的性质以及不许披露的要求。

某些信息可能被国家或地方法规禁止公开披露。在这种情况下,审计人员应该出具一份单独的限定官员使用的包含这些资料的报告,只向法律和法规允许取得这些信息的人员分发。在考虑到公共安全的其他情况下,可以在报告中剔除这些信息。例如,有关某一项目的计算机安全的详细资料就可以不包括在对公众公开的报告中,因为,误用这些信息可能会导致一些损害。在这种情况下,审计人员可以出具一份限定官员使用的包括这些信息的报告,同时,仅向负责按照审计报告中的建议采取纠正措施的负责人员分发。适当时,审计人员应该就这些保密要求或者必要的信息剔除向法律顾问进行咨询。

审计人员在某些信息不能包括在公众获得的审计报告中的情况下作判断时应该充分考虑被审计或检查的项目中广大公众的利益。审计人员需要权衡披露已知重大事实的需要,这些按某种要求或其他情况需剔除某些信息的重要资料如果不披露,则会导致要么曲解结果,要么隐瞒不恰当的或非法的做法,如果审计人员认为应该在公开披露的审计报告中不包括特定信息,他们应该在报告中说明没有包含的信息的性质和不包含的理由。

第三节 绩效审计报告的撰写

一、撰写绩效审计报告的要求

绩效审计报告目前尚无统一格式。撰写绩效审计报告采用什么样的格式，取决于审计人员表达审计意见的需要和报告内容的要求。只要审计人员认为可以把需要报告的情况反映出来，审计报告或长或短，或用文字或用表格都是可以的。但不论采用什么格式的审计报告，以下的一些要求还是必须要做到的。

（一）实事求是

审计人员在撰写绩效审计报告时，不能夸大事实，也不能大事化小，要实事求是，一分为二地看问题。审计人员不能只看被审计单位存在的问题，不看他们取得的成绩，或者只看到成绩，不看存在的问题。

（二）突出重点

影响被审计单位绩效的因素往往是多方面的，审计人员在撰写审计报告时，不必罗列所有的影响经济效益的因素，也不必对所有的问题都面面俱到地加以表述。审计人员对于被审计单位的经济效益进行评价时，只要抓住主要问题进行评价、分析，找出主要原因，对于次要问题在撰写时可以略去。这样，绩效审计报告就可以突出重点，使阅读报告的人易于明确问题所在。

（三）意见要具体

审计人员对被审计单位的经济效益状况提出审计意见时应该具体，切莫笼统和抽象。因为撰写绩效审计报告的主要目的是帮助被审计单位提高经济效益，审计意见笼统和抽象不利于被审计单位改进工作，不能达到绩效审计报告的目的。

（四）建议要可行

在撰写绩效审计报告时，对于提高经济效益的审计建议应该切实可行，而不应该提出没有把握的建议。必要时，审计人员可以提出几个方案，供被审计单位采纳。

二、撰写绩效审计报告的步骤

撰写绩效审计报告的过程大体上可以分为以下几个步骤：

（1）汇总情况。在进行绩效审计的过程中，审计人员要把各方面的情况进行汇总，并对有关问题进行重点说明。这样，审计人员对绩效审计事项就有了一个全面的认识。

(2) 整理资料。对于所掌握的资料要进行整理,首先要对审计工作底稿中的记录进行筛选,剔除不真实的资料;然后,要剔除次要的资料,保留重要的资料。

(3) 统一认识。在整理资料的基础上,审计人员要统一认识。对于被审计单位的经济效益状况,由于影响经济效益的因素是复杂的,而且这些因素发生作用的过程也是复杂的,因而审计人员的看法不容易取得一致。因此,审计人员应经过认真地讨论,取得基本一致的认识。

(4) 确定主要内容。通过资料的整理和认识的统一,审计人员要进一步确定审计报告应包括的主要内容。

(5) 分析原因和拟出建议。在确定了绩效审计报告所撰写的主要内容后,根据所要反映的内容,分析造成经济效益优劣的各种原因,包括主观的原因和客观的原因,并且要分析事物的本质。审计人员要进一步提出应该如何提高经济效益的建议。

(6) 编写报告提纲。在撰写绩效审计报告前,审计人员应先编写报告提纲,在提纲中列出反映的内容和证据、产生的原因和改进的建议等。

(7) 撰写报告初稿。根据绩效审计报告提纲,审计人员着手撰写审计报告初稿。审计报告初稿可以由一人执笔,也可以分工撰写。

(8) 对绩效审计报告初稿进行讨论。在讨论过程中,对提高经济效益的审计建议,应进行必要的论证和测算,并听取有关业务部门的意见,以保证建议的可行性。绩效审计报告初稿应由绩效审计事项的负责人审定。

(9) 征求被审计单位的意见。绩效审计报告在报送有关部门以前,应该征求被审计单位的意见。对被审计单位的不同意见,如果是合理的,审计人员应当予以接受,并修改绩效审计报告,使之更加符合实际情况。如果审计人员认为被审计单位的意见不合理,可以加以说明,并坚持原报告的意见。

(10) 定稿和报送。征求被审计单位的意见后,审计人员酌情修改报告初稿,写出正式绩效审计报告。经过必要的审查,按规定报送有关部门和单位,并且送交被审计单位。

三、绩效审计报告的具体撰写

由于绩效审计报告没有统一固定的格式可供参考,所以如何撰写具体的绩效审计报告往往需要我们在满足审计报告基本要求的前提下,针对具体情形进行具体分析。而通过对已有的绩效审计报告实例进行分析,则可以给我们提供一些有益的启示。

绩效审计报告 1：
防治非典专项资金、物资使用绩效审计报告
（江苏省南京市审计局）

一、基本情况

2003年4月，一场席卷全国的非典大灾降临南京，把全市人民逼上了防非抗非的第一线。在市委、市政府的正确领导和统一指挥下，市防治非典指挥部沉着应对，态度坚决，措施果断，精心组织，行动迅速，全市人员众志成城，齐心协力，成功地打了一场抗击非典的阻击战、攻坚战。自4月30日起，全市共报告2例非典确诊病例，15例非典疑似病例（含派出疑似病例），经过积极抢救，非典患者和疑似病人已全部治愈或排除后出院。

截至2003年7月31日，市本级防治非典财政专项资金安排和接受捐赠物共计9 801.34万元，其中财政专项资金7 250万元；实际拨出款物共计8 445.42万元，其中财政专项资金6 802万元；结存1 355.92万元，其中财政专项资金448万元、捐赠款900.35万元、捐赠物资7.57万元。

截至2003年7月31日，被审计调查的19家单位防治非典已支出（含个别单位垫支）7 162.78万元，占市财政、捐赠机构拨出的财政专项资金、捐赠款物8 445.42万元的85%。审计调查结果反映，这些专项投入对我市成功防治非典发挥了重要作用。

二、绩效审计评价

非典这一突如其来的疾病灾害，如同一场没有硝烟的战争，考验着全市各级党委、政府以及我们每一个人。总结这场防治非典斗争取得的胜利，得益于党和政府的坚强领导和积极有效的措施，得益于广大医务工作者的无私奉献和精湛医术，得益于人民群众的团结一致，大力支持；同时市政府安排7 250万元防治非典财政专项资金和社会捐赠2 551.34万元款物，为防治非典斗争胜利提供了必要的财力支持。

通过全市人民的努力，南京地区疫情没有大规模扩散，没有出现一例非典临床诊断或疑似病人死亡，没有一名医护人员被感染，确保了经济、生活秩序正常，确保了政治、社会的稳定。

1. 市领导果断决策，启动紧急预案，建立防治非典专项资金，为防治非典斗争提供了财力保障。经审计，该专项资金管理、拨付的审批程序规范，手续完整。4月下旬当南京出现非典疑似病例后，市政府果断决策首批财政资金5 000万元（累计7 250万元），设立南京市市级非典型肺炎防治专项资金，并指示拿出资金使用管理办法。在资金的具体拨付使用上，用款单位或主管部门能按程序和规

定手续办事,请款报告报送财政部门,经市领导批准后下拨,做到了每笔财政资金支出均有项目、用途以及市领导的有关批示,财政部门及相关主管部门也是急事急办,及时拨付到位,未发现财政部门及相关部门不按程序拨款或拨款手续不完善的情况。

2. 全市人民万众一心,共同抗击非典,社会捐赠物资2 551.34万元,为抗非斗争的胜利提供了精神、物质和财力支持。经对社会捐赠款物的审计,社会捐赠资金管理、使用规范,除红十字会接受的捐款按规定在该会专项账号存储外,市民政、卫生、慈善总会等部门接受的非定向捐款都交由财政部门专户管理,统一调配使用。但在社会捐赠物资的接受、管理、使用方面,尚存在部门捐赠物资价格高于现行市场价格、捐赠物资的分拨及使用单位的管理不够到位等问题。

3. 投入防疫消毒、防护和医疗设备(物质)及指挥协调费用支出2 836.36万元(审计和审计调查的19家部门单位),为非典防治工作协调指导、阻止非典的传播蔓延、非典临床病例诊断、疑似病例的会诊救治以及临床观察的排除等起到了重要作用。例如:市指挥协调机构支出120万元,建立严密的指挥防控体系,迅速制定并完善了各种预案,召开了8次新闻发布会,编印了大量的防治非典法律运用问答和科普宣传资料等,发挥了公共服务型政府的重要保障作用;交通系统支出296.05万元,在水运、公路等所有入境道口,对进入南京的旅客进行体温测量和健康登记。市市容局支出225.33万元,组织了3 000余人的社区公共卫生消毒队伍,提高了公共环境卫生的管理水平,稳定了群众民心;公安系统资金支出254.99万元,先后调集了千余名警力,积极做好防治非典期间的社会治安工作;卫生医疗防疫系统支出1 939.99万元,建立了医疗机构监控、留观人员隔离和医护人员保护网络,确保了没有一个疑似病人和发烧病人漏诊,一批医院的医疗设施和条件得到了不同程度的改善,充实和提高了我市医疗机构的装备及检测水平,通过对市定点收治医疗机构——市第二医院延伸审计调查,该院在防治非典中以财政拨款购置了一批较先进的医疗设备,采购总价900万元(购置必需设备394.99万元),确保了我市无非典死亡病例和非典疫情的控制。

4. 投入专项工程、改扩建及改造工程费用4 326.42万元,其中已投入4 076.42万元建设南山医院(土建支出3 995.24万元),初步形成了以市卫生部门、疾控中心、第二医院、南山医院、急救中心、血液中心等医疗卫生防疫机构组成的突发公共卫生事件应急处理体系的基本框架,为我市今后应对突发性公共卫生事件提供了医疗体系上的保障,虽然此次防治非典过程中南山医院没有发挥直接作用,但它对于我市加强公共卫生事业的宏观调控,合理配置卫生资源,建立有效、安全、经济的快速反应系统,保障人民生命安全,维护正常社会秩序具有长远的广泛的社会影响。审计调查反映,南山医院项目计划投资约1.27亿元,目前市财政已拨付资金4 750万元(含捐赠资金500万元),为加强建设资金的管理,在项目立项阶段,市财政局与南山医院建设指挥部就制定了《南京市南山医院建设资金管理规定》,明确建设资金实行专户管理,专账核算,专款专用,严格执行资金支付程序等规定。我局对该项目一直采取了跟踪审计,待市财政局委托的中介机构对南山医院项目审核后,将立即对此进行竣工决算审计。

三、审计情况和问题

(一)关于医疗设施建设的情况

非典发生初期,我市主要利用现有医疗资源,对原市传染病医院(市第二医院)、中西医结合医院进行改造使用,市财政安排资金400万元,5月初随着疫情的发展,省专家组预测南京形势不容乐观,存在疫情爆发的可能性。为积极应对这一状况,从现实与长远考虑,省市决定建设一座符合"防大疫、防久疫"需要的现代化医院——南山医院,据立项批复,该院按500个床位规划设计,总占地275.6亩,其中建设用地163亩,总投资约1.27亿元,其中,工程投资6 500万元,医疗设备、器材和药品等6 200万元,项目按照"一次规划,分期建设,先急后缓,逐步到位"的原则,一期工程投资约6 300万元,规模约248个床位,建筑面积20 892平方米,施工单位顾全大局、团结协作、昼夜苦干,仅仅15天就完成了土建任务,最多时近万人奋战在建筑工地,目前该院正在进行医疗设备安装。

南山医院的建设,按照预防为主、常备不懈、反映及时、依法防治的原则,为我市建立统一的突发事件预防控制体系,增强对突发事件的防范意识和应对能力,奠定了稳定的基础。但是由于该项目是特定状况下的超常规决策事项,因此未按正常基建项目制定项目建议书、进行前期可行性论证等常规程序操作,从项目决策、地点勘察选取、工程设计、土建施工,一切本着"特事特办,急事急办"的原则,在工程成本的总体控制上尚存在一定难度。

(二)关于医疗设备购置等情况

经延伸审计我市防治非典定点收治医疗机构——市第二医院,该院购置了一批较先进的医疗设备,充实和提升了医院的医疗装备和硬件设施,采购总价为900万元,其中,非典救治必需设备394.99万元,此外医院还自购了救治药品124.95万元,防护用品106万元,先后入院的17名疑似(含排除疑似)或确诊病人得到了最为完善的诊断和治疗,为我市确保无一例死亡病例、无一名医护人员感染提供了切实的物质保障。

审计调查也发现,非典时期购进的大部分医疗设备,可在常规情况下正常使用,但有部分医疗设备,在防治非典时期过后就较少或未再使用,如市第二医院此类设备有计算机放射成像系统(多槽CR)、床边X光机、无创伤呼吸机等,价值390余万元。对于这些设备的维护与保养,以备不时之需,应当引起有关部门的重视。

(三)关于社会捐赠款物的情况

这次防治非典斗争中,市民政、卫生、慈善总会、红十字会等部门共收到社会捐赠款物2551.34万元,其中捐赠资金1658.92万元,捐赠物资892.42万元。经审计,社会捐赠款物的接受、管理、使用中尚存在一些问题。

一是捐赠物资方面存在的问题,主要是少量捐赠物资过期或不能使用,影响了其作用的发挥;另外还存在物资登记入账不全等问题;二是捐赠资金方面存在问题,主要是零星的非定向捐赠资金未及时上缴财政专户,有些接受捐赠单位未向捐赠人出具合法、有效的收据等。三是至2003年7月31日个别单位捐赠协议确认的款物尚有不到位的情况。

四、审计建议

1. 规范、合理使用目前结存的防治非典社会捐赠资金。就目前来看,防治非典非定向捐赠资金尚结存826.83万元,这项捐款属防治非典资金,应确保其按规定用途使用。为此,我们建议:一是首先将此结存款用作防治非典支出的尚未结算事宜;二是先于财政资金投入南山医院的后期装备支出,这样既保证了捐赠资金的专款专用,又可以适当减轻财政资金安排的压力。

2. 关于社会捐赠物资的核算方面存在的问题,审计过程中我局已向各相关部门和单位提出了意见和建议。目前捐赠物资尚结存7.57万元,且为定向捐赠物资。建议有关接受捐赠机构尽快拨付,防止这些物资长期存放,导致物资品质受到影响和物资保管不善等问题。

3. 加强防非专用医疗设备的管理和保养。在这次防治非典中,一些卫生医疗机构先后购置了一批医疗设备,充实和提升了医院的医疗设备,但目前来看,有的设备处于闲置状态,建议卫生部门督促相关医疗单位加强对这些设备的管理和保养,着眼于今后应对突发公共卫生事件的工作。

绩效审计报告2:

两家纺织企业绩效审计报告

(湖北省审计局)

一、审计程序及方法

(一)审计准备

1. 立项依据

(1)全国审计工作会议的部署及省长对开展绩效审计的批示。

（2）纺织业是湖北省经济中的重要行业，产值、利税均占相当比重，但近两年来，出现了经济效益普遍下滑，企业亏损面和亏损额明显上升的局面。通过绩效审计试点，找出原因，为领导决策提供信息。

（3）为使试点具有典型性和可比性，经纺织总公司推荐，拟选 1990 年企业经营较好、有盈利的省直企业云梦棉纺厂，和经营较差、严重亏损的市直企业仙桃市棉纺厂，进行绩效审计试点，以便对比分析，查明症结，寻求对策。

2. 制定审计方案

提出八项重点内容，即：(1)产销计划完成情况；(2)产品品种结构情况；(3)产品质量情况；(4)资金使用情况；(5)原材料、燃料消耗及固定资产使用情况；(6)工资费用开支情况；(7)"双增双节"情况；(8)违纪违规情况。并制定了一套表格。

3. 组成审计组

采取外部审计人员与企业主管部门人员，企业内审及管理人员相结合，组成两个审计组："仙桃市审计组"由 15 人组成，其中省局 9 人，地、市、县局 3 人，纺总系统 3 人；"云梦审计组"由 14 人组成，省局 7 人，地、市、县局 3 人，纺总系统 4 人。两组各设联络员一个，以互通情况，协调工作。

4. 发出审计通知书。

（二）审计实施

1. 审计技术方法

在审计方法上，总的说来，实行绩效审计同财务收支审计和内部控制评价相结合。在经济效益和内控制度检查上，采取查账和查物相结合，资料检查和座谈、调查相结合，一般性调查与重点专题突破相结合，静态分析与动态对比相结合，定性测试与定量分析相结合的基本方法。

在审计技术上，采用本量利分析法，以及棉纺织行业技术经济指标的一般分析方法，并试用了投入产出分析法。

2. 审计评价标准

（1）国家有关的财经法规，主要用于企业财务收支的审计，确定违纪事项。

（2）国家有关产业政策，纺织行业的有关投资、技改政策，主要用于衡量企业生产、发展是否符合宏观调控的要求，并评价企业的外部环境。

（3）国家计委、经委、财政部，统计局 1984 年颁布的评价经济效益的八项指标。

（4）有关行业技术经济指标：如纺织部"棉纺织工业企业成本计算方法"(1983 年修订)。

(5) 企业主要技术经济指标的历史数据。如"仙桃市棉纺厂统计资料"(1981—1989 年)和"云梦棉"1988—1990 年财务、人事、计划统计、质量、设备工艺及有关档案资料。

3. 审计的具体步骤

(1) 对企业的财务收支及其成果进行全面核实,进而调整账面盈亏数。同时对企业的基本情况、内部控制制度建立和运行情况展开全面调查和了解。

(2) 运用第一步核实和调查的资料,以及广泛搜集的有关技术经济资料,采取经济活动分析、投入产出分析方法,围绕影响企业经济效益的因素,进行初步的综合测试分析,在此基础上确定审计重点。

(3) 对上述问题进行因素分析,并测算出对企业效益的影响程度,深入到企业有关职能部门核实情况,并取得相应证据。经过综合审计分析,找出企业经济效益下降的主要原因。

(4) 各小组向审计组提交专题审计材料,其内容包括:查明的问题,产生问题的主客观原因,解决问题的建议和措施,建议落实后预计增加的效益。

(5) 审计组根据各专题审计材料及掌握的总的情况,起草、提交综合绩效审计报告。

(三) 审计报告

1. 审计报告

审计组向省局上报"仙桃市棉纺织总厂综合绩效审计报告"和"云梦棉纺织厂绩效审计报告"初稿,经局内反复讨论、修改,并与被审计单位交换意见,实地检验审计报告内容的真实性、科学性、可行性,最后形成正式的审计报告。

2. 审计结论

(1) 以审计组的审计报告为依据,经与被审计单位再次交换意见,形成绩效审计评价的结论性意见。

(2) 根据审计报告和评价意见,提出挖潜目标和建议。

(3) 向被审计单位下发绩效审计的结论与建议的通知,并督促企业落实审计意见。

二、审计情况及结果

依据上述审计程序和具体步骤,两审计组开展绩效审计的情况和结果分析如下:

(一) 仙桃市棉纺织总厂

1. 企业基本情况

仙桃市棉纺织总厂下设一棉、二棉、苎麻三个基本生产分厂,1990 年末拥有固定资产原值9 690.4万元,纱锭79 340枚,布机596台,平均职工人数8 661人(其中:生产工人6 995人)。

该厂1988年实行"双保一挂"的承包经营方式。承包基数:1988年应上交利润450万元(已全部上交);1989年应上交842万元(实际上交350万元);1990年应上交1 675万元(因经营亏损分文未交)。

该厂1990年审计核实亏损额为1 365.1万元,与1989年比较,实际相差2 947.76万元。

2. 围绕企业由盈变亏,分专题着重审计了四个主要问题

(1) 审查技术改造问题。

总厂是在原一棉分厂的基础上发展起来的。1986年的一棉分厂,拥有纱锭42 928枚,平均职工人数4 200人,年创利税2 100万元(其中:利润1 479万元),全员劳动生产率18 565元,资金利润率高达55.42%,资金24天就周转一次,经济效益是历史最高水平,被评为省级先进企业。从此之后,企业以技改之名,在经济过热思想的影响下,靠银行、财政支持借款4 280万元,上了低水平的二棉分厂和苎麻分厂等项目。而靠一棉起家的原有设备,则日趋老化,没有资金进行技术改造,连正常大修也未完全进行。1988—1990年三年提取的大修理基金共347.79万元,实际用于大修只有98.28万元,仅占28.26%,导致设备运转率只有83.12%,影响1990年纱(线)产量638吨,产值466万元。特别是建厂初期购进的40台细纱机(20 000枚环纺锭)的锭子,因超期服役,给产品质量带来严重影响。

由于搞低水平的重复建设,该厂背上沉重的包袱,据该厂财务处提供的材料,负债已占资产的91.15%。

(2) 审查资金占用问题。

审计核实总厂流动资金来源9 429.04万元,不合理占用2 875.02万元,占30.49%。可以周转的资金只有4 402.23万元,仅占46.69%。可周转资金中,成品资金达2 871.97万元,占65.24%(其中:低质滞销积压产品达2 231.12万元,占成品资金的77.69%)。此外,在储备资金占用1 066.89万元中,因劣质、超储物资占有124.33万元,占11.65%。这两项占用资金2 355.45万元,占可周转资金的53.51%。实际上真正能用于生产周转的资金仅为2 046.78万元,比最低需要量2 806.5万元,差760万元。不仅造成企业生产资金十分紧张,影响生产经营,而且企业一年要多负担利息489.57万元。

(3) 审查产品成本问题。

1990年企业因销售成本上升,影响利润减少738.45万元。其中:原材料、动力消耗及价格、工资费用、固定费用、停工损失等都呈上升趋势。

从主要物资消耗看,原棉、苎麻等五项原料增耗使生产成本增加 89.68 万元。如拳头产品 11 支麻棉纱因增耗而增大生产成本 40.67 万元。因电耗增多,增加开支 48.22 万元。

从棉花、电力价格上看,由于原棉每吨平均价格的提高,致使全年生产成本上升 275.19 万元;电力每度上升 0.01 元,影响成本增加 18.39 万元。

(4) 审查产品价格问题。

1990 年该厂产品销售价格下降,影响利润减少 863.37 万元。其中:纯棉纱类售价,每吨平均提高 877.10 元,比上年上升了 9.15%,即增加利润 188.27 万元;麻棉混纺纱售价,因市场变化,部颁定价到不了位,每吨平均降低 1 944.41 元,比上年下降 16.98%,影响利润减少 686.9 万元;坯布类售价,每万米售价平均下降 9 425.05 元,比上年下降 19.34%,影响利润减少 364.74 万元。

造成单位产品价格降低幅度大,除售价不到位因素外,产品质量下降是一个重要因素:如坯布类质量下降减少利润 153.71 万元,其中:麻棉布入库一等品率为 43.38%,比上年的 86.43%下降了 43.05%,未达到部颁三档水平,仅此一项减少利润 131.11 万元。

3. 企业经济效益下降的主要原因

(1) 企业领导班子稳定性差,经营、约束机制尚未完全建立起来。从 1987 年到 1991 年 3 月换了五任厂长,每换一任厂长,分厂轮班班长以上干部跟着换班,仅 1988—1989 年干部调整变动率达三分之一。由于经常换班,带来了人心涣散,管理脱节,资料流失,生产混乱,决策行为短期化。

(2) 1989 年春夏之交发生的政治风波的影响,企业原外贸出口产品订货急剧减少。如该厂主要出口产品麻棉 11 支纱,1990 年的年外贸销售量,比上年下降 53.91%,仅此一项比上年减少利润 488.76 万元。

(3) 原棉供应缺口大。1990 年生产计划需用原棉 14 万担,国家计划只供应 6.37 万担,缺口达 54.5%。自行采购的原棉由于质量问题,等级不符,造成高棉低纺,增大成本,减少利润 21.27 万元。

(4) 企业管理混乱,有章不循。该厂曾先后制定过许多规章制度和办法,但大都没有落实,而在企业不景气的情况下,管理更加松懈。生产现场上,回花和下脚棉经常混装,造成认为浪费,偷盗原料现象时有发生,造成原料超耗。原材料入库把关不严,给贪污贿赂者以可乘之机,如在苎麻收购加工中有 17 人受贿达 68 033 元。一棉职工××,为麻贩子疏通关节,将 8 吨质次的伤酸麻当好麻收购入厂,企业损失 2 万元,个人受到酬谢费 2 200 元。过磅员××利用过秤的权力谋私,在短短 5 个月中,接受脱胶厂贿赂 6 500 元。采购中买劣不买优,买远不买近,买高不买低,买私不买公的怪现象大量存在。

(5) 财务管理松懈,会计基础工作差,缺乏完整核算资料,更谈不上成本管理控制。

4. 挖潜目标与建议

(1) 挖潜目标。

① 千方百计紧缩开支,力争实现企业管理费和车间经费各压缩5%,可减少成本开支156万元。

② 积极开拓市场,推销库存产品,力争实现压缩库存30%的要求,即可盘活资金860万元,减少利息支出76.30万元。

③ 对市场进行科学预测,积极组织原材料,保持均衡生产,增加适销对路产品,完成1991年各项产品计划,可节省固定费用821.26万元。

④ 原材料消耗降低5.6%,降低成本392万元,并逐步向部颁标准努力。

⑤ 电耗降低28%,降低成本56.75万元,并力争达到定额标准。

以上目标若能实现,则可节约成本开支1 502.31万元。

(2) 建议。

① 适时调整投资结构,不能搞"小而全"建厂方案。在当前投资紧缩和企业资金十分困难的情况下,集中资金改造一、二棉纺厂设备,提高设备生产效率,达到部颁标准的三档水平。已基本建成的苎麻厂由于职工素质不高,一方面要加强设备的检修维护,另一方面积极组织培训工人,提高操作技术,为适时扩大再生产做好准备。

② 用足用活搞活企业生产经营政策,特别是要运用搞活销售、处理积压和搞好大中型企业等方面的政策规定,疏通销售渠道,健全销售责任制,调整充实销售力量,压缩产成品、发出商品、应收及预付款"三项资金"。

③ 认真开展"质量、品种、效益年"活动,在提高质量、增加品种、降低消耗、加速资金周转方面狠下工夫,特别要牢固树立"质量第一"的观点,在确保质量的前提下,从市场预测来看,企业生产的棉纱、棉麻、麻涤产品要由中低档纱,向高支纱、轻薄型布方向发展,以增强应变能力,做到以销定产,以销促产。

④ 狠抓企业管理,特别要加强企业管理的基础工作,向管理要效益。切实健全与完善各项标准、定额、信息、成本、奖金、设备等基础管理工作;建立节能降耗保证体系,落实节能降耗责任制;严格内部经济核算制,实行三级核算、三级管理;加强成本管理和财务管理,纠正和防止人为编报盈亏问题。

⑤ 企业领导班子一定要相对稳定,同时企业内部机构设置必须符合精干原则,要特别重视科技进步,搞好市场预测,加强成本管理,用好专用资金,提高企

业整体素质。

(二) 云梦棉纺织厂

1. 企业的基本情况

云梦棉于1969年筹建,1974年试生产,1980年正式纳入国家计划,是省纺织工业总公司的直属企业。现有固定资产原值5 099.36万元,净值3 469.01万元。1990年平均职工4 925人(其中生产工人3 242人)。拥有棉纺锭42 840枚,长麻纺锭2 400枚,气流纺1 200头,自动布机1 202台。主要产品是纯棉及混纺纱、布。

1990年云梦棉主要经济技术指标完成情况:

总产量:纱6 905.32吨,比上年减少196.137吨,下降2.8%。布2 565.2426万米,比上年增加169.002万米,上升7.1%。全年销售收入7 987.33万元,比上年增加280.66万元,上升3.64%。利润总额为400.4万元,比上年减少828.13万元,下降67.4%。利税总额为789.16万元,比上年减少1 010.76万元,下降56.15%。纱一等一级以上品率为99.48%,比上年下降0.03%,布入库一等品率为97.64%,比上年下降0.63%。布下机一等品率为55.34%,比上年下降0.81%。除下机一等品率在部颁二档水平外,其余均在部颁一档水平以上。

2. 对企业经济效益的评价

1990年云梦棉在外贸出口受阻,国际市场变化,资金紧张,原材料不足且大幅度涨价的困境中,由于企业狠抓内部挖潜和经营管理,调整品种结构,年终实现利润400.4万元,居全省同行业、同规模企业的中上等水平,取得这样成效是不易的,它突出表现在:

(1) 重视技术进步,瞄准市场调整产品结构,坚持走内涵扩大再生产的路子。去年,云梦棉狠抓了翻支改台,开发三个新品种和四个高难新产品形成了批量生产能力,增利156万元。同时,完成了技改项目64个,投资438.44万元,特别是引进两台日本自动络筒机,使棉纱质量显著提高,每吨纱售价提高150元。

(2) 注重企业配套改革,特别是完善了企业内部经济责任制,全厂上下人人重视产品的质量和效益,把各项奋斗目标层层分解落实到车间、班组和个人,进行严格考核。

(3) 全面加强企业管理,尤其是管理基础工作,克服了规章制度不健全和劳动纪律松弛的现象,使企业管理跃上新台阶,1990年晋升为国家二级企业,财务管理被省财政厅授予二级财务管理先进单位,连续几年的"财务检查"、"三查"和这次审计均未发现重大违纪问题。还被纺织部和省分别评为无火灾、无重伤、无死亡"三无"企业和纺织安全企业。文明建设取得较好成果,领导班子较团结,注重把思想政治工作渗透到企业改革、生产、经营、管理全过程之中。

但是由于多方面因素影响,企业产品成本高,资金占用大,以及品种、质量、销售等方面还存在一些问题。经过审计,核实 1990 年实现利润比上年减少 828.13 万元,主要原因既有客观方面的,也有主观方面的。

3. 围绕企业效益下降,重点审计了四个问题

(1) 审查产品成本。

1990 年企业因销售成本上升,减利 986.89 万元,主要是原材料成本上升 1 074.4 万元和工资增加 225.2 万元,使当年年销售成本分别上升 800.75 万元和 167.81 万元,所占比例为 81% 和 17%。其他费用上升也增大销售成本 88.05 万元,燃料动力费用减少使销售成本下降 69.72 万元。

原材料成本之所以大幅度上升,一是原棉价格上涨。1990 年国产棉平均每担提价 80.24 元,增加成本 845.44 万元。进口棉每担比去年平均棉价高 219 元,增加成本 210.2 万元;减去涤麻价格下落,原料价格提高影响成本上升 943.84 万元。二是原棉品质差,高棉低纺使原料生产成本上升 130.56 万元。由于原棉供应紧张,外购了一批品质差、等级不符合要求的原棉投入生产。降级损失和含杂含水损失造成原棉成本的增大。此外,工效挂钩增加工资基数和政策性开支,致使工资上升 228 万元。

(2) 审查资金占用。

1990 年企业全部流动资金平均占用比上年同期增加 41.71%,周转天数比上年同期减慢 63 天,其中:主要是定额流动资金平均占用增加 637.6 万元,相应增加利息开支 67.3 万元。

定额流动资金中,储备资金比上年减少,生产资金与上年基本持平,成品资金比上年大幅增加。成品资金年末占用达 2 084.67 万元,为全部定额流动资金的 57.3%,成品资金占用大的原因是:

① 国际市场变化,产品内外均无销路,积压四个品种(主要是纯麻纱和麻棉交织布)计 507.8 万元,占全部成品资金的 24.35%。

② 外贸不履约,产品销售困难的有四个品种,占用资金 470.75 万元,占全部成品资金的 22.56%。

③ 按指令性计划生产,厂家不按合同提货的一个品种,使产品积压 54.76 万元,占全部成品资金的 2.62%。

④ 市场预测不准,产品产量过大有三个品种,占用了 338.17 万元,占全部成品资金的 16.21%。

⑤ 销价变化大,企业滞销的有九个品种,计672.93万元,占全部成品资金的32.26%。有四个品种销价低于成本,一销即亏。有五个品种,价格下跌幅度大,只能保本,甚至微亏。

⑥ 新产品和试制的七个品种,因未销售而占用41.87万元,占全部成品资金的1.98%。

(3) 审查产品品种。

1990年企业在品种结构调整方面尽管做了不少工作,但仍不很理想。一是产品综合产销率低。生产的各种布有17个品种,产销率为77.94%,比×棉低18.9个百分点,比省平均水平低9.5个百分点。生产纱有20个品种,产销率为86.02%,比省先进水平低2.96%。二是亏损产品比重大。1990年有八个品种发生亏损,占全部品种的22.86%,比上年增加了五个。三是优质产品销路不畅、效益不佳。在五个部优产品中有三个销路不好。

(4) 审查产品质量。

总的来讲,云梦棉产品质量是可以的,但是也有一些薄弱环节,突出表现在:一是布织疵率较高,1990年为10%,比部颁达标高6个百分点。受此影响,全厂生产三等布达40.8万米,直接影响效益21.96万元,生产次布4.68万米,影响效益3.52万元。二是纱、布一等一级品率与上年比呈下降趋势,尚有潜力可挖。特别是还有三个品种入库一等品率还未达到部颁一档96%的标准,影响了企业效益。三是不少产品联匹定长合格率不高,考核的七个品种,总的合格率只为45.21%,其中五个在平均水平之下,与本厂目标有一定差距,直接影响效益6.44万元。

4. 企业经济效益滑坡的主要原因

(1) 原棉价格不断上涨,产品价格难以到位,这是企业绩效大幅度滑坡的首要原因。一方面到1990年底,每担原棉进厂价格高达380元左右,增加销售成本712.62万元,占全年企业利润下降总额828.13万元的86.57%;另一方面,尽管国家对纺织产品价格进行过多次调整,但由于市场不断变化,大部分产品价格不到位,一年要减少收入1450万元。因此,企业"两头"受挤,效益下滑,局面难以控制。

(2) 原棉供应有缺口。1990年按生产需要,需要原棉13.35万担,国家计划只分配6.41万担,仅占48%,企业只好四方求援,在当时全国原棉紧张的形势下,购进了一批质次价高的美国、苏丹等外国棉花,也买进了一批含水含杂过高、等级不符合生产需要的国产棉。结果一方面使当年原棉成本因此上升130万元;另一方面影响生产水平不能正常发挥,细纱机和织布机单产水平分别下降

0.78公斤/小锭时和0.09米/台时。

(3) 国际市场变化和国内市场开拓不力,造成产品资金占用过大,周转困难。云梦棉是作为省纺织外贸出口的定点厂,1989年的外贸品种为28个,占全部品种的87.5%,外贸销售收入7 297.2万元,占总收入的94.96%,外销利润1 211.8万元,占全部利润的91.89%。而1990年国际市场发生变化,外贸品种降至9个,外贸销售收入比上年减少6 179.27万元,只占当年全部收入的14%,外销利润68.65万元,仅为上年的5.66%,只占当年全部利润的14.82%。尽管企业注意开拓国内市场,调整部分产品结构,但仍积压、占用资金2 085万元。其中:非正常占用1 344.8万元,占64.55%。由于成品资金已占企业定额流动资金的57%,致使企业资金周转困难,年底外欠棉花公司原棉款1 500万元。

(4) 企业内部管理也有一些问题。一是一线工厂有一千多人是来自农村的临时工、合同工,占运转工人的67%,由于这部分人思想不大稳定、流动性大、文化水平低、技能差,以致影响产品质量和生产效率。二是定额管理与考核不严,致使部分产品消耗上升和费用增加。三是经销力量薄弱,直接影响开拓销售市场。全厂经销科仅有9人(其中仓库人员4人),从事销售工作的只5个,仅占全厂职工的1‰。四是劳动用工,特别是织布劳动用工指标离进档达标差距较大,按生产棉布折标可比用工计算,1990年每万米为113.84工,比部颁标准109个工高4.4%,比上年实际106.53个工高6.9%。五是非生产人员比例大,年末达到1 678人,按纺织部的指标考核超标121人。

5. 目标和建议

云梦棉目前面临的困难很多,有外部的,也有内部的。国家需要在宏观上给企业创造一个较好的环境,但更重要的是企业应向内部使劲挖掘潜力。为此我们建议:

(1) 加强成本管理,大力降低物质消耗,力争效益83.05万元。具体措施:一是提高各车间各工序的制成率,加强浆纱、布机的消耗定额管理,使部分产品消耗降下来,可增加效益15.05万元。二是可比产品中用棉用麻上升的麻纱等三个品种要制定改进方法,使其消耗达到上年水平,即可获利48万元。三是对机物料消耗要严格实行定额管理,坚持"修旧利废",堵塞漏洞,若比上年的增耗减半,可增利20万元。

(2) 优化产品结构,提高产品质量,可增加效益85.5万元。对亏损产品要引起重视。若使1990年出现的五个亏损品种扭亏为盈,即可争取获利67万元。企业要注意充分发挥生产纯棉产品的优势,在原料供应有保证的情况下,不断提高产品档次,多生产一些利高的纯棉产品。同时要坚决贯彻执行中纺部关于狠抓产品质量的"四铁"精神,大张旗鼓地宣传产品质量是企业生命的观点,尽量避免等外品,三等品减半,三个品种入库一等品率上一档,可增加效益18.5万元。

(3) 用好用足现有搞活企业的各项政策,特别是经销政策要注意用好,一定要搞活经销,减少积压,盘活资金。要求对上年库存产品压缩30%,即可盘活资金625.7万元,全年可少付利息58.56万元。一要选派一些思想素质高、业务能力强的人员充实现有的经销队伍,完善经销人员的经济责任制;二是认真开拓新的市场,摸准市场信息,在销售价格不到位的情况下,确定是否销售或销多少最为合适的最佳方案,决不要一味等待市场价格有转机后才销售;四要防止边生产、边积压状况继续发生。

(4) 大力开展"双增双节"活动,可增效益50万元,要求各车间、各科室针对自身实际,拿出具体方案并落实到班组和个人,力争完成厂部和工会的计划目标,人均100元,达到增加效益50万元的目标。

(5) 进一步加强企业内部的审计监督工作,在厂长的直接领导下,围绕企业经济工作中心,积极开展审计工作,争取完成几项有影响的审计项目,打开内审工作的局面。

总之,企业要不断改善内部条件,坚持内涵扩大再生产的道路,力争做到投入少、产出多、质量好、消耗低、效益高。使1991年度的效益比1990年增加277.11万元。

三、案例评价与综合对比分析

(一) 对案例的评价

对"仙桃市棉"、"云梦棉"两企业所进行的是一次综合性的绩效审计试点,其内容涉及财务收支审计、承包经营责任审计、绩效审计以及内部控制制度评价等。从审计的程度、查明的问题、分析的原因、评价的意见和提出的建议看,基本上达到了审计的预期目的。同时积累了经验,锻炼了队伍,初步摸索出了一定的路子。从审计的程序上看,包括准备、实施、报告阶段及还未进行的后续审计阶段;从审计的技术方法和所有的效益评价标准看,有一定的个性特色,并力求适用于被审计单位;从审计所查处的问题、原因及所提出对策,也比较中肯恰当,易为企业接受。

审计组认为,此次绩效审计试点,无经验可循,加上有些认识不尽一致,所以还有些需要在以后的实践中进一步改进的问题:(1)审计准备有些不足。如在资料准备上,由于"仙桃市棉"属市属企业,省局对之不够熟悉,事前收集企业情况不方便,而对"云梦棉"除了一般财务报表及资料外,对其综合效益资料也不熟悉,因而在审计方案制定上,针对性不是很强。(2)审计人员的组成结构比较单一,没有完全按照绩效审计的技术性特点,吸收有关专业人员加入审计组,致使审计实施中走了一些弯路。(3)效益因素分析有待进一步深入,如事先对"仙桃市棉"的管理基础工作缺乏了解,由于财务管理混乱,内部控制制度和有关的技术经济统计数据不足信,阻碍了效益分析的进一步深化。又如对"云梦棉"的效益因素分析,大都是从客观环境方面的影响程度着手阐述,如成本上升的主要原因在于原料、动力等价格的上涨,成品资金的大量积压在于受国内市场疲软和国外"经济制裁"的影响等,缺乏从更深层次上挖掘企业效益好坏的主观原因。(4)在审计立项时,对两厂在多数程度上可比考虑不足,忽略了两企业的不可比因素,加上事中由于人手有限,没有来得及对比分析,而只在事后总结中进行对比,所以综合对比显得有些不够深入。(5)刚刚完成试点,对具体的审计建议,企业才开始贯彻执行,只能预计取得的效果,还不可能反映采纳审计建议所获的实际效果,后续审计有待今后在适当时机进行。

(二)对"仙桃市棉"、"云梦棉"两厂的综合对比分析

在审计立项时,我们选择"云梦棉"、"仙桃市棉"作为试点,其中一个重要因素就是从典型性方面考虑,即选1990年经营较好、有一定盈利的企业和经营较差、严重亏损的企业各一,以便对比分析、查明症结、寻求对策。经过总结对比我们发现,这两厂分别筹建于60年代末和70年代初,设计规模同在3万锭左右;1989年以前的产品种类都是以中低档纯棉、麻纱、纯麻纱、布为主,并都以出口为主渠道,外销产值占总产值的70%以上;计划供应原棉占生产所需原棉总量的比重也都在45%左右,而其经济效益差距之大,却令人吃惊:1990年云梦棉产值和销售收入为6 548万元、7 987万元,盈利400万元;仙桃市棉产值和销售收入为6 404万元、7 509万元,亏损1 365万元,两厂盈亏相距1 765万元。

通过审计对比分析,两厂效益差异的主要因素有以下几个方面:

1. 一个企业领导班子比较稳定,素质较好;一个变动频繁,主要领导大都未受过专业训练。云梦棉领导班子大都从企业基层选拔上来,有较丰富实践经验和一定的专业知识,比较团结,企业管理基础工作扎实,既有短期目标又有长远规划。仙桃市棉由于行政干预过多,导致企业主要负责人变动频繁。1987—1991年3月换了5个厂长,最长任期不过两年。而且大都是从其他行业或行政部门调任,对纺织企业管理生疏。尤为突出的是,每换一任厂长,全厂几百名轮班长以上的干部大都跟着变动,造成人心涣散,管理脱节,生产混乱。

2. 一个企业将有限的资金用于技术改造,并积极调整产品结构,开发适销对路的产品;一个热衷于铺新摊子,搞低水平重复建设。云梦棉走内涵扩大再生产的路子,1990年完成技改项目64个,完成投资438万元,翻改了纱锭和布机,

开发新产品3个,另有4个高难新产品形成厂批量生产能力。仙桃市棉在3万锭规模的基础上,购进的纺机为非标准设备,质次价高,且不配套,致使损失逾千万元。新厂投产后没有带来预期效益,老厂没有得到应有的改造,设备老化,影响正常生产,产品质量差,原材料消耗高,企业经济包袱沉重。由于摊子大,生产又上不去,仅万元产值负担的费用达4 694元,比云梦棉高2 278元。若按云梦棉费用水平计算,仙桃市棉1990年不仅不亏,而且还可盈利百万元。

3. 两企业基础管理差距较大。云梦棉狠抓企业内部责任制,落实百分制考核与职工利益挂钩,狠抓质量和节能消耗,1990年晋升为国家二级企业,几个主要质量、消耗指标稳定在全省较高水平上,棉布入库一等品率达98%。仙桃市棉内部管理制度不落实,有的方面比较混乱,造成企业消耗高,产品质量低,其中棉布入库一等品率仅占43.38%;吨纱用棉量比云梦棉高85公斤,吨纱耗电量比云梦棉多49度。同时,总厂对三个分厂时收时放,缺乏统一管理,造成一是分厂之间互拉用户,互相杀价,而产品纱不论好坏一律标"一等一级",影响信誉;二是干部能上不能下,拿干部津贴的人越来越多;三是内部控制不健全,管理松弛,有的采购人员"买劣不买优、买远不买近、买高不买低、买私不买公",个人谋私利,企业吃亏,以及车间职工偷原料的现象时有发生;四是基础核算和管理资料大量散失。凡此种种,给企业效益带来严重影响。

从两个对比分析可以看出,同样面临国内市场疲软和国外经济制裁形势,由于企业领导班子建设、生产经营发展的指导思想、管理基础和综合素质等方面的明显差异,而导致两企业的经济效益差别甚巨。这给我们的启示也是明确而生动的,企业领导班子稳定、团结,坚持走内涵扩大再生产的道路,强调向技术进步和企业管理要效益,企业就经得起风浪;反之,企业领导班子不稳,热衷于铺摊子,搞粗放经营,不重管理,靠市场"运气",企业就经不起风浪,稍有波动,就转不过来。

此外,以两家纺织企业作为一个缩影,我们也可以从中看出湖北省纺织行业存在的一些问题。如小棉纺急剧增加,加工能力急剧发展,致使加工能力和原料供应不足矛盾加剧,原材料价格不断上涨;原材料市场混乱,地区封锁严重,致使高质量企业原料不足,而地区小厂高级棉纺低支纱,浪费原料严重;整个纺织行业加工精度低,大路支别纱布生产过剩,而高支别纱布生产能力上不去等等。

四、审计回访

1992年3月,省审计局召开了部分重点企业绩效审计座谈会,请有关企业的财务、审计部门负责同志汇报了1991年开展绩效审计后的情况。这两家企业绩效审计结束后,根据审计机关提出的建议,认真加以落实,积极进行整改,从强化企业内部管理入手,优化产品结构,提高产品质量,降低能源和原材料消耗,加强技术改造。在纺织行业市场持续疲软，原料、燃料涨价，资金紧缺等不利情况下，仍取得了较好的经济效益。云梦棉纺厂1991年完成工业总产值11 100万元，比上年增长9.9%，实现利税965.69万元，比上年增长22.4%，其中实现利润增长38.5%。仙桃市棉纺总厂更是在"卧薪尝胆渡难关，枕戈待旦振精神"的口号感召下，奋力拼搏，提高产品质量，降低能源和原材料消耗，该厂1991年完成工业总产值10 365.59万元，比上年增长16.34%，实现销售收入11 789.23万元，比上年增长53.85%，实现利税323.3万元，比上年扭亏增盈1 979.01万元，"三项资金"（成品资金、发出商品、应收销货款）年末占用2 038.94万元，比上年同期减少46.7%。

以上案例充分说明，开展绩效审计，在帮助企业挖掘内部潜力，加强管理控制，提高经济效益方面，确实发挥了作用，受到了各级领导部门和企业的欢迎。

四、绩效审计报告的出具和分发

除非有法律限制，审计人员应该向被审计单位的管理层和要求或安排审计的有关官员，包括外部资助组织——如法律机构，提交审计报告。审计人员还应该向其他有法律监督权力的官员或者负责按照审计结果和建议采取改正措施的官员以及有权得到本报告的人员发送报告副本。除非报告受到法律或法规的限制或者包含有特别规定的事项或保密信息，审计人员应该声明报告副本可以供公众审阅。非政府审计人员应该明了审计委托协议中载明的报告分发责任，按照达成的协议进行报告分发。

审计报告应该及时分发给对审计结果感兴趣的人员。这些人员包括由法律或法规制定接受审计报告的人，负责针对审计结果和建议采取改正措施的人，向被审计单位提供支持的其他各级政府官员、立法者和企业管理层。但是，如果审计对象涉及一些出于安全的考虑或者由于其他有效理由不能向特定团体或公众公布的材料，审计人员应该限制审计报告的分发。

当非政府审计人员被聘用实施审计时，他们应该明确聘用组织报告分发的责任。如果由非政府审计人员进行报告分发，聘用协议应该明确哪些人员或者组织应该收到报告以及要采取哪些步骤来保证公众获取报告进行审阅。供公众审阅的审计报告的可获得性应该在审计记录中加以记录。

内部审计人员应该按照所在单位自己的规定和法定要求进行分发。通常，他们向单位的领导或者分管领导进行报告，他们负责报告的分发。向组织外单位进行报告分发应遵照法律、规章、法规和政策的规定。

第九章 绩效审计案例

案例一 选择和确定绩效审计项目的案例

某市审计局正在组织编制次年度(2007年)的绩效审计项目计划,目前,各业务处上报六个次年绩效审计的备选项目。这六个项目分别是:

项目一:经济适用房项目

该项目属于市房屋管理局,项目目标是满足市民对住房的需求,特别是保证低收入家庭能够拥有自己的住房和自己的生活设施。市政府为该项目专门划拨了合适的土地。由房屋管理局负责规划、协调和执行该项目。一般来说,经济适用房的具体建设是通过招标由公共部门或私营部门完成的。由公共部门建设的经济适用房项目,政府给购房者提供了贷款的援助,贷款期限为30年,年利率为4.5%。最近3年的经济适用房贷款总额已经达到了35亿元。房子的价格一直是每平方米售价4 200元。

对该项目的前期调查中,还了解到了如下一些信息:
(1) 一些购房者拖欠了大量的贷款或者租金;
(2) 已经完工的住房迟迟不分配,有的住房完工5年仍然无人居住;
(3) 部分经济适用房销售给了高收入家庭;
(4) 民意调查表明,公众购买经济适用房的呼声越来越高,主要的原因在于经济压力。

项目二:公路维修和保养项目

本项目属于交通局,资金来源于财政拨款。项目计划完成日期为2006年8月30日。该项目的内容和成本构成如表9-1。

本项目主要是对该所管辖的部分公路进行定期维护和保养,采购一些设备,为改进交通局的运行状况进行一些技术辅导和培训,同时开发一些关键的技术。

该项目的实际目标及完成情况都作了详细的记录。其中的维护项目主要根据国际专家的建议进行的。当地的媒体对这个项目的重要性和对于公众的重要意义做过专门宣传。最近,人大提出了一个有关该项目完成情况的问题,并且公众也呼吁该项目应该尽快结束。

表9-1 项目内容和成本构成

项　　　目	金额(万元)
公路保养	3 800
定期维护	1 600
车辆和设备购置费	600
咨询费用	1 100
技术开发费用	400
合计	7 500

1年前,对该项目进行了最后一次审计,结果表明,该项目人员流动频繁,部门设立的预防项目执行被延迟的内部控制制度并不能保证遵循所有的规定。未能遵循这些规定的原因是工作人员缺乏,个人工作量太大。而且,工作中使用了大量的新计算机和相关新的技术软件,使整个部门非常不适应这一变化。

项目三:科研经费项目

该项目属于科技发展局,资金全部来源于财政拨款。近几年来,随着社会经济的发展,该市提高了科研资金的投入,并引进了不少高科技人才。自2003年以来,科技发展局获批准的科研经费预算逐年提高,每年都用于开展一些课题研究和科技攻关项目。具体情况如表9-2。

表9-2 项目科研经费预算

年度	数额(万元)	资助项目数			资助人数
		50万元以下	50万~100万元	100万元以上	
2003	85 000	310	46	28	1 468
2004	11 500	306	52	22	2 046
2005	14 000	288	69	26	1 689
2006	22 000	315	47	33	1 860

最近两年报道的纪检部门和审计部门发现的违法违规案件中,有22%是与科技部门和科研经费使用有关的。因此,科研经费的使用和管理颇受公众关注。

从近几年对科技发展局的预算执行审计情况看,科技发展局在科研经费进行分配的过程中,在人大批准的预算范围内对部分经费进行了调整。另外,预算执行审计人员介绍,科研经费项目管理过程中存在一些薄弱现象:

(1) 小项目和资助的人数多,资金分配非常零散;

(2) 一些资助的课题或者项目持续几年没有按时结项;

(3) 资助项目的申请和进度管理方面,以及经费的具体使用,没有明确的规定,已有的制度是1993年制定的《×××市科技局科技三项经费管理办法》,其中大部分内容已经不适用于今天的情况。

项目四:水稻肥料补助项目

该项目属于市农业局,始于1989年。该项目的目标是帮助农民降低稻米生产的成本,同时促进农民生产的积极性,鼓励农民增加水稻生产,从而降低农产品进口。截至目前,该项目已经使34万农民受益,这34万农民共种植了114.8万亩的水稻,水稻的种植面积较以前年度有较大的增长。

本市水稻种植区农民的肥料由市农业局授权下属的市农民协会负责。市农民协会与主要的农户签订肥料供应合同。由市农民协会负责从外部购买肥料,再发放给农民。每年底,市农民协会对需要农业局支出的补助款与农业局之间进行结算。因为农民太多,市农民协会对来领取肥料的农民没有进行注册或者登记。但是,每个来领取肥料的农民都必须凭借县里农业部门出具的相关证明,每个农民每次最多领取2.5吨肥料。但农民们反映,这里发放的肥料质量很差,有的过期失效,甚至经过雨淋后已经变质。

最近4年,该项目共被批准预算12亿元,支出合计10.89亿元。农业局有类似的大大小小的补助项目共16个。针对农业局在配备水稻肥料方面存在的问题,市审计局农业处提出该项目,认为对这个项目进行一次绩效审计,势必会促进农业局加强对其他农业补助项目的管理和评估。审计局召开会议,听取了有关情况介绍,然后进行了充分的讨论。经过讨论,对于每个因素都确定了打分标准并确定了分值。其中对于资金规模的因素具体评定标准如下:

2亿元以下	资金数额小
2亿~7亿元	资金数额中等
7亿元以上	资金数额大

项目五:医疗器械采购项目

该项目属于卫生局,资金全部来源于财政拨款。最近这4年来,该部门每年都提出为改进市属综合医院的设备情况,更好地为市民服务,需要为市属几家医院采购医疗器械。人大对他们提出的预算进行了批准。但今年在批准预算的同时,也有人大的成员提出了异议,认为目前全市医院同类设备的配置情况,已经可以满足市民看病需要,不必再进行购置。最近4年的批准的医疗器械采购预算如表9-3。

表9-3 医疗器械采购预算

年 度	数额(万元)	年 度	数额(万元)
2003	9 500	2005	11 000
2004	9 000	2006	10 000

审计局每年都对卫生局进行预算执行情况审计。卫生局对于医疗器械采购款项的管理采用将款项拨给医院,由医院进行采购的方法。在预算执行审计中,审计组没有到医院检查过医疗器械的采购情况。

最近一段时间,社会对于医院的能力有了一些议论。有的批评医院的医生数量和素质,有的怀疑医院的设备配备不够,有的批评财政对于医院的支持不够。

项目六:希望工程项目

本项目属于市民政局,资金来源于社会各界的捐赠。该项目的目标是帮助贫困地区的适龄儿童,特别是贫困家庭儿童进入小学接受教育。该项目主要是对社会捐赠的资金进行管理,在偏远的贫困地区建立希望小学,对贫困学生提供无偿资助。

该项目开始于1998年,至今已经8年。8年来共接受社会捐赠资金16 800万元,在偏远地区兴建了14所希望小学,先后不同程度地资助了38 000多个学生。

最近,有媒体报道,希望工程项目的工作人员生活奢侈,一些捐赠资金被挪用作项目办公楼的豪华装修,耗资5 000万元。在捐赠资金的使用方面也存在一些不合理的方面。审计局自希望工程项目设立以来,没有对其进行过审计。

利用下表对各个备选项目进行打分,最后根据加总分数的高低确定了优先次序。

表9-4 确定项目次序的数据

应考虑的因素	备 选 项 目					
	经济适用房	公路维护	科研经费	肥料补助	医疗器械	希望工程
预计的审计效果	1	2	2	1	2	1
资金规模	1	1	2	2	3	2
管理风险	3	3	3	2	2	2
影响力	2	2	2	1	1	1
审计成本和可操作性	2	2	3	2	3	1
合计	9	10	12	8	11	7
优先次序	4	3	1	5	2	6

案例二 ××市审计局关于淘汰燃煤锅炉财政资金投资绩效审计实施方案

××市审计局决定对淘汰燃煤锅炉财政资金投资效益进行审计。该审计项目的目标是,通过对淘汰锅炉财政资金的审计,反映财政资金的使用效益情况,评价该项资金的立项、使用过程、项目建成后的管理的经济性、效率性、效果性、适当与公正性、环保性,并就使用财政资金过程中的薄弱环节和出现的问题,以及在审计过程中遇到的其他问题向有关部门提出可行性建议。

审计组实施方案前的工作:

1. 对该项目进行审前调查

在审前调查的基础上,审计组运用访谈、分析环保局的相关工作总结、有关单位的调研报告和有关媒体的报道等资料的方法,对淘汰燃煤锅炉项目的情况以及淘汰燃煤锅炉所达到的效果进行了充分的了解,并且将现在指标与其他城市、国际有关通用指标进行对比,总体上了解了淘汰燃煤锅炉项目的效果,同时还确定了通过淘汰锅炉引起的其他效应和效果。

2. 确定审计范围和重点

在了解了淘汰燃煤锅炉项目的情况后,审计组确定了审计范围和重点为:以审计调查为主、就地审计与审计调查相结合的审计方式,围绕 2002—2005 年财政拨付的淘汰燃煤锅炉资金(包括环保贷款)的使用和效益情况进行审计,对市环保局管理和监督淘汰锅炉专项资金的情况进行审计,延伸调查 7 个使用财政财力的单位、3 个使用财政环保贷款的单位,对其他单位通过发放调查问卷的形式了解有关情况,以便将他们之间的一些指标进行分析和比较,并在必要时,与燃煤销售单位、集中供热供应单位、市规划部门等进行座谈。

3. 让审计小组的每个成员明确审计总目标和具体目标充分了解实施审计的程序、步骤和方法

由于该审计项目并不复杂,并且通过审前调查和审计小组的讨论,因此,该审计项目只编制了审计小组一个层次的审计方案:

××市审计局关于××市淘汰燃煤锅炉财政资金投资绩效审计方案

编制依据:审计法、××市审计局年度计划

编制日期:2006 年 8 月 10 日

预定审计起讫日期:2006 年 8 月 18—10 月 18 日

审计组长:×××

审计组成员:×××　×××

一、项目基本情况

淘汰燃煤锅炉项目自 2002-2005 年连续 4 年被市政府列入城乡建设和改善人民生活方面重点办好的 12 件实事之一。该项目是为了改善我市的大气环境质量,根据×××发[2001]233 号××市人民政府关于印发《××市环境保护工作纲要(2001—2005 年)》的通知,到 2005 年,淘汰所有 4 T/H 以下(含 4 T/H)和使用年限 8 年以上 10 T/H 以下的燃煤锅炉,采用油、气、电等能源或实施集中供热的要求,在通知中,要求至 2005 年市区大气总悬浮微粒年日均值(mg/m^3)≤0.200、大气二氧化硫年日均值(mg/m^3)≤0.060、燃煤含量(%)<1.0、二氧化硫排放量 16 万吨/年、烟尘排放量 8.4 万吨/年。财政自 2002—2005 年拨出 3 200 万元用于行政事业单位、1 600 万元用于驻××市部队、1 876 万元(其中环保补助 145 万元)环保贷款用于企事业单位淘汰燃煤锅炉,全市用于燃煤锅炉的淘汰和改造的投资(包括单位自筹资金)9 亿多元。四年中全市淘汰锅炉 2 360 余台,削减锅炉吨位 5 000 余吨,二氧化硫削减 4.9 万吨,二氧化硫年日均值由 2002 年的 0.083 mg/m^3 降至 2005 年的 0.058 mg/m^3(计划指标为≤0.06 mg/m^3),Pm10 在 2005 年达到 0.095 mg/m^3,(其他有关指标在审计过程中搜集),市区空气质量优良天数 328 天,优良率达到 89.6%。

在资金拨付方面,对财政拨款的 3 200 万元(未包括部队淘汰燃煤锅炉资金 1 600 万元),由市环保局在摸查的基础上,向市财政局提供单位名单,然后,根据环保局对燃煤锅炉的淘汰和改造的验收情况,由市财政直接拨付单位;对环保贷款的 1 876 万元(环保补助 145 万元),市财政拨到市环保局,市环保局根据有关单位到市环保部门办理的贷款手续,拨付给单位。

二、审计目标

审计的总目标:

(1) 通过对淘汰锅炉财政资金的审计,反映财政资金的使用效益情况,对该项资金的立项、使用过程、项目建成后管理的经济性、效率性、效果性、适当与公正性、环保性进行评价;

(2) 就使用财政资金过程中的薄弱环节和出现的问题,以及在审计过程中遇到的其他问题向有关部门提出可行性的建议,以便更好地发挥财政资金的使用效益,并能通过该项审计探索出下一步进行效益审计的路子。

具体的目标:

(1) 该项目及其子项目的立项是否正确;

(2) 该项资金的分配使用是否科学、合理、规范、及时、节约;

(3) 该项目的进展是否顺利、有效,工程质量是否得到保证,是否起到拉动城市投资规模与经济增长的作用;

(4) 该项目建成后是否得到充分利用,是否达到预期经济目标(集中供热的规模效益);

(5) 该项目建成后是否达到预期社会生态环境目标;

(6) 该项目建成后对改进城市环境与城市形象的贡献。

三、审计内容

在审计过程中,以财政资金的拨付及使用、管理为审计环节,审查项目立项、资金使用、项目施工、竣工决算和验收、施工项目的后续管理活动,重点审查评价该项目的社会效果、财政资金在淘汰燃煤锅炉工作中的使用效果和所起的作用。同时立足于今后如何加强对财政资金的管理、如何完善有关政策法规和如何进一步推动治理大气环境等方面,分析产生一些问题的原因,并提出一些可行建议。

1. 从宏观上审查淘汰燃煤锅炉的整体效果

不仅要审查项目完工后有关指标是否达到或超过预计计划指标外,还要从实施淘汰燃煤锅炉带来的其他影响,如:推动城市集中供热、拉动我市投资规模等方面进行调查。

2. 审查资金立项依据的充分性和合理性

除了审查淘汰锅炉全部财政资金的立项依据外,主要审查各使用单位淘汰锅炉申请财政拨款和财政环保贷款的依据是否充分、合理。具体包括:

(1) 充分评估项目立项、拨款和贷款依据是否充分,拨款手续是否齐全、程序是否合规、合法,财政拨款所依据的环保局摸查情况及所依据的其他资料是否充分、相关和可靠。

(2) 该项目是否必须由财政资金拨款,财政下拨资金是否按照轻重缓急核拨资金。

(3) 财政拨款额度的适当性,是否超计划,超计划的原因是什么。

(4) 所需资金的保证情况,资金是否全部到位,不到位的原因及造成的后果是什么,有无挤占、截留和挪用现象。

3. 资金使用过程中的重点审计

(1) 使用资金单位在实施该项目建设的过程中,工程设计、施工及物资的采购是否按规定进行了招标,所签订的合同是否合理、合规和合法,是否真实,是否得到了履行;

(2) 单位在淘汰或改造锅炉过程中,采取什么措施,单位淘汰燃煤锅炉后的环境指标是否达到要求、淘汰或改造锅炉的前后资金成本如何;

(3) 查找、分析影响该项目效果的有关因素,并预计影响其效果的程度;

(4) 环保部门对财政资金如何进行监督和管理。

4. 对项目竣工后的效益进行评估

(1) 评价项目的效果性。项目竣工后的效果经过实践检验是否达到了当初建设该项目所预期的目的,项目是否进行了验收、工程质量是否达到了设计的要求。

(2) 评价该项目的效率性。该项目是否按期完成,工作效率如何,如果项目未按期完成,影响工程进度和效率的原因是什么。

(3) 评价该项目的经济性。评估造成的损失;项目完成后,运行如何,是否存在建成后未使用或利用率不高的问题,是否存在疏于管理而造成设施的破坏。

(4) 评价该项目的环境性。项目建成后对周边环境有无影响,锅炉拆除后其他配套设施(如烟筒)是否已拆除。

四、审计评价标准(略)

五、审计方法的提示

通过审查市财政局、环保局与使用资金单位的会计账簿进行,对财政资金的支出和使用情况进行常规的财务审计。

采取审阅有关资料、调查与座谈相结合的方式,来反映评价淘汰锅炉的整体效果。

采取分层抽样的方法,按照淘汰燃煤锅炉的形式(是改为燃油,还是集中供热,还是采取其他形式)进行分层,并考虑资金额的大小、财政资金支付形式(拨款、贷款)等因素,有重点地对有关使用资金的单位进行审计调查与专项审计,并运用分析、比较等方法对具体项目的资金监督管理、社会效益与经济效益进行评价。

六、审计组织和实施(2006年8月18日至10月18日)

1. 审前调查,前已述
2. 审计实施

(1) 查看环保局摸查淘汰燃煤锅炉的情况,重点查清财政资金拨付单位的名单,按照各单位使用财政资金是淘汰锅炉还是进行改造,还是采取其他形式,进行分层抽样排查,从各类单位中有重点地选择单位进行审计调查。

(2) 对财政直接拨付的资金,采取查看有关文件,到财政局搜集有关拨款证据。对财政的环保贷款,首先从市环保局统计出自2002—2005年财政拨付的环保贷款总额,并与财政拨出金额进行核对,然后查看有关贷款合同、拨款证明、还款情况与有关使用单位进行核对。

(3) 在对使用资金单位的审计调查中,从收到财政拨款、使用资金过程、完成项目的效果、后续管理情况进行审计调查。在对市财政直接拨付的单位的审计过程中,需要利用基建专业审计人员,对工程的施工安装进行决算审计,以便确定实际成本。

(4) 通过对前一阶段的审计与审计调查所掌握的情况,根据实际需要,设计、发放调查问卷或座谈等形式,从整体或其他方面反映财政资金的效益情况。

3. 撰写审计报告

审计报告的内容从以下方面着手:

(1) 审计项目的基本情况,包括审计延伸单位的情况;反映淘汰锅炉的整体效果,包括社会效益和其他效果。

(2) 资金拨付、使用过程情况,包括具体项目情况;审计人员对有些问题的认识和观点。

(3) 其他人员的意见,包括在调查和审计过程中有关人员的观点;审计人员关于改进资金管理使用的建议。

(4) 审计报告在征求市环保局及其他有关部门的意见后,送审计机关进行复核。在向市政府等有关部门上报情况时,后面附有关部门的意见。

七、审计人员组成及分工(略)。

由于编制的审计方案详细充分,审计人员实施审计的过程非常顺利。由于审计目标集中,收集的审计证据充分可靠,审计报告非常有说服力,审计组提出的建议切实可行,受到了市政府的高度重视和好评。

案例三 扩大产品销售量绩效审计

某企业生产单一产品上市已有三年,销售量逐年上升,第二年(2004)增长30%,第三年(2005)继续增长20%,第四年(2006)社会经济有较大发展,市场购买力增长,企业据此作了市场预测,确定再增产20%,产量达到18 700台。2006年上半年已生产10 000台,至6月底只售出6 000台,积压40%,致使盈利大量下降,资金周转困难,下半年生产无法正常进行,有关部门对此困惑不解,难以制定对策。因此,企业领导要求内部审计部门成立产品销售绩效审计项目,指派销售、财务、计划人员参加审计组,立即开展审计活动。审计组采取下列审计步骤:

一、调查市场销售量

审计组到有关经济部门、咨询机构、商业单位广泛调查市场情况,收集具体数据,查明2006年上半年该项产品的市场销售量比去年普遍上升,此项产品去年市场销售总量为60 000台,2006年上半年已增至40 000台,下半年还将有所增长。令人困惑的是:为什么市场上同一种类的产品销售量大幅度上升,本企业却显著下降?对此,审计组在企业内部作了两方面检查:

(1) 将本企业产品与市场同类型产品进行比较。审计组在市场购得现行畅销的两种由其他企业生产上市的同类型产品,经技术部门解剖产品结构,对比各项技术指标,找出了下列差距:

① 产品性能和外观差距。产品基本结构相同,但有两种部件采用先进企业的名牌产品,组装后比本企业产品的效能提高25%,能耗节省30%,外壳采用新工艺处理后光彩美观,档次较高。

② 价格差距。本企业产品售价每台4 000元,上项产品售价每台4 500元。由于居民生活水平提高,乐于购买性能更优的高档品,售价虽高,销售量仍大量增长。

(2) 对企业产品的销售地区作了对比,主要有8个销售区,其中7个地区销售量下降,1个地区却略有增长。经过具体检查,查明这个地区尚未打进上述高档产品。企业大力开展产品宣传服务工作、主动为用户提供使用和维修产品的条件,使产品销售量比上年增长2%。

两种产品对比的差距,不同地区销售量的差距,以及这个销售量未降低的地区的具体条件,都是确切的审计证据,由此证实了销售量下降在于产品档次低,不适合现行社会需要。此外,产品宣传和售后服务也有影响。审计组据此提出了审计报告,企业领导和有关部门同意这个结论,要求技术人员参加审计组,进行下一步绩效审计。

二、审查产品改进方案及其效益

(1) 改进产品,提高档次。技术部门研究后提出改进方案,除更换同类产品中的两种部件外,还可改用另外三种先进元件,使产品效能提高30%,节能达到30%。由于产品基本结构不改变,无需试用和试生产,经过改装测试、鉴定后即可投入市场,18天即可全部更新完毕。

(2) 美化产品外观。产品采用新工艺美化外观的条件简易,只需投资12万元购进设备1台,利用企业现有技术资料和生产条件,即可达到或超过市面高档产品的水平。

(3) 销售部门提出,应改进产品包装,加以美化,每台约需增加费用40元。

(4) 供应部门经过调查研究,落实了改进产品所需更换2种部件和3种元件的货源,但每台需增加材料费200元。

(5) 技术部门提出来,对库存积压的4 000台,也可全部更换新的部件和元件,更新后再投入市场。

(6) 销售部门根据已查明的市场情报,此项产品在2006年下半年的市场容量将继续扩大,现只占17%,下半年生产8 700台,加上积压产品4 000台,共有12 700台,只要产品档次提高,节能高效,外观美化,可以全部售出。

(7) 财务部门根据以上数据核算产品更新后的成本,包括如下各项:

① 产品售价采用市场同类产品价格,每台由4 000元提高到4 500元,12 700台产品可增收635万元;

② 产品更新部件和元件,每台增加材料费200元,12 700台共需254万元;

③ 增加改进产品外观的设备1台,一年应计折旧(10%)费用1.2万元;

④ 美化产品外观和改进产品包装每台增加费用共计80元,12 700台需要101.6万元;

⑤ 增加产品宣传、售后服务费用2006年下半年为50万元;

⑥ 以上各项增加收入和成本、费用的数额抵消后,2006年下半年增加利润

228.2万元。

(8) 审计组对以上各项数据作了审查核实,查出了差距,挖出了潜力,提高了效益。

三、作出审计结论

(1) 2006年上半年产品销售量降低,经过检查、取证结果,查明主要是产品性能落后,档次较低,必须加以改进。

(2) 技术部门提出的产品改进方案,产品性能超过市场现有高档产品,经过审查核实,可以实施。

(3) 改进后的产品在市场具有竞争能力,2006年下半年可全部销售。

(4) 产品改进后市场售价可与其他高档产品持平,每台增加500元,按下半年销售12 700台(包括现有积压产品4 000台),增收635万元;产品改进后增加成本、费用406.8万元;净增利润228.2万元,业已经过审查核实。

(5) 据销售预测,产品改进后,2007年全年销售量可增至20 000台,效益进一步提高。

案例四 某家电企业技术改进项目投资绩效审计评价

一、立项根据

某家电企业主要生产冰箱,其产品规格品种齐全。该企业主要生产设备是20世纪90年代从国外引进的,由于引进时辅助设备不配套,限制了生产能力的发挥。随着消费者对家电产品性能要求的提高,以及家电行业竞争日益激烈,为了增加产量,提高产品质量和性能,厂部计划投资450万元进行技术改造。

企业领导首先责成有关部门对项目进行了可靠性研究,对市场需求、销售收入、生产成本及盈利水平等进行了预测和估算,并抽出如下技术改造的主要经济数据:

(1) 改造后车间总产量可由180万台达到190万台;

(2) 改造后BCD-188K型号系列的产品产量由90万台增加到100万台;

(3) 投资概算总额为9 500万元,全部从银行借入;

(4) 银行贷款利率为10%;

(5) 项目计划完工期为1年;

(6) 用新增利润偿还借款,还款期4年。

为了证实预期经济效益能否实现,审计部门将此技术改造方案列为绩效审计项目,进行事前审计。

二、审计过程

(1) 进行市场调查。收集有关市场需求状况、产品水平及竞争能力、财务成本的数据,计划任务和可行性研究报告等资料。

(2) 审查技术改造项目的报批过程和资金来源,对改造方案的经济效益预测的有关数据资料核实、验证,对投资方案进行比较选择。

(3) 作出审计结论,提出审计建议。

三、审计要点

1. 审查销售预测资料的可靠性和预测数据的准确性

首先对新增产量的销售情况预测的准确性进行审查,技术改造项目完成后,因为,该车间主要产品 BCD-188K 型号系列的产品产量将有较大增长,这是本项目实施后应有的主要成果。为此,审计人员走访了有关部门,询证了经销人员,并将询证结果与可行性方案中的预测销售状况作了比较,取得了该产品畅销、一般和滞销条件下与原预测方案不同的数据,为作出技术改造投资决策提供了依据。

2. 审查财务成本数据

(1) 核实四种主要产品的单位利润额。

根据改造前车间生产主要产品的成本资料,列出每种产品的单位销售利润如下:

表 9-5　产品的单位销售利润

产品名称	销售数量 (万台)	销售单价 (元)	单位销售税金 (元)	单位销售成本 (元)	单位销售利润 (元)
BCD-188	90	2 300	276	1 670	454
BCD-252	30	5 550	666	4 570	314
BCD-130	50	1 450	174	860	416
BCD-208	20	2 750	330	2 140	280

(2) 审查主要盈利产品在技术改造完工投产后的盈利水平。

从表 9-5 所列数据可以看出,四种主要产品中单位销售利润最高的是 BCD-188 型号产品。因此,技术改造完工后新增的生产能力应主要用于增产 BCD-

188型号产品。从技术条件和技术改造新增设备的角度考虑，改造完成后，BCD-188型号产的年产量为100万台，每年增加折旧费和维修费950万元。按照下式加以验算：

主要盈利产品达产盈利额
=（技改完工达产数量－技改前生产量）×单位销售利润－新增固定成本额
=（100－90）×454－950
=3 590(万元)

验证结果为，BCD-188型号产品在技术改造达到生产能力后，每年可增利3 590万元。

3. 评价投资效益

审计人员选用了考虑货币时间价值的动态计算方法进行评价，据以核实的有关数据为：技术改造期1年，项目投资9 500万元一次性投入，贷款年利率为10%，改造完成后年新增利润额为3 590万元，从改造完工后的第一年开始偿还贷款。

(1) 一年后技术改造完成的实际投资额为

$$9\,500 \times (1+10\%) = 10\,450(万元)$$

其中差额950万元即为投入资金的货币时间价值。

(2) 技术改造完工投产后，能用于偿还借款和每年新增利润的数额为3 590万元，投资借款的还款期为

$$投资偿还期 = \frac{10\,450}{3\,590} = 2.91(年)$$

上项测试结果表明，用改造后的新增利润，只需2.91年，即可还清银行借款本息，早于原计划4年的还款期。

四、审计结论

审计部门在对该厂投资最大的技术改造项目进行了效益审计后，作出了审计报告。报告指出，审计部门在深入调查、取得大量证据的基础上，对原可行性研究方案中市场需求预测、产品成本及预期盈利水平等一系列主要经济数据进行了证实，对不准确的数据作了修正，补充完善了遗漏的环节，并对不同方案作了比较分析。最后得出结论，该项技术改造工程在经济上是可行的。经过技术改造后冰箱的产量将有较大增长，主要盈利品种BCD-188型号产品的产量可增产10万台，年利润可增长3 590万元，两年多即可用新增利润还本付息。

案例五　长江干堤湖南段工程效益审计案例

2004年9月至12月,审计署驻A特派办对长江干堤湖南段审计后发现,B市长江修防处(以下简称"修防处")虚报隐蔽工程抛石方量,套取国债资金,给长江大堤安全带来隐患。2004年12月20日,A办将案件线索移送当地纪检检察机关,并与B市纪检、检察、公安部门组成联合办案组。

一、基本情况及审计经过

长江流经湖南省165公里的河段均在B市境内,这里也是长江最危险的河段——荆江的南岸。这是国债资金的重点项目,关系上千万人民群众的生命财产安全。2004年A办审计组对长江干堤湖南段2000—2003年建设资金进行审计时,重点对隐蔽工程进行了审计。这项工程由B市修防处负责,主要是对22公里江堤险段实施水下抛石,即按设计要求把块石平顺均匀地铺在堤脚,以起到护岸固基的重要作用。工程概算与实际完成投资均为3.46亿元,全部使用国债资金。

审计组决定从工程管理、供货商背景、工程现场记录、财务资料、资金流向等方面,全方位展开绩效审计。

审计人员对修防处块石采购及招投标情况进行调查后发现,2001年以前的块石采购没有进行招标,全部直接由该处下属二级法人单位护岸所和开发公司供应。2002—2003年修防处通过自己编标、自己投标、自己评标等违规手段,进行虚假招投标,确定了4个供货单位——B市长江堤防开发公司(简称"开发公司")、华容水利采石场、君山麻石公司、中辉矿产公司。华容水利采石场、君山麻石公司、中辉矿产公司3个单位的投标代理人均为修防处在编职工,3个单位"中标"后,修防处立刻"借壳"在其名下成立了自己的块石经营部,经营部经理由修防处办公室主任周某及副主任胡建国担任;还有一个"中标"单位干脆就是下属开发公司。这样,修防处直接操纵控制了块石的采购和供应。在工程的施工上,有三分之一的工程量均由刘运生任法定代表人的B市建安公司独揽。

工程的监理和测量状况则更加混乱。修防处下属的永安监理公司通过"配合"长江委监理中心和湖南水利监理公司工作的方式,派出副总监和大量现场监理人员,直接参与所有河段的施工监理,涉及块石量方、抛计计量等。最典型的是,2002年度在50名现场监理人员中就有41人为永安监理公司的人,实际控制了工程块石量方和工程施工计量,并从中获取收入227万元。2000—2004年7月,修防处下属的测绘队承担了块石抛投前后的全部施工测量及竣工测量等任务,实际控制了全部施工测量及竣工测量,并获得收入185万元。

审计结果发现一个惊人的黑洞:B市长江堤防开发公司(简称"开发公司")、华容水利采石场、君山麻石公司、中辉矿产公司等4个供货单位(以下简称"4个供货单位"),2000—2003年向修防处供应的块石总量,居然比4个供货单位同期购进的块石总量多出60万方。购销严重倒挂,凭空冒出60万石方。

审计取证的施工日志显示虚方量达70%,但监理要求施工员按设计抛石量填写施工日志,并在竣工图上签名。审计组专门把当时一位施工员(现退休)请来核实了情况,由此查实了虚方的作弊手法。

在"一条龙"格局的运作下,国债护岸工程资金被以各种名义、形式流出去。审计查明,2000年至2003年6月,仅被4个供货单位以块石经营利润形式套取的国债资金就达670万元。这中间,还不包含采石、运输、抬码、抛投、监理、测量等工程各环节层层套取的国债资金。

审计人员接着设法查清了巨额虚方的资金去向。审计人员根据施工日志的日期、施工合同号顺藤摸瓜,追查到了与之对应的一笔8.2万方块石购销业务,销货方系修防处二级法人——华容县护岸所,购货方是修防处直接控制的华容块石经营部,华容护岸所未将这笔销售做账,292.5万元货款中有98万元存入个人储蓄账户中,还有177万元转入华容护岸所对公银行账户,由所长和会计全部提现。在98万元个人储蓄户名中居然还出现"江护岸"、"华水船"等奇奇怪怪的名字。审计人员紧紧盯住资金流不放,资金流到哪儿他们的足迹就延伸到哪儿。终于在对华容块石经营部审计中发现了胡建国贪污公款20多万元的案件线索,同时在华容储蓄所抓住刘永利贪污公款5万元的证据。

后据检察机关进一步查明,2002年4月至2003年下半年,胡建国、刘永利受修防处的委托分别担任修防处下属的华容块石经营部经理和出纳员期间,利用经手管理长江堤防维护工程块石购销、运输及结算的职务之便,先后采取虚增船运费、块石采购量以及隐瞒收入等手段,共同贪污国家长江堤防工程专项资金共计54.9万元。此外在2003年1月期间,胡建国、刘永利利用职务便利,收受华容水利船队、华容县水利采石场每人3万元。

据检察机关指控,刘运生利用主管修防处及下属公司全面工作的职务便利,通过虚列工程款支出的手段贪污人民币14.98万元;利用管理单位公款及工程业务发包、结算和工程款审批支付等职务便利,收受贿赂共计人民币22.8万元,美元1 200元。

就这样,长江干堤湖南段隐蔽工程资金,被以各种形式的好处直接或间接地流进小团体和个人的腰包,而这些小团体和个人的好处是以数倍的工程质量损失和国债资金损失为代价的。

二、审计处理结果

B市长江修防处处长刘运生被B市B区法院终审判处有期徒刑12年,没收财产人民币10万元。该处办公室副主任胡建国、职工刘永利、下属公司会计卢伟分别被判处7年6个月、6年和1年(缓刑2年)的有期徒刑。据了解,本案相关责任人员除以上已判刑的4人外,另有逮捕在押、取保候审、被提起公诉5人,受党纪政纪处分16人。

三、审计结果效益性分析

此案贪污手段就是利用内部控制严重失控、漏洞百出的情况侵吞公款。其表现就在于供销合一、监控失效。从案例中可以看出在整个工程中自己管钱、自己供货、自己施工、自己监理、自己量方计量,隐蔽工程完全成了左手与右手的交易,成了左手对右手的监理和计量。修防处既当运动员又当裁判员,应有的监控制衡机制完全失效,国债资金成了案板上的鱼肉,工程质量也成了儿戏,产生虚方也就是个多少的问题,从而导致整个工程效益低下。

案例六 内部控制不善导致政府财政经济效益低下案例

2005年5月,浙江省某县审计局在对某镇财政财务收支审计中,查出该镇原财政所长党员干部骆某利用职务之便,长期挪用公款19万元、涉案总金额35万元的经济案件。

一、基本情况及审计经过

审计人员在对该镇政府进点审计前,进行了广泛的审前调查,初步测评其内控制度,确定先从内部会计控制制度着手,第一招便是现金盘点。经盘存现金发现,该镇存在财政、镇政府本级及所属公司均由一人担任出纳,单位没有购置保险箱的事实,而出纳处未入账"白条"较多,且多数未经镇长签字。针对这一情况,审计组当即向镇长作了汇报,要求予以高度关注,并责成整改。同时,审计组决定先对业务量较少的下属资产经营公司进行延伸审计。经查,原财政所长骆某于2003年12月、2004年1月以"政府费用"名义在资产经营公司现金支票取款 19 万元,而骆某已于 2004 年 4 月调离该镇,调离时骆某向镇政府出具一张未经领导签批的 24 万元的借条,该借条连同有关票据在其调离时一同交给了镇政府出纳,调离时未办理任何移交接手续。经查询出纳,骆某向资产经营公司借款 19 万元,向镇政府本级借款 5 万元,后出纳个人又替骆向他人借款 5 万元,用于归还政府本级处的借款,19 万元借款由于资产经营公司开户、票据及印章管理等均由骆某一人经管,直到 2004 年 4 月骆某调离时,出纳才发现骆某在资产经营公司有借款,碍于个人情面,一年多以来她未向镇领导汇报此事。

在核对信用社借款时,一张结息单引起了审计人员的重视和疑惑:2004 年 5 月 20 日,信用社结息单金额为 4 873.40 元,但在此单的右上方注有"骆 2 515.30 元,镇 2 358.10 元"的笔迹。对此,审计人员又似乎"嗅"到了什么,决定紧追不放。经审查发现,2003 年 11 月,镇长以个人名义(另一镇干部担保)向当地信用社借款 16 万元,用于缓解镇财政资金周转困难,信用社将款项划入镇长个人账户,而身为财政所长的经办人骆某,却将存折金额全额取出用于本人经营生意,在 6 个月后的借款到期日,镇领导才发现此款未入镇财政账,而是被骆某个人挪用。镇政府有关领导在骆某本人承诺"尽快还款"的情况下,做出了严肃批评,同时决定将其"交流"到其他乡镇。事实上,至审计进点,骆某仍没有还款,而 16 万元借款则由新任财政所长筹资还款,中途(2004 年 11 月)镇财政调度款项划入个人户头进行还贷展期,再由新任所长个人借出。上述结息单所注笔迹实为当时骆某调离不久,其个人应承担 16 万元借款的利息。审计人员结合现金盘点再次质询出纳,出纳交代 2 515.30 元现金已由骆某交于她本人,只是单位一直未开具收据。经审计核查,截至 2005 年 3 月 20 日,镇政府共支付该笔借款利息 1.7 万余元,而骆某仅缴入过 2 515.30 元。

二、审计处理结果

对该镇财政财务收支审计发现的上述违法事件,在县审计局长的高度重视和指导下,审计人员实施了"三步走"战略。一是重程序、讲证据、严执法。审计组分别向骆某、出纳、现任财政所长、镇长等相关人员进行查询,并做好谈话笔录,同时多次向当地信用社调查取证。在事实面前,骆某对上述 19 万元和 16 万元事件供认不讳。二是析法理、追款项。审计人员与骆某、出纳等财会人员进行了多次的谈话,查明违法事实,为挽回被挪用的资金,对有关人员进行耐心说服教育,讲明讲透争取从宽处理的道理,敦促骆某在审计实施阶段即筹资还款,截至 2005 年 6 月 2 日,被挪用的 19 万元和 16 万元贷款以及涉及的利息已如数缴入镇政府。三是及时移送。在挪用事实基本查清后,某县审计局及时向县纪委作了汇报,同时将有关证据材料移送县纪委,县纪委当即立案审查,并与县检察院取得联系,2005年6月5日骆某被刑事拘留。

三、审计结果效益性分析

本案中政府财政资金使用的不合法、不合规以及低效益现象非常明显。深究本案原因,是由于内控制度的不健全所造成,同时也是乡镇财政人员素质不高所致。当前乡镇财政发展较快,但其管理却遇到了基础性的挑战,加强管理,健全内控制度尤显重要,至少在三方面值得我们思考和重视:(1)在机制上,对资产经营公司、开发公司等下属单位均要纳入财政统一核算和管理。这既有利于统盘调度资金,又有利于及时、全面了解这些单位的运作状况和日常监督;(2)在"硬件"上,要切实加强财务基础管理工作,建立健全各项财务管理制度。如乡镇长"一支笔"审批制、不相容职务相分离、财务人员移接交、岗位职责等基础性制度。并要严格执行,有效运行。上级有关部门要定期对乡镇财政财务工作进行监督和指导;(3)在"软件"上,要通过培训与考核等多种途径,提高业务人员素质。这里既有政治素质又有业务素质,既可通过反面案例或某些教训作借鉴,又可以正面例子或某些经验作引导。同时,财务人员要切实履行职责,积极当好领导的参谋。

案例七 高等级公路效益审计案例

一、效益审计要点

为了总结高等级公路建设项目从决策、设计、实施到通车运营全过程的经验教训,科学评价建设成果,使公路建设管理步入程序化、规范化、工作方法科学化轨道,在高等级公路审计中应结合以下内容开展效益审计。

(一)揭露损失浪费问题,评价资金使用效益

杜绝损失浪费和提高资金的使用效果是高等级公路效益审计的核心问题。效益审计应紧扣资源配置是否合理,财务支出是否符合规定,管理是否规范科学,有无损失浪费等主线,开展效益审计。通过评价资金使用效益,优化支出结构,提高概预算管理水平和资金使用效率。

(二)监督投资决策和建设过程,节约支出,避免浪费

检查投资立项程序是否规范有效,可行性论证是否具有科学性和合理性;对项目造价涉及的工程量、工程定额使用、材料价格进行审计;对投资建设项

目管理制度的落实情况进行审计,看有无制度不落实、责任不明确、抽逃资本金、非法转包分包等造成工程质量低下等问题。通过揭示项目决策、管理方面存在的问题和影响工程质量、造成损失浪费等情况,提出加强投资建设管理的意见建议。

(三)以财务审计为基础,全面开展效益审计

对高等级公路项目的效益审计应该先进行财务审计或工程决算审计,审定和确认有关财务数据。高等级公路作为准公益性项目在对其净现值、效益费用比和内部收益率、投资回收期等财务指标进行评价的同时,还要对其国民经济效益和使用效益进行审计和评价,也对社会效益和环境效益进行审计和评价。

(四)采用综合分析方法,提高效益审计的质量

效益审计是个系统工程,开展效益审计除采用财务审计常用的方法外,还可采用信息收集技术和信息评价技术等综合分析方法,在控制收集和选择的效益审计评价标准上除了较多的量化标准以外,还应将一些指导性效益审计评价标准包括进来,以达到效益审计的经济性、效率性和效果性的统一。在效益审计中,审计人员要根据具体情况决定采用某种审计技术和方法,但无论采用什么样的技术和方法,都必须以保证审计报告的客观性和公正性为原则。

二、开展高等级公路效益审计过程中遇到的问题

(一)审计力量不足,审计人员的综合素质难以适应效益审计标准高的要求

高等级公路的效益审计不同于政府部门的财政财务收支审计,除了必要的财务知识外,还需要审计人员能综合运用工程设计、造价、施工、材料采购等方面的专业知识,而当前由于多种原因,审计队伍仍以财务审计人员为主,在一定程度上影响了效益审计的开展。对投资决策和建设过程中减少支出、避免浪费的效益审计,由于缺乏工程建设方面的专业人才,所查处的有关勘察设计、材料采购、工程造价方面的问题很大一部分是在外聘专家指导下发现的。此外,审计工作量大,审计力量相对不足也是影响效益审计开展的因素之一。

(二)没有统一的方法和技术,加大了效益审计的风险

由于缺少可供遵循的准则和程序,无法按照既定的程序进行收集和评价。为此,审计人员要更多地关注审计证据的充分性和可靠性,以保证审计结论的客观公正性。在探索一种新方法的同时,必须充分征求专家和被审单位的意见,以保证结论的质量。在对某高速公路的效益审计中,审计人员为测算已通车高速公路的年收费情况,在该地区电脑收费系统无法统计被审路段收费收入的情况下,经反复筛选,并与被审计单位充分协商,选择较科学合理的高速公路总收费

额按里程配比拆分,并结合其他路段以前年度收费增长比例测算被评价路段当年收费收入,取得了一定成效。

(三)缺乏统一的评价标准,影响了效益审计的评价和推广

目前效益审计还没有成熟的概念和明确的、社会认可的专业指南。衡量审计对象经济性、效率性和效果性的标准很难统一,甚至是同一项目,会有多种不同的衡量标准,而采用不同的衡量标准,得出的结论也会有差别。在对高等级公路全部投资的财务现金流量计算中,审计测算的净现值和效益费用比在与可行性研究报告作比较时,就遇到采用哪个时期的折现率、银行贷款利率等问题,不同数据得出的结论直接影响项目效益评价的结果。可见在指标的选择上一定要坚持一致性、相关性和可比性,才能使得出的评价具有可靠性和说服力。

三、通过高等级公路效益审计得出的思考和建议

效益审计作为一种更高层次的审计方式,是未来国家审计发展的必然方向。结合近几年高等级公路效益审计实际,今后应更好地开展投资建设项目效益审计,以揭露管理不善,决策失误造成的严重损失浪费和国有资产流失为重点,促进提高财政资金管理水平和使用效益,笔者提出如下建议:

(一)牢固树立效益审计理念,明确效益审计的目标

应加强对绩效审计知识的宣传学习、理论研讨和业务实践,使审计人员认识到效益审计是未来国家审计发展的必然趋势,是国内外审计发展形势和适应市场经济发展的要求,增强效益审计意识和理念。努力形成一个积极研究效益审计、深入探索效益审计、努力实践效益审计的好环境。

(二)坚持效益审计与财政财务收支审计有机结合

效益审计离不开经济活动的真实性、合法性审计,尤其在我国目前虚假会计信息大量存在的情况下,还必须把效益审计同财政财务收支的真实合法性审计有机结合起来。以财务收支审计为基础,通过财政财务收支的真实合法审计,保证效益审计在真实信息资料基础上进行,对公共资源的管理状况和管理程序进行分析和研究。如果连财务的真实合法都做不到,效益审计将无从谈起。

(三)建立科学的效益审计的评价指标体系

制定科学的审计评价指标体系对开展效益审计至关重要。在评价的技术标准上,要以财务收支审计为基础,渗透效益审计评价的内容;以国家审计准则为基础,创新效益审计评价的程序、方法。审计范围和评价内容的一致性要作为任何一项审计中应把握的一个重要原则。

(四)提高审计人员综合素质,积极运用现代科技手段

目前审计人员的结构比较单一,知识水平还不能适应效益审计的要求。为解决这个问题,一方面要加强在职人员的培训,多学科地录用高学历毕业生,建设一支不仅精通财务、审计业务和计算机技能,而且熟识法律、工程、社会学、经济决策、行政管理等方面的知识的审计干部队伍;一方面建立效益审计专家库,实施政府审计的外聘专家制度,充分利用外部力量,有效地解决一些技术性难题。同时,在效益审计过程要注重运用计算机和互联网技术,不断提高获取、处理和传递信息的能力,完善效益审计工作。

高等级公路效益审计的评价是一个复杂的系统工程。实现评价的客观、准确、科学,依赖于诸多因素和条件。在尚未建立科学、规范的效益审计评价体系的情况下,需要审计人员在实践中运用创造性的思维方法,积极探索,并不断总结经验,形成一套行之有效的审计方法,为今后的审计工作大规模地向效益审计转移打下良好的基础。

案例八 离任审计中显示出来的经济效益问题

一、基本情况及审计过程

2003年5月,浙江省某县审计局根据县委组织部审计任务建议书对县广播电视局原局长施某2001年1月至2003年3月(离任)经济责任实施审计。随着审计的逐步深入,审计人员发现了多处疑点。

(一)广视广告公司组稿问题

一是巨额组稿费(代理费)支出去向不明。广视广告公司2001年1月至2003年3月共列支组稿费85万余元,以现金方式支出的金额为76万余元。在支付时,以各广告客户的名义列支,由公司经理高某及有关人员代领,但无具体的收款人(单位)签字。组稿费支付对象应为广告客户单位有关人员或广告承接人,且按照该局与广告公司签订的《目标责任书》的规定,"组稿费应专款专用,不允许内部私分"。二是广告业务收入有入账不全的嫌疑。审计人员经常在电视中看到宣传某宾馆的广告,但账上却无该宾馆的广告费收入;同类业务的广告在同一时段、播出时间相同所收取的广告费收入不等,特别是几家通讯器材商店所支付的广告费从每年的2万元到8万元不等。三是业务招待费及礼品支出巨大。广视广告公司共有职工8人,2001年1月至2003年3月的招待费及会议费支出达111万余元,以礼品名义列支的款项近40万元,且单笔支出金额较大并

以现金支付的较多。

（二）基本建设项目管理混乱

县广电大楼（广电技术中心）建安投资支出1 113.53万元。经深入调查发现，有些工程结算上只有领导签字而无经办人员签字，且项目零散，存在肢解工程的情况；部分装潢工程未进行招投标且发包给无资质的施工单位施工；有多个项目未经决算审计直接进行款项结算。同时根据中介机构提供的广电大楼竣工决算审查结果报告表明，已审定的2个工程项目比审计结果多付2.94万元，未审计的7个工程项目已超合同付款12.08万元。

（三）设备、材料采购内控制度缺失

延伸审计广联信息网络有限责任公司发现该公司在设备及材料采购时，存在手续不全、部分材料无验收单等严重违反财经纪律情况。

针对以上疑点，凭着谨慎的职业判断和敏锐的洞察力，审计人员认为里面大有文章。为了进一步查明事实真相，审计人员要求相关人员作出合理的解释并提供相关的资料。

为了核查广告收入入账的全面性及组稿费的去向，审计组要求广告公司经理高某提供电视台播出节目单、广告协议及组稿费代领后支付的具体明细或业务台账。高某仅提供一部分节目单及广告协议，使审计人员无法与广告业务收入作进一步的核对；对组稿费代领后支付的具体情况，高某拒绝作出回答，不是对审计人员的多次要求置若罔闻，就是大谈自己的功绩，还多次谈到广告收入的年年增长，是因为自己"有许多小兄弟，黑道白道都通"。当询问原局长施某有关广电大楼的基建问题时，因当时分管基建的副局长已去世，施某更是一问三不知。

被审计者及相关人员的拒不配合，更增添了审计人员心中的疑问。面对困难，审计组毫不退缩，而是立即把情况向局领导作了汇报，经过研究，局长果断拍板，"以广告公司为突破口，外松内紧，有选择地进行外围调查，只要有确凿的证据证实我们审计人员的怀疑，立即移送检察院"。局领导亲自负责对广告公司组稿费的外围调查，通过一些信任的广告业务单位领导，从侧面了解组稿费的具体支付情况。了解中发现，有些业务单位的具体经办人员没有领到或所领到金额与账上提取的金额相差很大。审计组选择了某宾馆与某国际大厦展开外围调查，原因有三：(1)两家单位曾是国有企业，虽已转制，但管理比较规范，便于核查；(2)均在广告公司做过广告；(3)广告公司在这两家的消费较多。据此，可以在较小范围内，取得最佳效果。在某宾馆，审计组发现了广告公司与该宾馆签订的广告合同。双方商定，2001年度、2002年度每年的广告费为5万元，抵广告公司在该宾馆的消费,至 2002 年末,广告公司共已消费 97 196 元。通过对消费情况的进一步核查发现,2002 年 1 月 19 日高某个人搬家的宴请费用 8 214 元也列支其中。在某国际大厦,审计组通过广告公司消费账与该国际大厦业务账及财务账核对发现,广告公司账上反映,2003 年 1 月 29 日,高某经手的广告媒体座谈会会务费现金支出 10 300 元,而国际大厦账面反映,广告公司当日消费金额仅为 1 030 元,至审计调查日(2003 年 5 月 21 日)国际大厦也从未收到广告公司 10 300 元现金,应收款账上也未反映,高某虚报支出贪污会务费 10 300 元的事实得以掌握。至此,审计组终于揪住了高某的狐狸尾巴。

虽然,高某的犯罪行为已暴露无疑,但审计组所掌握的仅仅是冰山一角。鉴于审计手段的局限性,为了防止打草惊蛇,审计组根据该县审计局局长的指示,及时把所掌握的情况移送给了县检察院。县检察院根据审计提供的线索,通过进一步侦查,查实:原广电局局长施某收受高某 6 万元现金及基建设备业务单位贿赂的犯罪事实,广告公司经理高某等四人私分组稿费 80.48 万元(其中高某 51.87 万元)及采取虚报冒领、广告收入不入账等手段侵吞、骗取公款等犯罪事实,高某涉案总金额达 100 余万元;此外,还查实了广联信息网络有限责任公司经理李某及镇广电管理总站站长钱某(原广联信息网络有限责任公司副经理)收受业务单位贿赂的犯罪事实,上述人员均受到了法律的制裁,原广电局局长施某还成为该县历史上被判处玩忽职守罪的第一人。

二、审计结果及启示

2003 年 10 月,浙江省某县广播电视局原局长施某因犯受贿罪及玩忽职守罪、广联信息网络有限责任公司经理李某及镇广电管理总站站长钱某因犯贪污罪被某县人民法院分别判处 11 年半、6 年半及 10 年的有期徒刑;2004 年 3 月,某县广播电视局下属广告公司经理高某因犯贪污罪被嘉兴市中级人民法院判处无期徒刑。日前,此案牵出的 2 名广告公司业务员分别被判处有期徒刑 6 年和 2 年半,另有 1 人涉嫌犯罪,正在接受法院调查。

作为审计组人员也从中受益匪浅:(1)审计人员要以"认真细致"四字贯穿审计工作始终;(2)要善于从经济活动的蛛丝马迹中寻找疑点;(3)要讲究审计方法,业务审查与财务收支审计相结合,账面审查与外围调查相结合;(4)审计机关与有关部门要加强联系协调,相互配合、相互支持,确保审计成果的及时充分利用。

案例九　检验检疫局经济效益审计案例及分析

一、基本情况及审计经过

2004年，审计署驻沈阳特派办对A出入境检验检疫局（以下简称A局）财务收支审计中，通过深入细致的检查，查出了该局所属事业单位技术服务中心弄虚作假，采取大头小尾方式开具发票，隐瞒截留收入160.8万元私设"小金库"，套取现金发放劳务费的严重违纪问题，相关责任人已移交有关部门调查处理，个别责任人也上缴了其非法收入。

（一）一张临时工工资发放明细表引出了审计线索

审计组在对A局技术服务中心下属的企业综合技术开发有限公司（以下简称开发公司）延伸审计时发现，该公司注册资金全部由A局借入，职工工资也全部由该局发放。但2000年12月，开发公司却在费用中列支出临时工工资8.7万元。公司出纳解释说："这8.7万元是提出了现金发给A局全体职工，自查报告中已做了说明，没必要再查了"。审计人员认为发给全局职工应有发放明细表或者上交A局财务的收据，请对方提供。但公司出纳却借机离开，一去不返。过了半天审计人员打电话追问此事，身兼技术服务中心和开发公司法人的刘某一方面答应第二天提供发放明细表，另一方面又说了许多好话。既然自查了，发放明细表为什么迟迟不提供？刘某为什么这么客气？一连串疑问和异常现象引起了审计人员警觉，这其中必定存在问题，这张临时工工资发放明细表就是审计的线索。

（二）一本打单费收据牵出160.8万元"小金库"

技术服务中心和开发公司以发放明细表丢失为由还是不提供相关原始凭据，这更引起了审计组的怀疑。审计组决定，集中人力对技术服务中心账证深入检查，但审计结果却一无所获。该中心账目非常清楚，收支也很规范。为找出突破口，审计组采取最费力的检查办法——核对原始发票和开出的三联专用收据。检查中终于有一本发票存根引起了审计人员的注意，其他各本发票都是各种业务收费混开的，而这本发票50张所开具的收费内容全是打单费，且每张票面金额都是20元，总计1 000元，职业的敏感使审计人员对这本打单费产生了怀疑，为什么这么巧，打单费都在一本发票上且每笔都是等额的？审计组向会计索要打单业务记录，并要求业务部门提供工作量记录，有关人员却支支吾吾拿不出来。审计人员找会计单独谈话，让他放下包袱配合审计工作。在审计人员做了大量说服工作后,技术服务中心的会计终于开口了:开出的打单费存根联和记账联金额是假的,给企业开的发票联金额远远超出存根联金额,账外收支都记在两本笔记本上。审计组立即找法人刘某谈话。刘某知道审计组掌握了证据,无法再隐瞒,于是讲出了实情。原来,开发公司和技术服务中心账外收支都记在一起,审计组索要开发公司发放明细表时,想拖两天改改账,将技术服务中心的"小金库"剔除出去,可审计组查得太紧,又抓住了发票中的"鬼",事情也就全露"馅"了。

(三) 一个法律意识淡薄的法人导演出这幕拙劣把戏

审计组按照刘某的交代以及笔记本的收支记录先后到有关四家支付检验服务费单位延伸取证,终于将这一严重违纪问题彻底查清。技术服务中心法人刘某对有关财务会计法规缺少基本常识,在该局要求该中心每年上交局100余万元资金福利费的压力下,擅自指使会计和收费人员于2000年3月至2001年3月期间,将收取的国内原油品质鉴定、油仓空距检验等收入,采用一本发票按大头小尾的做法,将第一联存根和第三联记账联开出每份20元打单费50张,共1 000元记入营业收入,将给企业的发票联按实际金额开具了1 608 203元。同时,为了能将付费企业的转账支票得以提现用于发放职工奖金,刘某又擅自做主,许以提现额2‰作为提现的个人报酬,于是,开发公司出纳周某开始了其非法套现的行动,他先是通过该局的情面,要求各付款单位不按支票管理办法开具未填写收款单位名称只有实际付款金额的转账支票给服务中心,然后,他填上自己个人的名字,再通过他在银行工作的同学以及熟人等关系,先后在该市商业银行和建行分别违规开设个人账户的方式,通过关系将160万元一笔笔提取现金交给服务中心,由于出色完成任务,他个人领到了兑现奖金32 164元,另外,存款期间利息也未上交中心财务。该局收到服务中心上交的100余万元资金和福利款后,也未问其来源就用于全局职工奖金发放以及搞福利招待了。法律意识淡薄的法人刘某一手导演的这出把戏终于真相大白了。

二、审计发现问题及启示

一系列的管理漏洞是"小金库"能够存在的土壤。A局技术服务中心之所以能通过大头小尾开具发票,截留收入,并非法套现私设"小金库"固然有其法人刘某法律意识淡薄,胆大妄为之根源,但有关部门存在的一系列管理漏洞也客观上促成了这一违纪问题的产生。如果向服务中心付费的单位开具转账支票时都能按支票管理规定填好收款单位的名称,开发公司出纳周某如何能填上自己个人的名字?如果金融机构能严格按开户规定办事,出纳又如何可能在银行开设个人可转账账户？如果大额提现审批不流于形式，巨额资金又如何由转账变提现？如果 A 局的财务部门进行认真监督，技术服务中心敢不说实话？只要有一个环节严格按规定去执行，这一"小金库"问题就不会产生。所以只有所有的单位都能自觉按章办事，对发生的问题认真处理才是杜绝"小金库"产生的最好途径，所谓"亡羊补牢，为时未晚"。

案例十 "大学城"审计调查中的效益审计案例分析

近几年，"大学城"开发建设受到国家和社会各界关注。"大学城"建设实为政府行为，其资金来源主要依靠财政对土地的各项规费、税、出让金收入的投入及大量以"信用"方式取得的银行贷款。在"大学城"的开发建设过程中对国家政策法规执行情况以及存在的问题、发展前景如何，社会上各界媒体说法很多。而"大学城"建设情况调查的覆盖面广，涉及政府决策及其有关职能部门对政策法规执行情况，土地的征用、审批及农民切身利益问题，高校建设规模、标准及发展的经济实力问题，贷款规模、运用及潜在的风险问题等。

审计署驻沈阳特派办在某"大学城"开发建设情况专项审计调查工作中，坚决贯彻审计署五年审计工作发展规划提出的"坚持两个并重"的要求，积极探索效益审计新思路。他们运用大量的审计调查事实，分析、解剖在"大学城"建设中各环节、各层面存在的具有普遍性、典型性、倾向性的问题。以点带面反映"大学城"建设对国家及地方带来的经济效益、社会效益、环境效益等宏观方面的作用和影响，切实从健全法制、完善机制、规范管理、制约权利等方面提出具体可行的审计建议，引起各级领导及有关部门的高度重视。主要做法是：

（一）收集、占有翔实的审计调查资料是实施效益审计的基础

利用调查表的方式，取得基本审计调查资料。首先精心设计、研究、制发各种调查表格，调查表不仅反映要收集的基本情况，而且从不同角度侧重收集能够反映"大学城"建设中可能存在的土地征用和审批、农民补偿、高校建设及资金筹集等方面问题的数据，对各项指标围绕审计评价来设计。指标具体详细，覆盖面大，便于综合分析。在实施审计调查初期，审计组派专人负责，对所涉及的 3 个"大学城"、19 所高校召开有关财务会计、基建负责人会议，布置讲解调查表的填制及各项要求，规定上报时间。在实施审计调查过程中，审计人员结合自己负责的审计内容，对调查表进行核实确认，以保证调查表数据的真实性和准确性，为审计分析提供全面可靠数据。如"大学城"建设及各高校大量占用银行贷款问题，调查表中按各项资金来源渠道占资金总额比例，分别对高校计划投资、实际

到位资金进行对比分析,从而得出"大学城"中各高校建设计划投资银行贷款所占比重大,而实际建设过程中对贷款依赖性更强的审计结论。分析提出大学城发展要充分考虑到综合实际情况,合理有序发展,防止"一阵风"上马、盲目建设,以致形成新一轮资产投资—闲置—不良资产的恶性循环出现的建议和加强国家宏观调控,注重社会效益的建议。

(二)对调查存在问题原因综合分析是实施效益审计的关键

在专项审计调查中,不但需要运用传统的审计方法掌握有关的信息和情况,更重要的是对审计调查出的问题摸清形成的主客观原因,在此基础上从机制、制度方面探究深层的原因,为国家宏观调控,加强管理提供切实可行的措施和建议。如调查大学城总体规划中建设用地超过土地利用总体规划确定的规模问题,审计结论不是简单地认为是与非,而是分析产生问题的主要原因,通过分析认为,规划部门和国土部门在制定大学城总体规划和土地利用总体规划过程中各自为政,造成部分项目的选址和建设用地不符合土地利用总体规划,使大量耕地被占用,基本农田得不到保护。由此建议,提升土地利用总体规划的权威性,建议国务院统一土地利用总体规划和城市总体规划的审批权限,防止基本农田流失,保护耕地和农民利益,增强保护社会效益的约束机制。

(三)总体把握、归纳准确、切实可行的整改措施和建议,充分体现效益审计的目的性

审计署在五年审计发展规划中在审计的内容和方式上坚持"两个并重"中强调,"效益审计以揭露管理不善、决策失误造成的严重损失和国有资产流失为重点,促进提高财政资金管理水平和使用效益,维护国家资产安全"。如何将专项审计调查分析结果提炼、加工,转化为观点鲜明、建议具体、切实可行的措施和建议,达到促进国家各项资金有效使用,维护国家资产安全完整的目的。审计组抽出半个月的时间和精力,全体审计人员经过反复讨论、逐字逐句推敲、修改审计报告,站在宏观高度总体把握、准确归纳审计事实,分清是管理水平问题,还是制度本身不完善,还是利益导向驱使等问题,针对性较强地提出具体的措施和建议。如对省、市政府免收"大学城"新增建设用地土地有偿使用费的问题,审计人员经过与国家制定政策部门及省、市执行政策部门对有关法规反复逐条逐字研究讨论,最后在审计结论中提出,由于有关政策规定对新增建设用地土地征地、供地环节混淆,圈内圈外界线不清,本来作为控制新增建设用地的经济手段,却因规章解释不清,导致划拨供地建设项目大量圈占土地的问题。建议国务院责成有关部门对文件造成的理解混乱和执行中的偏差,给予明确的解释和界定,并修订征收办法,以保护国家的利益不受侵害。又如大学城管委会巨额转借银行

贷款问题,审计结论没有简单就转借单位作出结论,而是对产生问题的没有有效控制的金融监管部门,提出在大学城建设中普遍存在的放贷银行对贷款使用跟踪监管不力的问题,并建议金融监管部门对违反贷款"三查制度"进行清理整顿,从源头防范金融风险。

(四)"大学城"审计调查给审计人员带来的启示和思考

1. 高质量、高素质的综合分析能力是做好效益审计的必要保证

"大学城"专项审计调查的全过程,促使审计人员对审计署提出的"坚持两个并重"的认识有新的提高,同时使自身审计业务能力、综合分析能力得到锻炼。通过审计调查更反映出,审计人员自身的综合分析水平、业务素质及对效益审计调查效果起着至关重要的作用。尤其要求审计组长要有更高的综合分析问题能力,围绕审计调查项目向审计人员适时提出具有深度、高度的新思路、新见解、新课题,才能带领和指导审计组在审计调查中积极开展效益审计,发挥审计对国家宏观调控的重要作用。

2. 如何在审计调查中加强效益审计的综合评价及跟踪实效,仍是继续思索和有待探究的新课题

在对"大学城"专项审计调查中,对大学城建设从审计角度给予客观的、实事求是的评价,如审计调查认为,省委、省政府在支持"大学城"建设及高校入区、立项、土地审批和相关税费减免上给予政策倾斜,同时市委、市政府十分重视大学城建设工作,以大学城的建设为契机,拉动新市区的建设,带动市区的经济发展,并采取一些有效的措施,保证了大学城在短短的两年时间里就完成了大部分道路建设,加快了进区学校进度,实现了当年建设当年招生的目标。审计调查结果更多的是对大学城建设过程中存在的问题为国家提出宏观调控、决策所应进一步采取的措施和建议。如何在审计调查中加强效益审计的综合评价及跟踪实效,仍是一个值得继续思索和有待深入探究的新课题。

这次审计,体现了专项审计调查中加强效益审计的重要性。从中也可以看到,效益审计调查从某种意义上讲比审计更重要。效益审计调查不仅着眼于发现和处理问题,更重要的是寻求解决影响宏观社会效益的方法和途径。

参 考 文 献

1. 中国注册会计师协会课题组:《中国绩效审计理论体系研究》,中国时代经济出版社,2005年
2. 南京审计学院课题组:《我国政府绩效审计理论与实务研究报告》,中国时代经济出版社,2005年
3. 审计署审计科研所编:《中国审计研究报告》,中国时代经济出版社,2005年
4. 审计署科研所:《美国政府审计准则》,中国财政经济出版社,2004年
5. 雷达:《新公共管理对绩效审计的影响及其对我国绩效审计发展的启示》,中国财政经济出版社,2005年
6. 邢俊芳:《绩效审计报告》,中国财政经济出版社,2005年
7. 邢俊芳:《经济效益审计的产生与发展》,中国财政经济出版社,2005年
8. 陈思维、王会金、王晓震:《经济效益审计》,中国时代经济出版社,2002年
9. 竹德操、吴云飞、达世华:《经济效益审计》,中国审计出版社,1997年
10. 廖洪:《绩效审计——审计发展的高级阶段》,中国财政经济出版社,2005年
11. 彭国彰:《政府绩效审计论》,中国时代经济出版社,2006年
12. 鲍国明、孙亚男:《公共资金绩效审计项目的选择与确定》,《审计与经济研究》,2006年
13. 崔彤:《经济效益审计学》,天津人民出版社,2002年
14. 上海市审计学会课题组:《现代企业经济效益审计研究》,涉外会计网,2006年8月3日
15. 李三喜、李春胜、徐荣才:《经济效益审计精要与案例分析》,中国市场出版社,2006年
16. 蔡春:《审计认证论》,中国时代经济出版社,2006年
17. 魏钧:《绩效指标设计方法》,北京大学出版社,2006年
18. 刘力云:《关于我国绩效审计报告框架的建议》,中国财政经济出版社,

2005年
19. 王光远:《受托管理责任与管理审计》,中国时代经济出版社,2004年
20. 约翰·格林:《绩效审计》,中国商业出版社,1990年
21. 休伯特·K·兰佩萨德:《全面绩效记分卡》,机械工业出版社,2006年
22. 盖勇:《人员素质测评》,山东人民出版社,2004年
23. 彼得·德鲁克:《组织的管理》,上海财经大学出版社,2003年
24. 哈罗德·孔茨、海因茨·韦里克:《管理学》,经济科学出版社,1995年
25. 劳伦斯·索耶:《现代内部审计实务》,中国商业出版社,1990年
26. R·E·布朗、T·加勒、C·威廉斯:《政府绩效审计》,中国财政经济出版社,1992年

图书在版编目(CIP)数据

绩效审计理论与实务/赵保卿主编. —上海:复旦大学出版社,2007.5(2021.8 重印)
(审计与内部控制系列)
ISBN 978-7-309-05474-3

Ⅰ.绩… Ⅱ.赵… Ⅲ.效益审计 Ⅳ.F239.42

中国版本图书馆 CIP 数据核字(2007)第 052244 号

绩效审计理论与实务
赵保卿　主编
责任编辑/鲍雯妍

复旦大学出版社有限公司出版发行
上海市国权路 579 号　邮编:200433
网址: fupnet@fudanpress.com　http://www.fudanpress.com
门市零售: 86-21-65102580　团体订购: 86-21-65104505
出版部电话: 86-21-65642845
大丰市科星印刷有限责任公司

开本 787×960　1/16　印张 19　字数 341 千
2021 年 8 月第 1 版第 5 次印刷
印数 9 401—10 410

ISBN 978-7-309-05474-3/F·1245
定价:30.00 元

如有印装质量问题,请向复旦大学出版社有限公司出版部调换。
版权所有　侵权必究